PRÉPAS **SCIENTIFIQUES**

ÉPREUVE DE
FRANÇAIS-PHILOSOPHIE

Concours **2023 2024**

Faire croire en 30 fiches

Choderlos de Laclos • Musset • Arendt

Marie-Françoise André
Docteure et agrégée de Lettres modernes, professeure de littérature et de philosophie en CPGE scientifique (Paris) et membre du jury CentraleSupélec Paris

Laurence Sieuzac
Docteure et agrégée de Lettres modernes, chercheuse à l'Université Bordeaux Montaigne, professeure en CPGE économique et scientifique (Bordeaux) et membre du jury CentraleSupélec Paris

Vuibert

Les renvois de page présents dans l'ouvrage font référence aux éditions GF Flammarion pour *Les Liaisons dangereuses* de Pierre-Ambroise-François Choderlos de Laclos et *Lorenzaccio* d'Alfred de Musset et aux éditions Le Livre de Poche et Folio pour « Du mensonge en politique » dans *Du mensonge à la violence* et « Vérité et politique » chapitre VII de *La crise de la culture* de Hannah Arendt.

ISBN : 978-2-311-21492-5

Création de la couverture : Hung Ho Thanh
Adaptation de la couverture : Les PAOistes
Création de l'intérieur : Séverine Tanguy
Composition : Grafatom

Site Internet : http://www.vuibert.fr

Sommaire
pour se repérer

Mode d'emploi

PARTIE 1 Les auteurs au programme

Travail réalisé

PARTIE 2 Les œuvres au programme

Du mensonge à la violence et *La crise de la culture*, Hannah Arendt

PARTIE 3 Étude transversale du thème dans les œuvres

PARTIE 4 Méthodologie et sujets corrigés

PARTIE 5 Les 60 citations incontournables

Mode d'emploi

Si ce manuel est en votre possession, c'est que vous vous apprêtez à vous lancer dans une expérience passionnante, intense et exigeante : passer les concours d'entrée aux écoles d'ingénieurs, au terme de deux ou trois années de classe préparatoire aux grandes écoles.

Dans toutes les CPGE de filière scientifique, il existe un programme de Français et de Philosophie commun aux classes de Maths sup et de Maths spé (première et deuxième années). Il s'agit d'étudier un thème en s'appuyant sur trois œuvres : un ouvrage philosophique et deux œuvres littéraires de genres variés (roman, théâtre, poésie, etc.). Même si c'est extrêmement rare, le thème étudié pendant une année scolaire peut retomber à l'écrit des concours l'année suivante. C'est néanmoins toujours le nouveau thème qui fait l'objet des cours de l'année. Par conséquent, pour l'année scolaire 2023-2024 qui commence, deux thèmes sont au programme :

1. « **Le travail** » (thème étudié l'année dernière) avec :
   - *Géorgiques* de Virgile, trad. Maurice Rat – Garnier-Flammarion, juin 2022 (absent du programme en filière ATS) ;
   - *La Condition ouvrière* (1951) de Simone Weil, Gallimard collection Folio Essais n° 409, à étudier comme suit : « L'usine, le travail, les machines » (pages 49 à 76 et 205 à 351), sans : « Journal d'usine » (pages 77 à 204) ; avec : « La condition ouvrière » (pages 389 à 397) et « Condition première d'un travail non servile » (pages 418 à 434) ;
   - *Par-dessus bord* (1973) de Michel Vinaver, version hyper-brève, Actes Sud, Babel, juin 2022.
2. « **Faire croire** » (nouveau thème étudié cette année, toujours en vigueur en 2024-2025) avec :
   - *Les Liaisons dangereuses* (1782) de Pierre-Ambroise-François Choderlos de Laclos, Garnier-Flammarion, 2023 (absent du programme en filière ATS) ;
   - *Lorenzaccio* (1834) d'Alfred de Musset, Garnier-Flammarion, 2023 ;
   - « Du mensonge en politique » dans *Du mensonge à la violence* (1972), Le Livre de Poche, 2021 et « Vérité politique », chapitre VII de *La Crise de la culture* (1972) d'Hannah Arendt, Folio, 1989.

Ce manuel n'a pas pour objectif de se substituer aux cours dispensés tout au long de l'année par le professeur de Français et de Philosophie, mais il facilitera en amont votre lecture personnelle des œuvres au programme et sera un outil indispensable pour réviser efficacement tout au long de l'année et avant le concours.

Il se compose de cinq parties. Pour **découvrir** les auteurs au programme, la première partie propose leur biographie et une présentation du contexte historique et culturel de leur époque. Pour **approfondir**, la deuxième partie comporte le résumé de chaque ouvrage, explique sa structure et propose une analyse de ses thèmes principaux. La troisième partie permet de **comparer** les œuvres au programme grâce à l'étude transversale de dix thèmes, en vue de l'épreuve de dissertation. La quatrième partie permet de mieux comprendre comment **exploiter au concours** les connaissances acquises grâce aux parties précédentes. Elle donne, en effet, une méthodologie synthétique et le « pas à pas » des deux épreuves présentes à l'écrit des concours : le résumé de texte et la dissertation. Un exemple de chacun de ces deux exercices permet de passer de la théorie à la pratique. Enfin, une dernière partie propose une anthologie des citations essentielles à apprendre par cœur pour **étayer une dissertation**.

PARTIE 1

Les **auteurs** au **programme**

FICHE 1. Les vies multiples de Laclos

En ce jour brumeux de décembre 1780, Pierre-Ambroise-François Choderlos de Laclos regarde vers l'horizon. En mission sur l'île d'Aix pour superviser les travaux de construction d'un fort en bois, il est à un tournant de sa vie. Les travaux du fort n'avancent pas. Sa carrière militaire stagne. Et malgré quelques poésies publiées dans l'*Almanach des Muses* et une pièce, *Ernestine,* qui n'a eu qu'une seule représentation, ses ambitions littéraires naviguent en eaux calmes. Cependant, Laclos a une certitude. Ce roman dont l'idée a germé à Grenoble, il *doit* le finaliser. C'est une machine de guerre, comme il le confiera en 1790 à Tilly. Ce jour-là, il résolut « de faire un ouvrage qui sortît de la route ordinaire, qui fît du bruit, et qui *retentît encore sur la terre quand j'y aurais passé*[1] ».

1. Une enfance picarde et parisienne

Pierre-Ambroise-François Choderlos de Laclos naît à Amiens le 18 octobre 1841. Il est le fils de Jean-Ambroise Laclos, secrétaire de l'intendance de Picardie et d'Artois, et de Marie-Catherine Gallois, troisième fille de Charles Gallois, directeur général des domaines du roi à Amiens. Il a pour frère aîné Jean-Charles-Marie, né le 16 novembre 1738. Il appartient à une famille d'officiers royaux dont la noblesse est très récente. La famille s'installe à Paris en 1751. Il est élève à l'École d'artillerie de La Fère (Aisne), et se retrouve lieutenant en second à vingt ans. Il est affecté à sa demande en 1762 à la brigade des colonies en formation à La Rochelle.

2. Une vie de garnison

Le traité de Paris met fin à la guerre de Sept Ans et aux ambitions coloniales de la France. Avec sa garnison, Laclos est envoyé dans plusieurs lieux, dont Grenoble (1769-1775, années décisives pour la genèse des *Liaisons dangereuses*) et La Rochelle (1779-1786).

Il est nommé capitaine en 1771. En 1777, il installe à Valence l'École d'artillerie où servira Bonaparte. Au printemps 1779, le 30 avril, il est envoyé

1. Tilly, *Mémoires du comte Alexandre de Tilly. Pour servir à l'histoire des mœurs*, Paris, 1828, t. 1, XIV, p. 322.

à l'île d'Aix, près de La Rochelle pour superviser les travaux de construction d'un fort en bois, à la structure polygonale, dessiné par le marquis de Montalembert. Dès le départ, le projet prend une mauvaise tournure : les moyens alloués sont insuffisants, les ouvriers ne sont pas qualifiés.

3. Papillon du Parnasse[2]

Durant ces années de garnison, Laclos s'adonne à la poésie galante et compose quelques pièces « fugitives ». Savoir tourner agréablement des vers galants n'a rien d'exceptionnel au XVIIIe siècle. Un périodique, l'*Almanach des Muses*, en a d'ailleurs fait sa ligne éditoriale et publie, chaque année, des productions envoyées par des amateurs plus ou moins éclairés. Laclos ne reniera ainsi donc pas ses premiers essais littéraires, qu'il publiera en 1787 sous le titre *Poésies fugitives* et dans lequel on trouve, entre autres, *Épitre à Margot, La Procession, Les Souvenirs, Épitre à la mort.*

Laclos, amateur de théâtre tout comme ses contemporains, veut s'essayer à la scène. Il décide pour cela de transposer le roman de Mme Riccoboni *Histoire d'Ernestine* en pièce de théâtre. Laclos voit grand. La musique est signée Saint-Georges et il confie le livret (texte littéraire complétant une œuvre musicale) à Desfontaines. Le 19 juillet 1777, lors de la première représentation, sont présents dans la salle de l'Opéra-Comique la reine Marie-Antoinette et ses deux belles-sœurs, épouses respectives des comte de Provence et comte d'Artois. Mais dès le lever de rideau, c'est un désastre. La pièce est huée quasiment du début à la fin tandis qu'au dernier acte, pour annoncer le coup de théâtre du dénouement, un coursier surgit faisant claquer son fouet et s'exclamant « Ohé ! ohé ! », formule reprise en chœur par la salle tumultueuse. La reine, en quittant l'Opéra-Comique dans le brouhaha, aurait même crié : « À Versailles, ohé ! » à son cocher en montant dans son carosse. Après ce four, Laclos ne se risqua plus à écrire du théâtre. Toutefois, fort de cette expérience, il saura par la suite donner une intensité dramatique à la composition magistrale des *Liaisons dangereuses.*

4. Un « météore »

Le comte de Tilly, chef de guerre, décrivit *Les Liaisons dangereuses* comme « l'un des plus dangereux météores qui soient apparus dans un ciel en colère[3] ». Laclos en a eu l'inspiration à Grenoble, puis a commencé le

2. Expression de La Fontaine désignant métaphoriquement un poète.
3. Tilly, *Mémoires du comte Alexandre de Tilly. Pour servir à l'histoire des mœurs*, Paris, 1828, t. 1, XIV, p. 177.

manuscrit à Besançon pour finalement l'achever à Paris, lors de ses permissions, en 1781. Il signe le contrat le 16 mars 1782 chez Durand qui prévoit un tirage limité à 2 000 exemplaires. Entre le 7 et le 10 avril de la même année, *Les Liaisons dangereuses* paraissent à Paris. Le livre a un succès foudroyant. En quelques jours les exemplaires sont épuisés. Le 21 avril, l'éditeur fait signer l'avenant d'une nouvelle édition à son auteur. Si l'on compte les cinq éditions piratées par des libraires concurrents, le roman de Laclos est édité seize fois en l'espace d'un an et vendu entre 20 000 et 30 000 exemplaires. C'est, dans le marché étroit du XVIIIe siècle, le chiffre qu'atteint *Candide*, écrit par Voltaire, alors beaucoup plus célèbre que Laclos, en 1759. Du jour au lendemain, Laclos devient l'homme à la mode. On l'admire, on le fête, on le craint (madame de Coigny[1] ferme sa porte à l'auteur des sulfureuses *Liaisons*). Le 14 mai 1782 circule une « clé générale » identifiant les personnages du roman comme étant des personnes connues. La police intervient : on arrête la diffusion du roman, on le fait retirer des cabinets de lecture et des catalogues de libraire. Mais le roman bénéficie de son aura de scandale, et sa réputation gagne la province et l'étranger. Laclos est sanctionné par le ministre de la Guerre, le comte de Ségur, qui s'émeut de la publicité faite autour du bel officier. Sa situation militaire est examinée. La sanction s'offre d'elle-même : mettre fin à son affectation à l'île d'Aix et le renvoyer auprès de sa compagnie qui « souffre beaucoup » de son absence, à Brest. Il retourne à la Rochelle au milieu du mois d'août. Pourtant, l'aventure de la malencontreuse fortification touche à sa fin. Les pluies de l'hiver ont délabré les casemates mais une autre affaire retient Laclos, à la Rochelle : l'amour !

5. La liaison heureuse

Laclos a rencontré la belle Marie-Soulange Duperré, fille d'un receveur-trésorier de la Rochelle, née en 1759. Elle répond à l'idéal féminin de ce grand admirateur de Rousseau et de *La Nouvelle Héloïse* : elle est *sa* Julie. Pour l'auteur des *Liaisons dangereuses*, la présidente de Tourvel s'est incarnée en Marie-Soulange. Leur fils Étienne, que Laclos reconnaît après leur mariage, le 3 mai 1786, naît le 1er mai 1784. Leur fille Catherine-Soulange naît le 4 décembre 1788 et Charles le 4 juin 1795. Laclos est un mari et un père de famille comblé, à l'opposé de ses héros libertins, et mène une vie rangée dans la résidence familiale de Versailles.

1. De mœurs galantes, la marquise de Coigny avait cru se reconnaître dans le personnage de la Merteuil (*Mémoires du comte Alexandre de Tilly*, *op. cit.*, p. 202).

6. L'anti-Vauban

En mars 1783, Laclos répond à la question « Quels seraient les meilleurs moyens de perfectionner l'éducation des femmes ? »de l'Académie de Châlons-sur-Marne et compose un discours sur les moyens de perfectionner l'éducation des femmes, ce qui constituera un prélude à son traité *Des femmes et de leur éducation* (voir fiche 3, p. 18), qu'il écrira dans la même année. Il s'attelle ensuite à un pamphlet contre Vauban, et publie le 21 mars 1786 *Lettre à MM. de l'Académie française sur l'éloge de M. le maréchal de Vauban*. Dans ce texte, Laclos s'attaque à une légende unanimement célébrée par les officiers du génie. Il y affirme que les honneurs, qui vont être rendus par l'Académie, vont « consacrer les erreurs » de Vauban en tant qu'ingénieur militaire. Il y démontre également que la fortification bastionnée n'est pas son invention, que les modifications apportées par le maréchal sont insignifiantes, mais aussi que cette sorte de fortification s'est révélée inefficace et coûteuse. Si Laclos s'est aidé des notes de Montalembert pour écrire sa critique, l'ironie élégante de la lettre signale bien l'auteur des *Liaisons dangereuses*. C'est un nouveau scandale. Le 4 mai, le lendemain de son mariage, Laclos est sanctionné et envoyé à son poste à Metz, puis à La Fère (1786-1788).

7. L'engagement révolutionnaire

Mais nous sommes à l'orée de la Révolution française. Laclos s'est rapproché du duc d'Orléans, cousin du roi Louis XVI et figure majeure de l'opposition. Il devient un agent principal de l'intrigue orléaniste. En octobre 1788, il est promu chef de cabinet et s'installe au Palais-Royal. En 1789, il rédige les Instructions aux bailliages (préparation des cahiers de doléances) pour le duc d'Orléans. Il s'agit d'un programme de réformes visionnaires dans lequel il prévoit la liberté des personnes, celle de la presse, le vote de l'impôt par les États généraux périodiquement réunis, la responsabilité des ministres devant cette assemblée, ainsi que le divorce. Le duc en est un peu effrayé et fait finalement rédiger une déclaration plus modérée par Sieyès, libraire-papetier français.

Laclos fréquente les clubs, notamment celui des Patriotes, et prépare l'élection de nombreux orléanistes aux États généraux. Mais le 14 octobre, il est accusé de complicité dans les émeutes des 5 et 6 octobre 1789, qui ont conduit Louis XVI à quitter Versailles pour Paris. Il est alors exilé à Londres avec le duc d'Orléans pour qui il rédige la correspondance avec le ministre des Affaires étrangères.

Il rentre finalement à Paris le 10 juillet 1790 et s'inscrit, en octobre, à la Société des amis de la Constitution (Club des Jacobins) dont il est nommé rédacteur en chef de la correspondance avec les sociétés de province. Le 1er juin 1791, le capitaine Laclos est admis à la retraite de l'armée. Après la fuite à Varennes de Louis XVI et son arrestation le 22 juin 1791, la solution orléaniste semble pouvoir s'imposer. Le 1er juillet, Laclos propose la régence du duc d'Orléans à la tribune des Jacobins, mais il se heurte à de nombreuses résistances. Il démissionne le 21 juillet 1791 de la rédaction du Club des Jacobins. Philippe d'Orléans, demeuré passif durant les événements, le désavoue. Pourtant, le régime envisagé par Laclos dans ses Instructions aux assemblées du bailliage correspondait à l'état de la société française de l'époque, à savoir une monarchie parlementaire, appuyée sur la classe bourgeoise commerçante et industrielle.

8. La défense de la patrie

La situation sur le front étant dramatique, Laclos décide de revenir à sa première vocation, l'armée. Les troupes autrichiennes et prussiennes, accompagnées de l'armée des émigrés, marchent sur Paris. En face, les troupes françaises, totalement désorganisées, semblent incapables de les arrêter. Le chef de l'armée prussienne, le duc de Brunswick, menace de livrer Paris à « une exécution militaire et à une subversion totale » s'il est fait « le moindre outrage » à la famille royale. Le Manifeste de Brunswick met le feu aux poudres et provoque, le 10 août, la prise des Tuileries et les massacres de septembre. Danton prend alors en main la direction du gouvernement pour assurer la défense du pays et nomme Laclos commissionnaire du pouvoir exécutif le 29 août 1792. Le 4 septembre 1792, Laclos est envoyé organiser la défense contre les Prussiens à Châlons-sur-Marne. Il contribue ainsi à la victoire de Valmy, le 20 septembre 1792. Le 21 septembre, la Convention proclame la république. Le 22 septembre, Laclos est réintégré dans l'armée en tant que maréchal de camp. Puis, le 1er octobre, il est promu chef d'état-major de l'armée des Pyrénées à Toulouse. Enfin, le 28 novembre, il est nommé gouverneur général des établissements français des Indes mais ce projet n'aboutira pas.

9. La prison

Coup de théâtre ! Le 31 mars 1793, Laclos est décrété d'arrestation en tant qu'orléaniste. Il est incarcéré à l'Abbaye le 2 avril 1793 et libéré le 21 juin. Au mois d'août, il est envoyé à La Fère, puis à Meudon, afin d'essayer les boulets creux (obus) dont il est le génial inventeur. Mais il est de nouveau arrêté le 5 novembre à La Force et transféré le 20 décembre à Picpus. Alors qu'il s'attend à être exécuté, comme Danton le 5 avril 1794, il est finalement libéré le 1er décembre 1794.

10. Laclos bonapartiste

Laclos admire sans réserve le général Bonaparte, artilleur comme lui, plus jeune, et qui a su gagner une gloire militaire qui lui avait échappé. Après sa campagne d'Italie, la popularité du général est immense. Laclos voit en Bonaparte l'homme providentiel qui sauvera la Révolution à l'extérieur contre les assauts de l'étranger et à l'intérieur contre les menées des jacobins babouvistes et des royalistes. « Le parcours politique de Laclos s'achève ici en une adhésion enthousiaste et inconditionnelle au bonapartisme, non par reniement mais aboutissement de son engagement révolutionnaire », écrit René Pomeau (*Laclos ou le Paradoxe*, 1975, p. 114). Laclos a-t-il participé au coup d'état du 18 Brumaire ? Vraisemblablement, il a aidé financièrement au projet par ses relations avec le milieu bancaire, car Laclos est aussi un financier. En effet, il a acheté des actions des mines d'Anzin qui lui rapportent de substantiels dividendes.

Pour le récompenser de son soutien, Bonaparte nomme, le 16 janvier 1800, Laclos général de brigade dans l'artillerie. Il est envoyé en février à l'armée du Rhin et participe à la campagne d'Italie en 1801 avant d'être nommé inspecteur général d'artillerie en janvier 1802. Il accomplit sa dernière tournée d'inspection à La Rochelle où il revient chargé d'honneurs. Il peut ainsi vieillir paisiblement aux côtés de sa famille tout en exerçant des responsabilités auprès du ministère de la Guerre.

11. La dernière campagne

Mais Bonaparte en a décidé autrement. Par la signature du traité d'Amiens, le 25 mars 1802, il tente de mettre fin à la guerre avec l'Angleterre, qui refuse d'évacuer Malte. Chacun se prépare à reprendre les hostilités. Le Premier consul décide donc de renforcer les troupes françaises dans la botte italienne, face aux Anglais de Malte et aux Russes qui occupent les îles Ioniennes. Laclos est alors nommé en janvier 1803 commandant de l'artillerie de l'armée d'observation dans les États du royaume de Naples. Il ne veut pas perdre cette ultime chance de s'illustrer sur un champ de bataille, mais se trouve être en mauvaise santé. Le voyage est éprouvant. Il arrive à Tarente le 11 juillet, miné par la dysenterie (infection de l'intestin), et peut-être la malaria ou le paludisme. Son aide de camp, Lespagnol, apprend à Bonaparte que « malgré sa faiblesse et son âge, le général Laclos, a voulu visiter, sans prendre de repos, la côte et tous les établissements d'artillerie […][1] ».

12. La dernière lettre

Laclos ne peut bientôt plus se lever. Sentant sa fin proche, il dicte à son aide de camp un dernier message destiné à Bonaparte. Ce sera la dernière lettre de l'auteur des *Liaisons dangereuses* :

« Je profite de quelques instants qui me restent encore à vivre, pour dicter les derniers vœux de mon cœur. Je désire, Général Premier Consul, qu'ils vous soient connus. Le bonheur de ma patrie, le succès de vos armes, le sort de ma malheureuse famille, voilà ce qui m'occupe dans ce moment où tout va finir pour moi. La triste position de mon épouse et de mes trois enfants, que je laisse absolument sans ressources, m'afflige ; mais l'espoir dans lequel je suis, que vous les secourrez, me fait mourir plus tranquille. Cette consolante idée qui me ranime un instant en ce moment, me donne encore la force de vous assurer de toute la sincérité de mon dévouement et de l'admiration que j'ai eus, et que je conserverai pour vous, jusqu'à mon dernier soupir[2] » (lettre du 2 septembre 1803).

Laclos décède le 3 septembre 1803.

1. « […] Ce service était bien au-dessus de ses forces. Aussi y a-t-il succombé, et après une maladie de cinquante-quatre jours, il est mort victime de son zèle et de son dévouement pour la patrie ». Lettre de Lespagnol à Bonaparte, 5 septembre 1803, adressée à Bonaparte.
2. Laclos, *Correspondance, Œuvres complètes*, éd. L. Versini, Paris, Gallimard, coll. La Pléiade, 1979, p. 1 132.

FICHE 2. Le contexte historique des *Liaisons dangereuses*

Né sous le règne de Louis XV et mort sous le consulat de Napoléon Bonaparte, Pierre Choderlos de Laclos a connu deux rois (Louis XV et Louis XVI) a traversé la tourmente révolutionnaire. Engagé, il est devenu successivement membre du Club des Jacobins, bras droit de Philippe d'Orléans et soutien de Napoléon Bonaparte dans son coup d'État du 18 Brumaire. Revenons sur les principaux événements de cette deuxième moitié du XVIIIe siècle.

1. Le règne de Louis XV (1715-1774)

Lorsque Laclos naît en 1741, le pays, alors sous le ministère de Fleury (1726-1743), connaît une paix et une prospérité relatives. La démographie est en hausse en raison du recul des grandes épidémies et des famines, ce qui fait de la France le pays le plus peuplé d'Europe occidentale.

Mais si en ce début de règne Louis XV est appelé le « Bien-Aimé », sa faveur auprès de ses sujets se ternit au fil des années. L'État monarchique mène une double lutte contre les ambitions d'une frange aristocratique défendue par le Parlement, et contre les dissidences religieuses et intellectuelles, qu'il s'agisse des persécutions contre les protestants ou des combats menés contre les philosophes. En effet, la politique de prestige menée par Louis XV compte des victoires, mais aussi des revers militaires et politiques : victoire française à la bataille de Fontenoy du 11 mai 1745 lors de la guerre de la Succession d'Autriche, traité d'Aix-la-Chapelle (mars 1748) qui voit l'émergence de la Prusse, traité de Paris (10 février 1763) qui met fin à la guerre de Sept Ans (1756-1763), mais qui signe aussi le triomphe de l'Angleterre en Amérique et en Inde. Si Louis XV retrouve grâce aux yeux de ses sujets, émus par l'attentat mené à son encontre par Damiens en 1757, la fin de son règne est toutefois marquée par une grave crise agricole et économique notamment provoquée par l'expulsion des Jésuites (en 1756).

En 1770, Marie-Antoinette d'Autriche, fille de l'impératrice Marie-Thérèse d'Autriche, devient dauphine de France à la suite de son mariage avec le dauphin Louis, petit-fils de Louis XV. Ce dernier meurt de la vérole le 10 mai 1774, laissant ainsi le trône à Louis XVI et son épouse Marie-Antoinette, alors âgés respectivement de 19 ans et 16 ans.

2. Le règne de Louis XVI et de Marie-Antoinette (1774-1791)

Le début du règne de Louis XVI est marqué par la guerre des Farines[1]. En effet, les mauvaises récoltes des étés 1773 et 1774, qui avaient induit une hausse du prix des céréales, de la farine et du pain, ont provoqué une série de révoltes contre l'édit de Turgot, alors ministre des Finances, qui avait établi la libéralisation du commerce des grains. Dans une certaine mesure, la guerre des Farines peut être interprétée comme un prélude à la Révolution française.

L'intervention de la France dans la guerre de l'Indépendance américaine, décidée par Louis XVI, redonne toutefois quelque lustre à la politique extérieure. Mais si la France est victorieuse (Déclaration d'indépendance des États-Unis le 4 juillet 1776), cette victoire coûte cher aux finances royales et accentue la désorganisation financière. Les ministres Turgot, puis Necker, sont renvoyés avant même d'avoir pu infléchir, par des réformes en profondeur, la politique économique de la France et juguler un mouvement grandissant de contestation qui aboutira à la crise économique (mauvaise récoltes, faillites, banqueroute de l'État) et sociale de 1788.

Louis XVI cède aux pressions de la noblesse, attachée à ses droits féodaux, tandis que la bourgeoisie, classe faite d'artisans, de financiers et de marchands, gagne du terrain et du pouvoir. Par ses critiques de l'ordre établi et sa volonté de changement, elle trouve des alliés dans la population des villes et des campagnes.

L'année 1788 marque la Convocation des États généraux, qui rassemble les trois ordres, clergé, noblesse et Tiers-État, afin de réformer le pays. En janvier 1789 paraît le pamphlet *Qu'est-ce que le Tiers-État ?* de Sieyès, tandis qu'en mars, les Français expriment leurs vœux dans les « cahiers de doléances », remis aux États généraux. La Révolution est en marche.

3. La Révolution française

En 1789, les événements se succèdent : prise de la Bastille (14 juillet), abolition des privilèges (4 août), Déclaration des droits de l'homme et du citoyen (26 août), mise à disposition des biens du clergé, le 2 novembre.

La royauté est abolie le 21 septembre 1792 et la République proclamée. Les soldats français sont mobilisés contre les armées étrangères hostiles à la Révolution (bataille de Valmy le 20 septembre 1792), tandis qu'une partie de la noblesse s'est exilée.

1. Expression qui désigne une succession d'émeutes ayant eu lieu d'avril à mai 1775

Robespierre est au pouvoir et met en place le Comité de salut public[2] (1793-1794). Le mouvement révolutionnaire se radicalise tandis qu'éclatent les insurrections royalistes, notamment en Vendée.

Louis XVI est guillotiné le 21 janvier 1793, suivi de Marie-Antoinette le 16 octobre.

La chute de Robespierre le 27 juillet 1794 met fin à la Terreur. Thermidor[3] marque la reprise en main du pouvoir par les éléments les plus conservateurs de la bourgeoisie. On a pu parler de « république bourgeoise ». Le pouvoir passa dans les mains de jacobins modérés, conservateurs et dans celles d'éléments les plus fortunés de la société bourgeoise.

Alors que le Directoire[4] est instauré en 1795, la guerre prend le pas sur les événements intérieurs et va permettre à un général de l'armée républicaine de s'élever jusqu'au pouvoir : c'est le coup d'État de Napoléon Bonaparte, le 18 Brumaire de l'an VIII.

2. Créé par la Convention nationale le 6 avril 1793, il a pour rôle de contrôler les ministres et restaurer l'autorité du gouvernement.
3. Onzième mois du calendrier républicain (du 19 juillet au 18 août).
4. Régime qui gouverna la France.

FICHE 3. Le contexte culturel des *Liaisons dangereuses*

1. Les Lumières

Publiées en 1782, *Les Liaisons dangereuses* sont comme une ombre portée des grands idéaux qui ont façonné le mythe des Lumières. En cette fin-de-siècle, l'esprit des Lumières est à son crépuscule et le roman de Laclos questionne l'idéologie des Lumières.

A. « Qu'est-ce que les Lumières ? [1] »

Le terme de « Lumières » désigne métaphoriquement la pensée éclairée qui agite l'Europe, en un mouvement culturel, intellectuel et philosophique : *Illuminismo* en Italie, *Ilustracion* en Espagne, *Aufklärung* en Allemagne, *Enlightment* en Angleterre. Les Lumières évoquent le passage de la nuit au jour, de l'obscurantisme à la connaissance. La conception de la raison n'est plus soumise à Dieu, mais apanage de l'homme. L'esprit des Lumières caractérise une époque charnière de l'Histoire des idées à dater de la fin du XVIIe siècle jusqu'à la Révolution française (1700-1789 pour J. Starobinski, *L'Invention de la liberté*, Genève, Skira, 1994). Prolongeant l'héritage de Descartes et de Locke, les Lumières cherchent à faire une synthèse entre le rationalisme et l'empirisme, la foi dans la raison et l'intérêt pour la sensibilité. Les penseurs comme Diderot, Rousseau, Kant ou Voltaire se rejoignent autour du rejet de toute autorité *a priori*, de la critique des dogmes religieux, des idées de tolérance, de liberté, d'égalité, de progrès et de perfectibilité de l'être humain.

Les philosophes des Lumières stigmatisent la religion dont les dogmes et les rites opposent un premier obstacle à la raison. Leur combat s'étend de la critique de la monarchie aux dysfonctionnements de la société. Dès lors, ils dénoncent l'intolérance, les inégalités sociales, les dysfonctionnements de la justice, ainsi que la limitation de la condition féminine. Or, les combats des Lumières, seront probants uniquement si les esprits sont éduqués, les philosophes réclament la modernisation de l'éducation. Dans *Émile ou de l'éducation*, Rousseau défend ainsi les principes d'une éducation empiriste.

B. Le courant sensible

Le courant sensible privilégiant l'émotion, l'imagination et le rêve, déjà perceptible chez Marivaux (*La Vie de Marianne*, 1731-1741) et Prévost

1. Question posée par Kant.

(*Manon Lescaut*, 1731), s'est développé en marge du courant rationaliste. Sous l'influence de Rousseau et de son célèbre *Julie ou La Nouvelle Héloïse* (1761), sous l'égide de laquelle sont placées *Les Liaisons dangereuses*, ainsi que l'atteste son épigraphe, le sentiment, la sensibilité et la vertu sont à la mode en cette fin de siècle. L'époque est à la transparence des cœurs, à l'admiration de la nature (Jacques-Henri Bernardin de Saint-Pierre, *Paul et Virginie*, 1788), mais aussi à l'exaltation de l'amour maternel et de la famille, amours défendues par Laclos dont le non moindre des paradoxes fut d'avoir été un grand admirateur de la pensée rousseauiste et l'auteur d'un des plus fameux romans libertins du siècle.

2. L'éducation des filles

En écho au livre V d'*Émile ou de l'éducation* (1762), Les Lumières s'intéressent aussi à l'éducation des filles. L'idée directrice est de corriger les négligences, et de combler les lacunes de l'instruction féminine. Ainsi, *Les Liaisons dangereuses* dénoncent l'absurdité des éducations au couvent : des jeunes filles destinées à des vies mondaines, telles Cécile de Volanges et madame de Tourvel, sont confiées à des femmes ignorantes du grand monde. Mme de Merteuil, à l'opposé, exemplifie une éducation autodidacte (l. LXXXI, p. 260).

Lorsque l'Académie de Châlons-sur-Marne pose la question de savoir « quels seraient les meilleurs moyens de perfectionner l'éducation des femmes ? », Laclos répond dans les trois essais qui composent *Des Femmes et de leur éducation* (1783) par un paradoxe : « Il n'est aucun moyen de perfectionner l'éducation des femmes ». Dans le premier essai, un syllogisme imparable inaugure sa réflexion : « Partout où il y a esclavage, il ne peut y avoir éducation ; dans toute société, les femmes sont esclaves ; donc la femme sociale n'est pas susceptible d'éducation ». Laclos, qui s'inspire de la dialectique rousseauiste du *Discours sur l'origine et les fondements de l'inégalité parmi les hommes*, propose ainsi une réflexion anthropologique sur l'inégalité entre les sexes. Il juge dérisoire une réforme de l'éducation féminine si les femmes restent maintenues en servitude. Que les femmes cessent d'être esclaves, qu'elles le veulent et on pourra parler d'éducation. « O ! femmes, approchez et venez m'entendre [...] Venez apprendre comment, nées compagnes de l'homme, vous êtes devenues son esclave » écrit Laclos en préambule de son discours académique[2].

2. Versini L., *Œuvres complètes*, p. 93.

Dans son deuxième essai, il retrace la manière dont la femme, née égale de l'homme, a finalement été réduite en esclavage. Abusant de leur supériorité physique, les hommes ont astreint les femmes aux tâches les plus pénibles et avilissantes. Afin de démontrer cet asservissement, Laclos esquisse une biographie fictive de la femme naturelle, de sa naissance à sa mort. Ainsi, il retrace la genèse de la femme sociale, et souligne la façon dont les femmes ont finalement regagné de l'autorité sur les hommes, notamment par le manège de la coquetterie, renversant, temporairement, en leur faveur une situation de dépendance à l'égard du sexe masculin.

Dans le troisième essai, Laclos forme pour sa fille des projets réalistes, dont l'apprentissage des mathématiques et de la comptabilité. Il propose un programme de lectures, « seconde éducation qui supplée à l'insuffisance de la première »[1] qui répond à l'« obligation de cultiver sa raison, son cœur et son esprit ». Laclos a en effet toujours reconnu l'importance des livres dans l'éducation des filles : c'est par la lecture que Mme de Merteuil s'est donné une formation autodidacte. Laclos insiste notamment sur les bienfaits de la lecture de *Clarissa Harlowe*. Soulange consultera donc les moralistes, les historiens, les romanciers. Elle lira des ouvrages élémentaires d'astronomie, de physique, d'histoire naturelle, de botanique et elle apprendre le latin, l'anglais ou l'italien. Soulange est l'anti-Cécile.

3. Le libertinage

Dans sa préface au *Romans libertins du XVIIIe siècle*, Raymond Trousson retrace l'évolution du terme « libertin » venant du latin *libertinus* ou *libertivus* qui désignait l'esclave, opposé à l'homme libre, l'*ingenuus*. Au XVIIe siècle, le mot « libertin » désigne un libre penseur, affranchi moralement, religieusement et intellectuellement tels Théophile de Viau et Cyrano de Bergerac, qui prônent une philosophie matérialiste, ou encore La Mothe le Vayer, Gassendi et Naudé, qui s'attaquent aux discours apologétiques. Ces libertins nient l'immortalité de l'âme et affirment que l'homme est « un animal comme les autres ». Libérés des dogmes et des doctrines, ils revendiquent la jouissance immédiate et se donnent eux-mêmes pour fin.

Au XVIIIe siècle, le libertinage érudit laisse la place à la philosophie des Lumières et se gauchit en un libertinage des mœurs. Le libertin, libre penseur, s'est dévergondé en un « petit-maître », nom donné originellement aux compagnons de débauche de Louis XIII. Son parangon littéraire est le personnage de Versac que l'on retrouve dans *Les Égarements du cœur et de*

1. Versini L., *Œuvres complètes*, p. 434-5.

l'esprit de Crébillon fils (1736). Méprisant envers les femmes, il s'adonne au plaisir de détruire les réputations, fait fi du sentiment, dresse des listes de conquêtes en tant qu' « homme à bonnes fortunes ». Il considère la vertu, la pudeur et l'honnêteté comme des préjugés ridicules.

Sous Louis XVI, le « petit-maître » s'est radicalisé en un « roué » (dont les délits sont passibles de la roue). Avec ce roi épris de vertu, de simplicité et d'honnêteté, et la sensibilité nouvelle inspirée par Rousseau, la société semble vivre une diminution de la corruption des mœurs, mais le vice se dissimule sous des apparences de correction et de sensibilité. En se cachant, la scélératesse s'intensifie et perfectionne ses méthodes. Ainsi, le roué ou « scélérat méthodique », dont Valmont est une parfaite illustration, sait faire croire à sa conversion en honnête homme, tout en préméditant la chute de sa proie, la présidente de Tourvel.

4. Le roman des Lumières

A. Le roman épistolaire

La parution des *Liaisons dangereuses* se situe à l'apogée du genre du roman épistolaire, développé dès la fin du XVIIe siècle, imposé par les *Lettres persanes* de Montesquieu (1721) et devenu le genre majeur avec *Julie ou la Nouvelle Héloïse* de Rousseau (1761).

Jean Rousset, dans *Forme et signification. Essais sur les structures littéraires de Corneille à Claudel* (1988, José Corti Editions), analyse les fonctions de la lettre, fonctions qui vont être dévoyées dans *Les Liaisons dangereuses*, culmination et « liquidation[2] » du genre épistolaire. Il y explique que la lettre est synonyme d'immédiateté et d'authenticité. Elle consigne sur le vif les émotions présentes et favorise l'épanchement de la sensibilité et la transparence de l'exprimé. Elle est un miroir de l'âme, comme l'écrit le chevalier Danceny à la marquise de Merteuil : « Mais une lettre est le portrait de l'âme. Elle n'a pas, comme une froide image, cette stagnance si éloignée de l'amour ; elle se prête à tous nos mouvements : tour à tour elle s'anime elle jouit, elle se repose… » (l. CL, p. 464-5).

Le roman épistolaire peut ensuite épouser deux formes avec des variantes : la forme monodique et la forme polyphonique comme dans le cadre des *Liaisons dangereuses* où plusieurs personnages prennent la plume. Dans le premier cas, un seul personnage écrit à un seul destinataire en l'absence de tout contact par exemple dans les *Lettres d'une religieuse portugaise* (1699) dont les cinq lettres d'une grande beauté pathétique résonnent dans le

2. Versini L., *Le Roman le plus intelligent*, p. 62 (voir fiche 11, p. 70).

vide d'un pur soliloque. Une variante met en scène un échange entre deux correspondants, cependant on ne connaît pas les lettres du destinataire. C'est notamment le cas dans les *Lettres de la Marquise de M*** au comte de R**** (1732) de Crébillon fils où seules les lettres de la marquise sont mises à disposition du lecteur. Celles du séducteur ne sont que mentionnées, sans que l'on puisse les lire. Enfin, la polyphonie permet de croiser plusieurs points de vue et d'entendre plusieurs voix. Montesquieu ouvre le chemin de ce procédé d'écriture dans *Les Lettres persanes*, suivi par Dorat, Richardson, Rousseau et bien évidemment Laclos.

B. Les influences littéraires

Laclos, dans *Les Liaisons dangereuses* rend hommage à trois auteurs, Rousseau, Crébillon fils et Richardson. Ainsi, il s'inspire de la préface de *Julie ou la Nouvelle Héloïse* pour l'épigraphe de son roman : « J'ai vu les mœurs de mon temps, et j'ai publié ces lettres ». En effet, le roman culte de Rousseau, peignant les amours malheureuses de Julie d'Étanges et de son précepteur Saint-Preux, est cité par Merteuil et Valmont. La marquise se préparant à recevoir son amant Belleroche lit « un chapitre du *Sopha,* une lettre d'Héloïse [...] » (l. X, p. 100). Pour la Merteuil, *Julie ou la nouvelle Héloïse* est le seul roman qui échappe à l'artifice (« C'est le défaut des romans ; l'auteur se bat les flancs pour s'échauffer, et le lecteur reste froid. *Héloïse* est le seul qu'on puisse excepter » (l. XXXIII, p. 144). Valmont, quant à lui, parodie Saint-Preux en reprenant l'expression du personnage en début du roman : « *Puissances du Ciel, j'avais une âme pour la douleur : donnez-m'en une pour la félicité !* » (l. CX, p. 359).

La présidente de Tourvel se retire dans ses appartements pour lire un volume des *Pensées chrétiennes* et « un livre qui a pour titre *Clarisse* » selon le rapport d'Azolan, le valet fidèle de Valmont (l. CVII, p. 314). Comme pour *Julie ou la nouvelle Héloïse*, le roman de Richardson *Clarissa Harlowe* (1748) est désigné seulement par le prénom de l'héroïne, ce qui atteste de la notoriété de l'ouvrage. Le héros, Lovelace, est le stéréotype du séducteur sans scrupules, tandis que sa proie, Clarissa, enlevée, violée, est l'emblème de la vertu persécutée. Il n'est donc pas étonnant que Valmont se compare à Lovelace, se déclarant prêt à user de somnifères pour faire de Tourvel « une nouvelle Clarisse » (l. CX, p. 360). Clarisse annonce en effet la vertu prêcheuse de la Tourvel. La présidente reproduit jusque dans sa mort la résistance et la malheureuse destinée de Clarisse, sermonneuse comme l'héroïne de Richardson, trop confiante en ses forces, puis en sa vertu rédemptrice.

La marquise de Merteuil est attachée à la théorie de l'occasion ou du moment qui privilégie le « goût » passager à l'art des gradations duquel se délecte Valmont. Elle perpétue l'héritage de Crébillon fils dont les héros démystifient l'amour. Trois des œuvres de ce dernier *(La Nuit et le Moment, Les Égarements du cœur et de l'esprit et Le Sopha)* pourraient d'ailleurs composer un même recueil qui aurait pour titre «La Ronde» tant ils mettent en scène le tournoiement vide des amours passagères avec, en arrière-plan, le pays regretté de l'amour qu'incarnera dans *Les Liaisons dangereuses*, la présidente de Tourvel.

Deux romans du poète Dorat, *Les Sacrifices de l'amour* (1771) et *Les Malheurs de l'inconstance* (1772), ont certainement influencé Laclos pour constituer le quintette des *Liaisons dangereuses.* Tandis que dans son premier roman Dorat entrelace les points de vue de madame d'Ercy (la femme d'intrigues,) de Versenai (qui tient de Valmont et de Danceny), de la pure madame de Senanges ou encore de madame de Sancerre (dont l'indulgence annonce celle de madame de Rosemonde), Dorat crée, dans *Les Malheurs de l'inconstance*, le type du «scélérat méthodique» qui annonce déjà les personnages de Valmont et de Danceny.

FICHE 4. Biographie de Musset

Alfred de Musset est un écrivain français né le 11 décembre **1810** à Paris et mort le 2 mai **1857** dans la même ville. Son frère, Paul de Musset, rapporte dans sa *Biographie de Alfred de Musset* (1887) une charmante anecdote qui illustre bien l'ardent désir de vivre intensément et la furieuse impatience qui ont toujours animé cet auteur : Il « avait trois ans lorsqu'on lui apporta une paire de petits souliers rouges qui lui parut admirable. On l'habillait, et il avait hâte de sortir avec sa chaussure neuve [...]. Tandis que sa mère lui peignait ses longs cheveux bouclés, il trépignait d'impatience, enfin il s'écria d'un ton larmoyant : “Dépêchez-vous donc, maman ; mes souliers neufs seront vieux !” »

1. Milieu familial et jeunesse

Né sous le Premier Empire, Alfred de Musset est issu d'une **famille aristocratique** unie et très cultivée. Il est le fils de Victor-Donatien de Musset-Pathay et d'Edmée-Claudette-Christine Guyot des Herbiers, qui ont eu trois autres enfants, dont son frère aîné Paul. Son père, haut fonctionnaire qui travaille au ministère de la Guerre, a publié, en 1828, la première édition commentée et annotée des œuvres complètes de Jean-Jacques Rousseau. Son grand-père était poète, et son parrain, Musset de Cogners, était écrivain.

Élève brillant, Alfred de Musset entre en sixième au collège Henri-IV alors qu'il n'a pas encore neuf ans. Il obtient le prix d'honneur du collège en 1827, puis celui du concours général, et se révèle excellent latiniste. Néanmoins, après l'obtention de son baccalauréat, il entame des études qu'il abandonne rapidement dans des domaines variés allant de la médecine au droit, en passant par la peinture car il s'avérait être très bon dessinateur.

2. Son œuvre

A. La poésie

Ses tout premiers écrits paraissent en 1828 : *Un rêve*, poème publié dans *Le Provincial*, le journal d'Aloysius Bertrand, et *L'Anglais mangeur d'opium*, une traduction des *Confessions d'un mangeur d'opium anglais* de Thomas de Quincey.

Il commence à fréquenter Victor Hugo et les poètes du Cénacle de Charles Nodier, et écrit ses premiers recueils de **poésie**. Il publie les *Contes d'Espagne et d'Italie* en 1829, à tout juste dix-neuf ans, et fait ensuite paraître régulièrement ses compositions versifiées. Le recueil lyrique *Nuits* fait partie de ses plus célèbres, on y retrouve les poèmes « La Nuit de Mai » (1835), « La Nuit de Décembre » (1835), « La Nuit d'Août » (1836) et « La Nuit d'Octobre » (1837).

B. Les pièces de théâtre

La première pièce de théâtre écrite par Musset, une comédie en un acte nommée *La Nuit vénitienne* (1830), est un **échec** retentissant. Créée à l'Odéon le 1er décembre 1830, elle est sifflée par le public et tombe au bout de deux représentations. Musset, furieux, se promet alors de ne plus jamais écrire pour le théâtre, et déclare même dans une lettre à l'auteur Prosper Chalas : « je dis adieu à la ménagerie, et pour longtemps ».

Il écrit alors des pièces sans tenir compte des contraintes de la représentation scénique. D'abord publiées dans la *Revue des Deux Mondes*, elles sont ensuite réunies dans un livre. *Un spectacle dans un fauteuil* (1833), dont le titre est déjà un programme en soi, contient, en plus de trois poèmes et du conte oriental *Namouna*, deux pièces : un drame, *La Coupe et les Lèvres*, et une comédie, *À quoi rêvent les jeunes filles*. *Lorenzaccio* fait partie de la deuxième livraison du *Spectacle dans un fauteuil* d'août **1834**, avec *Les Caprices de Marianne* et *André del Sarto*, d'abord parus en revue en 1833, *Fantasio* et *On ne badine pas avec l'amour*. Plusieurs autres pièces sont encore publiées dans la *Revue des Deux Mondes* : *Le Chandelier* (1835), *Il ne faut jurer de rien* (1836) et *Un caprice* en 1837. En 1840, *Lorenzaccio* est publié à nouveau avec plusieurs autres pièces dans le recueil intitulé *Comédies et proverbes*.

Musset ne connaît de véritable succès sur scène que très tardivement. Mademoiselle Despréaux, une comédienne avec qui il a eu une liaison de 1848 à 1850, découvre *Un caprice* et décide de créer la pièce au théâtre Michel de Saint-Pétersbourg en 1843. Elle reprend ensuite la pièce au Théâtre-Français en novembre 1847 et le succès est alors considérable.

3. Un dandy débauché

A. La débauche

Tout le monde s'accorde à décrire Alfred de Musset comme un jeune homme d'une grande beauté, ce que confirme le poète Théodore de Banville sur un ton hyperbolique : « ce puissant menton byronien, et surtout ce large front modelé par le génie, et cette épaisse, énorme, violente, fabuleuse chevelure blonde, tordue et retombant en onde frémissante, lui donnant l'aspect d'un jeune dieu » (André Villiers, *La Vie privée d'Alfred de Musset*, Paris, Hachette, 1939).

Âgé d'à peine vingt ans, celui qu'on qualifie alors de « prince de la jeunesse » se fait remarquer par sa vie de **débauche**. Antoine Adam écrit ainsi dans *Le Secret de l'aventure vénitienne* (Paris, Hachette, 1838) que Musset baigne dans « ce milieu de célibataires mêlés aux filles galantes de la rue Vivienne, cynique dans ses propos et dans ses mœurs, et dont on ne saurait décemment raconter les exploits ni répéter les conversations ». Musset sombre peu à peu dans l'alcool et la dépression, et la mort de son père, emporté par le choléra en 1832, ne fait qu'aggraver son état.

B. Les liaisons dangereuses

Sa vie sentimentale est tout aussi instable et agitée. En novembre 1833, il se rend à Venise avec **George Sand**, qu'il a rencontrée lors d'un dîner donné par la *Revue des Deux Mondes* et avec qui il vit une relation amoureuse. Atteinte de dysenterie, l'écrivaine se retrouve alitée, laissant ainsi l'occasion à Musset de se livrer à la débauche. Toutefois, les rôles s'inversent, lorsqu'il est contaminé à son tour et que George Sand entame une liaison avec son médecin, Pietro Pagello. Musset quitte alors Venise en mars 1834. Si les deux amants renouent plusieurs fois, ils finissent par se séparer définitivement en mars 1835[1]. Musset transpose lui-même sa liaison avec Sand dans son roman autobiographique, *La Confession d'un enfant du siècle* (1836), qu'il lui dédie. Il y paraît sous les traits d'Octave, l'enfant désillusionné, sauvé par l'amour de Brigitte Pierson, double fictif de George Sand.

En 1835, Musset tombe amoureux d'une femme mariée, Caroline Jaubert, la sœur de l'un de ses amis, Edmond d'Alton-Shée. Leur liaison ne dure que quelques mois, mais Musset continuera de fréquenter son salon et de correspondre avec elle pendant des années. Il entame ensuite, en 1837, une liaison avec Aimée-Irène d'Alton, la cousine de Caroline Jaubert qu'il a rencontrée dans son salon. Il la quitte par amour pour Pauline Garcia qui lui préfèrera son frère, Paul de Musset, dont elle deviendra l'épouse. Après une brève liaison avec la comédienne Rachel, célébrité de l'époque, il s'éprend, en 1842, de la princesse Christine de Belgiojoso, amie de Caroline Jaubert, mais sa passion n'est pas réciproque. En 1852, il a une brève liaison avec la maîtresse de Gustave Flaubert, Louise Colet.

1. Cette période de la vie de Musset est racontée dans le film de Diane Kuris, *Les Enfants du siècle* (1899).

4. Dernières années et postérité

En 1838, Musset est nommé bibliothécaire du ministère de l'Intérieur grâce au soutien de son ami le duc d'Orléans, fils de Louis-Philippe. Il est révoqué dix ans plus tard, après la révolution de 1848, à cause de ses liens avec la monarchie de Juillet. En 1853, sous le Second Empire, il devient bibliothécaire du ministère de l'Instruction publique.

À partir des années 1840, il écrit de moins en moins, malgré la publication de quelques nouvelles et poèmes, et sombre dans l'alcoolisme et la dépression. Paradoxalement, cette période est celle de sa consécration. Alfred de Musset est fait chevalier de la Légion d'honneur en 1845, en même temps qu'Honoré de Balzac, et devient académicien en 1852.

Musset, affaibli par ses excès en tous genres et présentant tous les symptômes de la syphilis : crises de convulsions et troubles neurologiques, meurt le 2 mai 1857 à Paris. Même s'il était légèrement tombé dans l'oubli car il publiait beaucoup moins que dans les années 30, des auteurs célèbres de l'époque, comme Alphonse de Lamartine, Théophile Gautier ou encore Prosper Mérimée assistent à ses obsèques. Il est enterré au cimetière du Père-Lachaise.

Paul de Musset a beaucoup fait pour transmettre l'œuvre de son frère. Il a rédigé plusieurs biographies et travaillé à des rééditions, comme celle des *Caprices de Marianne*. En réponse au roman épistolaire d'inspiration autobiographique *Elle et lui* de George Sand, qu'il considère comme un tissu de mensonges à l'égard de son frère, il publie, six mois plus tard *Lui et elle*.

Le théâtre de Musset a été redécouvert au XXe siècle, grâce à Gérard Philipe, qui a joué le rôle de Lorenzaccio, et au Théâtre national populaire de Jean Vilar.

5. *Lorenzaccio* et Alfred de Musset

Il serait évidemment trop simpliste de considérer le personnage de Lorenzo comme le reflet exact et le double de son auteur. Néanmoins, la pièce possède bel et bien une dimension **autobiographique**.

Alfred de Musset s'identifie en effet aux jeunes gens nostalgiques de la glorieuse époque napoléonienne. Le célèbre chapitre 2 de *La Confession d'un enfant du siècle* en est déjà un témoignage clair (voir fiche 6, p. 35) et l'on retrouve cette idée dans *Lorenzaccio* lorsqu'un bourgeois déclare, dans la scène 5 de l'acte I, « Que voulez-vous que fasse la jeunesse sous un gouvernement comme le nôtre ? » (p. 56)

Dans la pièce, Marie Soderini décrit son fils Lorenzo comme un brillant élève très prometteur tombé dans la débauche (« Je regardais cette nuit obscure, et je me disais : il ne rentrera qu'au jour, lui qui passait autrefois les nuits à travailler », acte II, scène 4, p. 87). Cette déchéance, dépeinte par le personnage de la mère, est en fait exactement celle vécue par Musset. Elle explique par conséquent cette idée de mépris de soi, qui semble autant hanter le personnage de Lorenzo que l'auteur lui-même. Nous retrouvons par ailleurs ce dédain dans ses *Vœux stériles* qu'il a écrit quelques années plus tôt, en 1830 : « Il n'existe qu'un être / Que je puisse en entier et constamment connaître, / Sur qui mon jugement puisse au moins faire foi, / Un seul ! … **Je le méprise**. – Et cet être, c'est moi. » (vv. 40-3).

Dans une conférence consacrée à Musset « Alfred de Musset : l'enfant terrible du romantisme »[1] ; Sylvain Ledda rapproche à juste titre le fragile équilibre, bien souvent rompu, que fut la vie de Musset de la tirade de Célio, personnage des *Caprices de Marianne*, dans laquelle il se décrit comme un danseur de corde :

« Figure-toi un danseur de corde, en brodequins d'argent, le balancier au poing, suspendu entre le ciel et la terre ; à droite et à gauche, de vieilles petites figures racornies, de maigres et pâles fantômes, des créanciers agiles, des parents et des courtisans ; toute une légion de monstres se suspendent à son manteau et le tiraillent de tous côtés pour lui faire perdre l'équilibre ; des phrases redondantes, de grands mots enchâssés cavalcadent autour de lui ; une nuée de prédictions sinistres l'aveugle de ses ailes noires. Il continue sa course légère de l'orient à l'occident. S'il regarde en bas, la tête lui tourne ; s'il regarde en haut, le pied lui manque. Il va plus vite que le vent, et toutes les mains tendues autour de lui ne lui feront pas renverser une goutte de la coupe joyeuse qu'il porte à la sienne, voilà ma vie, mon cher ami ; c'est ma fidèle image que tu vois. »

Les Caprices de Marianne, acte I, scène 1.

1. https://webtv.univ-rouen.fr/videos/utlc-musset-par-ledda/.

FICHE 5. Le contexte historique de *Lorenzaccio*

1. Le contexte historique de la France du début du XIXe siècle

A. Le Premier Empire (1804-1815)

Le 18 mai 1804, **Napoléon Ier** devient empereur des Français, c'est le début du **Premier Empire**. Après des victoires militaires éclatantes, comme à Austerlitz, à Iéna ou à Friedland, l'Empire atteint son apogée en 1811. Il englobe alors la plus grande partie de l'Europe continentale et compte cent-trente départements, et quarante-quatre millions de sujets. Les armées napoléoniennes finissent cependant par se retrouver en difficulté, en particulier lors de la campagne de Russie, qui est un échec. Napoléon Ier est contraint d'abdiquer en faveur de Louis XVIII, le 6 avril 1814. Le 20 mars 1815, il revient à Paris et reprend le pouvoir. C'est la période dite « des Cent-Jours », qui s'achève le 7 juillet 1815. Les jeunes romantiques, dont Alfred de Musset fait partie, enthousiasmés par Napoléon et ses glorieuses victoires, se retrouvent désemparés et restent nostalgiques de l'épopée napoléonienne.

B. La Restauration (1815-1830)

Les régimes politiques qui suivent le Premier Empire accroissent la désillusion de cette jeunesse en proie au « mal du siècle ».

La **Restauration** marque le retour des Bourbons au pouvoir. **Louis XVIII** (1815-1824) met en place une monarchie constitutionnelle de plus en plus répressive au fil du temps. À sa mort, en septembre 1824, c'est son frère **Charles X** (1824-1830) qui prend le pouvoir. En promulguant les ordonnances de Saint-Cloud le 25 juillet 1830, il suspend la liberté de la presse, restreint le suffrage censitaire et dissout la Chambre des députés. Ces décisions mettent le feu aux poudres et le peuple se soulève les 27, 28 et 29 juillet lors des « **Trois Glorieuses** ». Le roi abdique le 2 août 1830 ; c'est la fin de la Restauration.

C. La monarchie de Juillet (1830-1848)

La monarchie constitutionnelle devient parlementaire et le duc d'Orléans (branche cadette des Bourbons) arrive au pouvoir. Au nom emblématique de Philippe VII, il préfère celui de **Louis-Philippe** afin de marquer le changement de dynastie. Il est proclamé « roi des Français », et non plus « roi de France ». C'est le début de la **monarchie de Juillet**, période durant laquelle Musset écrit son *Lorenzaccio*.

On observe une libéralisation relative du régime avec la renonciation au pouvoir absolu du roi, la fin de la censure de la presse, ou encore le rétablissement du drapeau tricolore. Le pouvoir se maintient sur fond d'agitation politique et d'instabilité ministérielle permanentes. Néanmoins, le nouveau régime profite surtout à la bourgeoisie d'affaire et les républicains se sentent trahis. Il tombe finalement en 1848 à cause de la « **révolution française de 1848** » (22-25 février 1848) : sous l'influence des républicains et des libéraux, Paris se soulève. La **Deuxième République** est proclamée le 24 février 1848.

2. Le contexte historique de l'Italie au XVIe siècle dans *Lorenzaccio*

La Renaissance italienne constitue le cadre de nombreuses pièces de théâtre romantiques, comme *Henri III et sa cour* (1829) d'Alexandre Dumas ou *Le Roi s'amuse* (1832[1]) et *Lucrèce Borgia* (1833) de Victor Hugo.

Dans sa pièce, Alfred de Musset décrit l'Italie des Médicis. Il s'appuie pour cela sur différentes sources.

> **Les sources principales d'Alfred de Musset pour la rédaction de son *Lorenzaccio***
>
> *Chroniques florentines* de Benedetto Varchi (1503-1565), historiographe de Côme Ier qui lui a commandé une histoire détaillée de Florence de 1527 à 1538.
>
> *Vie de Benvenuto Cellini* écrite par lui-même (1500-1571, première édition en 1728).
>
> *Une conspiration en 1537* (1531) offert à Musset par George Sand : scène historique en six tableaux qui raconte la préparation et l'exécution du meurtre d'Alexandre de Médicis.

A. Le règne des Médicis

La ville de Florence a été dominée par les Médicis du XVe au XVIIIe siècle. Une révolution a chassé cette dynastie du pouvoir en 1527 au profit d'une république, mais en 1530, l'empereur **Charles Quint** rend le pouvoir aux Médicis en mariant sa fille à **Alexandre de Médicis** qui devient alors duc de

1. Histoire du bouffon Triboulet sous Louis XII et François Ier.

Florence en 1531. Les troupes de l'Empereur occupent alors la ville. Alexandre est finalement assassiné par son cousin **Lorenzo** en 1537, et la branche aînée des Médicis s'éteint avec lui. **Côme Ier**, issu de la branche cadette, fonde la dynastie des grands ducs de Toscane qui régnera pendant encore deux siècles.

Personnages-clés de *Lorenzaccio*

Alexandre de Médicis (1510-1537) : fils naturel du pape Clément VII et d'une esclave maure, marié à la fille bâtarde de Charles Quint, il finit assassiné par son lointain cousin Lorenzo de Médicis.

Lorenzo de Médicis (1514-1548) : fils de Pierfrancesco de Médicis le Jeune et de Marie Soderini. Lorenzo devint homme politique, écrivain et dramaturge. Après la mort de son père (1520), il fut élevé par sa mère et ses deux tuteurs. En 1530, il se rendit à Rome où il décapita les statues des huit rois barbares de l'Arc de Constantin[2] dans un moment d'ivresse (mentionné à l'acte I, scène 4). Cet acte lui valut le bannissement de la ville et le surnom de Lorenzaccio. De retour à Florence, il devint le compagnon de débauche d'Alexandre de Médicis, qu'il finit par assassiner.

B. Les circonstances de l'assassinat

Le soir du 5 janvier 1537, Alexandre de Médicis se rendit dans les appartements de Lorenzo qui lui avait promis de ramener sa sœur et l'épouse de Leonardo Ginori pour la nuit. Lorenzo revint quelques heures plus tard avec un sicaire nommé Scoronconcolo pour tuer le duc qu'il trouva endormi. Alexandre fut réveillé par l'agression et ne fut tué qu'au prix d'une lutte violente. Le motif de cette trahison est incertain : peut-être s'agit-il d'une volonté de libérer Florence d'un tyran, ou d'un différend sans lien avec la politique.

Lorenzo, contraint de fuir après son crime, se réfugia à Bologne, puis à Venise. Il rejoignit les troupes de Philippe Strozzi pour lutter contre Côme Ier. Redoutant les assassins envoyés par Côme, il s'enfuit à Constantinople, puis se rendit en France où il vécut de 1537 à 1541, protégé par Catherine de Médicis. Il fut finalement tué de plusieurs coups de couteau par deux individus à Venise le 26 février 1548.

2. Arc situé entre le Colisée et le Palatin à Rome, il a été construit en 315 pour commémorer la victoire de Constantin face à Maxence lors de la bataille sur le pont de Milvius en 312.

3. Les analogies entre la Florence du XVIe siècle et la France des années 1830

Avec *Lorenzaccio*, Alfred de Musset développe une réflexion **universelle** sur le sens de l'action politique. Néanmoins, le panorama de la société florentine du XVIe siècle qu'il propose est aussi un **détour**, lui permettant d'évoquer sa propre époque, un bon moyen de déjouer la **censure**, toujours à l'œuvre sous la monarchie de Juillet. Victor Hugo a notamment été victime de cette censure pour ses pièces *Marion de Lorme* (1829) et *Le Roi s'amuse* (1832) dans lesquelles la critique à l'égard de la monarchie était jugée trop directe. De fait, afin de déjouer cette censure, Musset a lui-même omis la révolte estudiantine réprimée dans le sang dans la scène 6 de l'acte V de *Lorenzaccio*.

A. La situation politique

La ressemblance entre le contexte politique à Florence au XVIe siècle et en France dans les années 1830 est troublante. Les **Médicis**, chassés de Florence en 1527, font leur retour en 1530. Alexandre de Médicis instaure un régime **tyrannique** et corrompu détesté par la population. En France, ce sont les **Bourbons** qui reviennent au pouvoir après l'effondrement de l'Empire, soutenus par les monarchies européennes. Le régime est de plus en plus **répressif** et fort peu apprécié des jeunes romantiques.

Le meurtre d'Alexandre de Médicis par Lorenzo provoque une **insurrection** populaire qui échoue à cause du manque d'implication de la population (« une centaine de jeunes étudiants, braves et déterminés, se soient fait massacrer en vain […] » acte V, scène 7, p. 205). À la scène 8 de l'acte V, le cardinal Cibo profite alors de l'occasion pour perpétuer le pouvoir sans rencontrer aucune opposition.

Même si aucun assassinat n'a été commis sous la Restauration, les décisions de Charles X ont tout de même provoqué les **Trois Glorieuses**, suivies de la chute du régime. La révolte a été réprimée, et le parti de l'Ordre[1] l'a emporté, puisque les libéraux monarchistes et les orléanistes se sont alliés afin de sauver le trône. De fait, le sacre de Côme Ier marque le retour au pouvoir des Médicis en Italie, tout comme l'intronisation de Louis-Philippe ramène la monarchie en France.

B. Les réactions de la population

La **bourgeoisie** de Florence est partagée entre opposants au despotisme et opportunistes qui s'accommodent d'un pouvoir favorisant le commerce de

1. Regroupement de personnalités conservatrices, partisanes de l'ordre, de la sécurité et des bonnes mœurs.

luxe (voir les discussions entre bourgeois dans l'acte I, scène 2 de *Lorenzaccio*). La monarchie de Juillet est tout aussi favorable au commerce et à l'industrie. Elle encourage l'enrichissement personnel et le matérialisme.

Dans *Lorenzaccio*, le **peuple** montre parfois une franche hostilité au pouvoir et aux Allemands qui occupent la ville et les victimes du pouvoir sont nombreuses, comme le montrent les adieux poignants des bannis (acte I, scène 5) ou la répression des émeutes estudiantines (acte V, scène 6). La monarchie de Juillet s'est déroulée dans un climat d'agitation politique et sociale permanent et a été ponctuée d'insurrections réprimées dans le sang, à partir de 1831 : révolte des canuts en 1831 et en 1834, massacre des habitants de la rue Transnonain par des soldats la même année, émeutes estudiantines…

À Florence, les **républicains**, farouchement opposés au régime autoritaire, sont représentés par les grandes familles comme les Strozzi, les Ruccellai ou les Pazzi. Dépossédées du pouvoir par les Médicis, elles voudraient un retour aux institutions républicaines et à une forme d'oligarchie. Loin de cet opportunisme, Philippe Strozzi incarne quant à lui l'authentique républicain. Néanmoins, le meurtre d'Alexandre n'est suivi d'aucune action d'envergure : « on a braillé, bu du vin sucré, et cassé des carreaux ; mais la proposition de ce brave homme n'a seulement pas été écoutée » (acte V, scène 5, p. 200).

Lorenzaccio comporte plusieurs anachronismes qui renvoient directement aux républicains français qui ne réussissent pas davantage à déstabiliser le régime en place : la « barbe » est leur signe de ralliement (acte II, scène 4, p. 91), les « banquets patriotiques » (acte III, scène 3, p. 132) sont leur lieu de rencontre, et le « bonnet de la liberté » (acte I, scène 3, p. 44) est le bonnet phrygien, symbole de la Révolution française.

Les mises en scène historiques de *Lorenzaccio*

Les premières mises en scène de *Lorenzaccio* ont eu tendance à gommer sa dimension historique. Ainsi, dans la toute première mise en scène (1896) qui a été faite de *Lorenzaccio*, Armand d'Artois fait disparaître l'acte V afin d'éviter le rapprochement avec les années 1830. De son côté, Gaston Baty, en 1945, met en place un décor simple – un escalier à tout faire sur fond de velours noir – et, par mesure d'économie mais aussi pour gommer l'écho que la pièce pourrait avoir avec l'occupation, la résistance et la libération, il la dépolitise en coupant, par exemple, les passages dans lesquels apparaissent les bannis ou Côme.

La réflexion historique devient primordiale pour la première fois avec la mise en scène de Jean Vilar en 1952. En 1989, Francis Huster habille les comédiens en costumes des années 1830, dans un décor montrant une rue de Paris. Enfin, en 2000, Jean-Pierre Vincent propose une réflexion plus universelle. Selon lui, la corruption est « partout, à Moscou, à Paris ou dans les paradis fiscaux » (*Le Monde*, 7 juillet 2000). Par conséquent, il choisit des costumes de plusieurs époques : Renaissance, années 1830, années 1940, renonçant toutefois aux costumes des officiers allemands habillés en uniformes de la Wehrmacht, qui avaient déclenché les sifflets du public.

FICHE 6. Le contexte culturel de *Lorenzaccio*

1. L'avènement du romantisme

A. La réaction de la jeunesse face au contexte historique

Face à l'**instabilité politique** permanente, la jeunesse est désorientée. Elle **idéalise** le Premier Empire et **s'oppose** à la société répressive, matérialiste et individualiste mise en place lors de la Restauration et de la monarchie de Juillet (voir fiche 5, p. 29). Alfred de Musset, né en 1810, fait partie de cette jeunesse en proie à « l'ennui », à l'origine du mouvement romantique, et témoigne en son nom dans *Confession d'un enfant du siècle* (1836).

Texte-clé : extraits du chapitre 2 de *La Confession d'un enfant du siècle* d'Alfred de Musset (1836)

Sur l'idéalisation de l'épopée napoléonienne

« Un seul homme était en vie alors en Europe ; le reste des êtres tâchait de se remplir les poumons de l'air qu'il avait respiré. [...] Et pourtant jamais il n'y eut tant de joie, tant de vie, tant de fanfares guerrières dans tous les cœurs ; jamais il n'y eut de soleils si purs que ceux qui séchèrent tout ce sang. On disait que Dieu les faisait pour cet homme, et on les appelait ses soleils d'Austerlitz. »

Sur la mélancolie de la jeunesse après la chute de Napoléon

« Un sentiment de malaise inexprimable commença donc à fermenter dans tous les cœurs jeunes. [...] De même que ce soldat à qui l'on demanda jadis : À quoi crois-tu ? et qui le premier répondit : À moi ; ainsi la jeunesse de France, entendant cette question, répondit la première : À rien. »

B. Le mouvement romantique

Le **romantisme**, mouvement littéraire auquel appartient Alfred de Musset, apparaît au XVIIIe siècle en Angleterre et en Allemagne, et au **XIXe siècle** en France. Le mot romantisme lui-même est emprunté à l'anglais, d'où l'appellation parfois utilisée de « romanticisme ». Ce mouvement possède une dimension **européenne** et concerne tous les arts, de la littérature à la peinture en passant par la musique.

Ce mouvement entre en réaction contre le **classicisme**, mouvement artistique né au XVIIe siècle, particulièrement dans deux domaines. Sur le plan **esthétique**, il prône une liberté artistique totale, par opposition aux règles imposées par le classicisme, comme le montre le genre du **drame romantique** auquel appartient *Lorenzaccio* (voir ci-dessous). Sur le plan **anthropologique**, le romantisme met en avant le Moi et ses affects, unique et exceptionnel et pourtant représentant de toute une génération désespérée. De fait, le Moi romantique entre en réaction contre la société corrompue et matérialiste du XIXe siècle. Tandis que le XVIIe siècle dépeint l'Homme permanent et universel sous l'œil de Dieu, les romantiques, eux, s'efforcent d'articuler dimensions individuelle et politique, et de dépeindre finement les états d'âme d'un individu qui pose un œil critique sur une société qui le marginalise.

2. Le drame romantique

Le romantisme trouve d'abord son expression dans la poésie. Le théâtre reste un genre certes très populaire, mais il peine à se renouveler, pris dans le carcan de la tragédie racinienne et de la comédie de Molière. Toutefois, dès 1823, Stendhal, dans *Racine et Shakespeare*, fait une étude comparée des deux auteurs et conclut à l'étonnante modernité du drame élisabéthain.

Progressivement, les expérimentations d'Hugo, de Vigny ou de Musset donnent naissance à un nouveau type de pièces qui déchaîne les passions, comme le prouve la fameuse bataille d'*Hernani* (25 février 1830). *Lorenzaccio* relève donc de ce nouveau genre théâtral théorisé par Victor Hugo dans sa préface de *Cromwell* (1827) : le **drame romantique**.

A. Les personnages

Victor Hugo estime que le drame romantique doit être un « miroir de concentration » : « Tout ce qui existe dans le monde, dans l'histoire, dans la vie, dans l'homme, tout doit et peut s'y réfléchir » (préface de *Cromwell*, 1827).

De fait, *Lorenzaccio* comporte quarante personnages au total, dont vingt-six portent un nom. On peut schématiquement identifier cinq groupes :

- les **nobles** au pouvoir : Alexandre de Médicis et ses proches, comme Julien Salviati ou l'écuyer Giomo ;
- **Lorenzo de Médicis et ses proches** : sa mère Marie Soderini, sa tante Catherine Ginori ;
- les **grandes familles républicaines**, et plus particulièrement les Strozzi : le père Philippe, les frères Thomas, Pierre, le prieur, et la sœur Louise, qui meurt empoisonnée ;

- les **Cibo** : la marquise républicaine et son mari, le cardinal retors et ambitieux ;
- le **peuple** représenté par un grand nombre de bourgeois, de marchands, d'étudiants et de domestiques. Certains ont une identité plus approfondie, comme Gabrielle et son frère Maffio, le peintre Tebaldeo Freccia ou l'homme d'armes Scoronconcolo.

Ainsi, cette belle galerie de personnages est le **reflet** de la société dans son intégralité et permet de pratiquer un art du **contraste** en alternant scènes de foule et scènes intimes : la sortie du bal des Nasi (acte I, scène 2) où se côtoient de nombreux personnages toutes catégories sociales confondues est suivie des adieux de la marquise Cibo et son mari dans l'intimité (acte I, scène 3).

B. La règle des trois unités

Les règles classiques, tirées de la *Poétique* d'Aristote

Unité de temps : l'intrigue doit se dérouler sur une journée afin que le temps de l'histoire se rapproche le plus possible du temps passé devant le spectacle, pour plus de vraisemblance.

Unité d'action : une seule intrigue claire pour une bonne compréhension du public.

Unité de lieu : un seul lieu neutre (antichambre) où se croisent tous les personnages.

Bienséance : interdiction de représenter sur scène ce qui a rapport au corps ou à la violence.

Vraisemblance : l'action ne doit comporter aucun élément surnaturel et aucun changement psychologique soudain.

Si le théâtre classique du XVIIe siècle avait mis en place la règle des trois unités, le romantique Victor Hugo est catégorique : « On ne ruinerait pas moins aisément la règle des deux unités. Nous disons deux et non *trois* unités, l'unité d'action ou d'ensemble, la seule vraie et fondée, étant depuis longtemps hors de cause » (préface de *Cromwell*, 1827).

Alfred de Musset semble suivre ce précepte à la lettre.

a) L'unité de lieu

Dans *Lorenzaccio*, l'unité de lieu n'est pas respectée puisque la pièce comporte **seize lieux** différents, ce qui la rend d'ailleurs difficile à mettre en scène.

Cette multiplicité de lieux remplit deux fonctions principales.

- Donner la vision la plus complète et la plus précise possible d'une réalité historique afin de mettre en place une « **couleur locale** ». Il ne doit évidemment pas s'agir d'un cliché vulgaire et criard, mais de ce que réclame Victor Hugo, toujours dans sa préface de *Cromwell* : « le drame doit être radicalement imprégné de cette couleur des temps ; elle doit en quelque sorte y être dans l'air, de façon qu'on ne s'aperçoive qu'en y entrant et qu'en en sortant qu'on a changé de siècle et d'« atmosphère ». Ainsi, *Lorenzaccio* présente la ville de Florence et ses alentours, comme l'Arno, ou encore le lieu de villégiature où se rend la marquis Cibo (acte I, scène 3), et enfin Venise.
- Ajouter encore au **contraste** entre grotesque et sublime. D'un côté, on trouve, dans *Lorenzaccio*, des lieux raffinés et luxueux comme les palais des Strozzi (acte II, scène 5) ou du duc (acte II, scène 6). De l'autre, les rues florentines qui s'apparentent à des coupe-gorges, et dans lesquelles Salviati manque de se faire assassiner (acte III, scène 5), Pierre et Thomas sont arbitrairement arrêtés (acte III, scène 3) et où le duc et Giomo commettent des meurtres gratuits (acte II, scène 6).

b) L'unité de temps

L'unité de temps n'est, elle non plus, pas respectée. En effet, l'action commence à minuit, avec le rendez-vous galant d'Alexandre, et dure environ **une semaine**. De plus, même si les faits historiques en eux-mêmes sont vrais, la temporalité n'est, elle, pas vraisemblable. Ainsi, le messager, annonçant que la tête de Lorenzo est mise à prix, arrive à Venise à la scène 2 de l'acte V, juste après Lorenzo, tandis que la scène 1 montre que le meurtre n'a été appris que très tardivement. De fait, l'avancée du temps est toujours très **rapide**. Par exemple, le duc possède et se lasse de la marquise Cibo en une journée, à l'acte II. L'intrigue acquiert ainsi une grande intensité dramatique. De façon plus large, Musset **condense** des événements historiques qui s'étendent en réalité de la mort de Louise Strozzi, en 1534, à l'assassinat de Lorenzaccio, en 1548. De cette manière, l'action en est d'autant plus dramatique et semble se dérouler comme une **fatalité** inéluctable.

c) L'unité d'action

L'unité d'action est respectée au sens large où l'entend Victor Hugo : « l'unité d'ensemble ne répudie en aucune façon les actions secondaires sur lesquelles doit s'appuyer l'action principale. » Ainsi, l'histoire principale concerne le tyrannicide, mais la pièce comporte en réalité **trois** intrigues : celle de **Lorenzo**, celle de la marquise **Cibo** et celle des **Strozzi** (voir fiche 14, p. 91).

C. Le grotesque et le sublime

a) L'art du contraste

La poésie, explique Victor Hugo dans sa fameuse préface de *Cromwell*, « se mettra à faire comme la nature, à mêler dans ses créations, sans pourtant les confondre, l'ombre à la lumière, le grotesque au sublime, en d'autres termes le corps à l'âme, la bête à l'esprit ». L'illustration parfaite de cette union des contraires est le drame, et tout particulièrement le théâtre élisabéthain de Shakespeare, qui est le grand modèle d'Hugo. La **beauté**, harmonieuse et symétrique, s'oppose à deux formes de **grotesque** : il peut être effrayant et **monstrueux** ou tout simplement **ridicule**.

Musset met effectivement en œuvre cette alternance, évitant ainsi la monotonie tout en illustrant parfaitement la richesse de la vie. Le contraste prend des formes multiples.

- Il fait **alterner** scènes sérieuses et comiques : alors qu'à la scène 5 de l'acte II, Pierre rentre chez son père Philippe et lui annonce qu'il a tué Salviati, la scène suivante s'ouvre sur une chanson à boire, entonnée par Giomo, l'écuyer d'Alexandre.
- L'opposition entre grotesque et sublime peut aussi se voir dans le **registre de langue** utilisé : à la marquise Cibo qui lui explique qu'il ira en enfer pour tous ses forfaits, Alexandre répond : « Tu as une jolie jambe » (acte III, scène 6, p. 142). Plus nette encore est l'opposition entre Lorenzo qui décrit Gabrielle de façon très poétique comme le « flot violent d'un fleuve magnifique sous cette couche de glace fragile qui craque à chaque pas » et Giomo qui la qualifie simplement de « fille qui est à moitié payée » (acte I, scène 1, p. 28).
- Le grotesque et le sublime peuvent se trouver **au sein d'une seule et même intrigue**. Ainsi, le sacrifice de la marquise Cibo qui perd sa vertu par conviction républicaine afin de sauver Florence est sublime, mais la scène où Alexandre et la marquise sont surpris au lit par le cardinal (acte III, scène 6) fait tourner la pièce au vaudeville.
- Grotesque et sublime peuvent enfin cohabiter **au sein d'un seul et même individu**, et Lorenzo en est précisément l'incarnation. Il est à la fois le héros sublime qui cherche à délivrer Florence, la « Lorenzetta » ridicule qui s'effondre en voyant une épée (acte I, scène 4, p. 52), et le monstre assoiffé de sang qui perd la tête en se battant avec son maître d'armes (acte III, scène 1).

b) La bienséance

Par conséquent, la **bienséance** est loin d'être respectée dans la pièce de Musset. La violence éclate sur scène et, si Lorenzo meurt en coulisse (acte V, scène 7), l'empoisonnement de Louise (acte III, scène 7) et le meurtre d'Alexandre (acte IV, scène 11) ont, eux, bien lieu sous les yeux du public. Par ailleurs, les propos grossiers sont fréquents, en particulier dans la bouche d'Alexandre (« Entrailles du pape ! », acte I, scène 1, p. 27) et de Julien Salviati. La première scène de la pièce est d'autre part choquante en elle-même, puisqu'Alexandre a acheté les faveurs d'une fille en échange de mille ducats que doit recevoir sa mère.

3. Lorenzaccio, incarnation du héros romantique

Les romantiques imaginent un nouveau genre de héros qui correspond à leur état d'esprit : un **jeune homme**, souvent **marginal** ou désœuvré, portant un regard **critique** sur la société. Les héros hugoliens en sont des archétypes, à l'image d'Hernani, chef des brigands banni d'Espagne, ou de Ruy Blas, valet devenu Premier ministre par faveur de la reine qui salue les grands d'Espagne en train de piller le pays de son célèbre « Bon appétit, messieurs ! ». De même, Lorenzaccio est un noble déclassé et débauché, qui n'en exprime pas moins son écœurement face à la « catin » qu'est devenue Florence. Avec sa sensibilité à fleur de peau, le héros romantique peut même être un **artiste**, à l'image du poète Chatterton, héros de la pièce éponyme d'Alfred de Vigny.

Ce décalage face à la société fait du héros romantique un être profondément **seul** et assoiffé d'**absolu**. En cherchant à commettre un tyrannicide, Lorenzo est précisément en quête de cet idéal inatteignable. À l'extrême, l'échec de cette quête peut conduire au **suicide**. C'est le cas de Rolla, autre héros imaginé par Musset dans le long poème qui porte son nom.

Enfin, le héros romantique est voué au **malheur**. Le schéma de l'amour impossible est extrêmement fréquent, à l'image du valet Ruy Blas, amoureux de la reine d'Espagne, et qui se qualifie lui-même de « ver de terre amoureux d'une étoile ». Les ambitions du héros sont toujours **déçues**. Ainsi, Lorenzaccio ne réussit pas à sauver Florence, et encore moins à se sauver lui-même, en tuant Alexandre de Médicis. Il semble finalement victime d'une fatalité qui le blesse et détruit aussi son entourage. Alors même que la décision de Lorenzo semble volontaire, il a toutefois l'impression d'avoir été guidé par une force obscure et s'interroge (« Suis-je le bras de Dieu ? », acte IV, scène 4, p. 158) avant de finalement faire mourir sa mère de chagrin.

Texte-clé : Victor Hugo, *Hernani,* acte III, scène 4, 1830

HERNANI. Je n'ai plus un ami qui de moi se souvienne,
Tout me quitte, il est temps qu'à la fin ton tour vienne,
Car je dois être seul. Fuis ma contagion.
Ne te fais pas d'aimer une religion !
Oh ! Par pitié pour toi, fuis ! Tu me crois peut-être,
Un homme comme sont tous les autres, un être
Intelligent, qui court droit au but qu'il rêva.
Détrompe-toi. Je suis une force qui va !
Agent aveugle et sourd de mystères funèbres !
Une âme de malheur faite avec des ténèbres !

Cette tirade s'ouvre sur la solitude du héros éponyme de la pièce (v. 1-2). Hernani s'adresse ensuite à sa bien-aimée, Doňa Sol, qui risque d'être victime de ses agissements (v. 3), car il est l'instrument d'une mystérieuse fatalité (v. 8-10). Ce statut, même funeste, distingue le héros du reste de l'humanité et le rend exceptionnel (v. 5-8). Néanmoins, sa trajectoire est une éternelle chute qui ne peut conduire qu'à l'échec et à la mort.

FICHE 7. Les visages d'H. Arendt. Biographie

Lors des funérailles d'Hannah Arendt, en la Riverside Memorial Chapel le 8 décembre 1975, Hans Jonas, historien du gnosticisme et philosophe allemand, se rappela de la jeune femme qu'il avait rencontrée au séminaire organisé par Heidegger à Marburg : « Timide et réservée, avec des traits d'une étonnante beauté et des yeux esseulés, elle apparaissait d'emblée comme quelqu'un d'exceptionnel, d'unique, de façon pourtant indéfinissable [...] il y avait en elle une intensité, une direction intérieure, une recherche instinctive de la qualité, une quête tâtonnante de l'essence, une façon d'aller au fond des choses, qui répandaient une aura magique autour d'elle »[1]. Tous ceux qui la pleuraient – ils étaient trois cents au cortège funèbre, famille, amis, collègues, étudiants, lecteurs –, tous ressentaient ce que Jonas, après avoir prononcé le kaddish, avait dit à Arendt, lors de ses funérailles : « Le monde est devenu plus froid sans votre chaleur ».

Philosophe, mais aussi politologue, professeure, citoyenne du monde, femme engagée dans de multiples combats – dont le sionisme –, amoureuse passionnée ou encore amie incomparable qui cultivait l'« éros de l'amitié », Hannah Arendt était tout cela à la fois, et a eu mille vies.

1. La jeunesse d'Hannah (1906-1933)

A. Hannah enfant (*Unser kind*[2])

Dès la naissance de leur fille Johanna, dite Hannah, en 1906 à Linden-Mitte, près de Hanovre, Paul Arendt et son épouse Martha Cohn tiennent un cahier, *Unser Kind*, dans lequel ils notent le développement de leur enfant. Si, plus tard, la philosophe n'aimait pas revenir sur son enfance, il est toutefois intéressant de relever deux ou trois extraits et comportements qui éclairent la personnalité naissante d'Hannah Arendt :

- à un an, elle « adore l'effervescence » ;
- à un an et demi, « elle parle presque toujours son propre langage, qu'elle prononce très couramment. Comprend tout » ;

1. Elisabeth Young-Bruehl, *Hannah Arendt*, Calman-Lévy, 1990, p. 615.
2. Notre enfant, en français. Hannah Arendt, *A travers le mur. Un conte et trois paraboles précédés de « Notre enfant » par Martha Arendt*, trad. Diane Meur, préf. Karin Biro, Paris, Payot, 2017.

- à trois ans, elle peut parler « correctement sur n'importe quel sujet… même si ce n'est pas toujours intelligible pour ceux qui ne sont pas familiers » ;
- « Extrêmement vive, toujours impétueuse ; et très chaleureuse même avec les étrangers » ;
- à six ans, « elle apprend avec facilité, est apparemment douée, particulièrement en mathématiques ».

Mais le bonheur familial est assombri par la maladie de son père, atteint de la syphilis. Contractée dans sa jeunesse, longtemps stabilisée, la maladie a empiré deux ans après la naissance d'Hannah pour culminer en 1911, lui provoquant alors des lésions, de l'ataxie et de la parésie (démence). Paul Arendt est donc contraint de quitter son travail, puis la famille s'installe à Königsberg où il est hospitalisé. Le grand-père, Max, égaie les journées de la petite-fille par ses talents de conteur. Mais il meurt en mars 1911, suivi de Paul en octobre. Martha notera dans *Unser Kind* qu'Hannah semble peu affectée par ces disparitions. Cette dernière semble insensible à la mort et dit avoir pleuré aux funérailles « à cause de la beauté des chants ». La petite fille grandit. Hannah semble aigrie, son humeur est fantasque, elle est susceptible et peut piquer des crises de rage !

B. Hannah étudiante

Hannah vit avec sa mère une étrange relation fusionnelle jusqu'à ce que Martha se remarie avec Martin Beerwald, un homme d'affaires, veuf et père de deux filles, Eva et Clara.

Elle se lie d'amitié avec Anna Mendelssohn, (descendante du musicien) dont le fiancé est Ernst Grumbach. De cinq ans son aîné, le jeune homme suit les cours d'Heidegger et transmet son enthousiasme pour les études à Hannah. Si la jeune fille vive et brillante se fait des amis, elle sait aussi avoir le verbe haut et se fait renvoyer de son lycée après une brouille avec un professeur. En 1924, l'élève récalcitrante passe brillamment, et avec un an d'avance, son *Abitur*[3] en candidate libre.

Anna partie pour Allenstein (Pologne), Hannah devient la petite amie d'Ernst Grumbach, suit des études de théologie et se passionne pour Kierkegaard. Toutefois, elle se heurte à une aporie : « Comment faire de la théologie lorsqu'on est juive ? ». C'est la question qu'elle posera à Grumbach.

3. Équivalent allemand du baccalauréat, c'est un examen de fin d'études secondaires.

Elle décide donc de suivre des cours de philosophie dans les universités du pays et rencontre Heidegger à Marbourg. Avec lui, « la pensée est redevenue vivante »[1]. Hannah dite « la Verte » en raison d'une belle robe de cette couleur qu'elle porte souvent, est une étudiante vive, enthousiaste et brillante. Le professeur est irrésistiblement attiré par sa beauté et par la profondeur de sa pensée. Elle tombe amoureuse de son maître. Leur idylle secrète commence en février 1924. Hannah a 18 ans et Heidegger en a 35. Mais il est marié, père de deux fils, et n'a nullement l'intention de divorcer.

C. Hannah amoureuse (*Les ombres*)

Hannah s'éloigne, suit les cours d'Edmund Husserl à Fribourg (Suisse), puis elle entreprend, à Heidelberg (Allemagne), sa thèse sur *Le Concept d'amour chez Augustin* sous la direction de Karl Jaspers. Elle s'entoure d'amis dont Hans Jonas et Günther Stern, qu'elle épousera en 1929.

Mélancolique, meurtrie par sa déliaison avec Heidegger, Hannah s'adonne à la poésie et lui envoie un autoportrait, « Les ombres », qui sera suivi d'autres poèmes. La jeune femme y exprime son angoisse, son sentiment d'étrangeté au monde et la peur de la réalité.

La rédaction de la biographie de Rahel Varnhagen, travail pour lequel elle obtient une bourse d'études, la distrait de sa peine. L'écriture a une valeur cathartique : en racontant la vie de cette autre amoureuse déçue, une juive assimilée qui finit par devenir une paria et par renouer avec ses origines, Hannah soigne sa douleur d'aimer.

Au printemps 1933, Heidegger est nommé recteur de l'université de Fribourg à la place de son prédécesseur, qui avait refusé d'afficher l'avis interdisant aux juifs d'enseigner. Hannah s'est mariée en 1929 et sa relation avec Heidegger avait cessé en 1930. Malgré les positions ambiguës d'Heidegger envers le judaïsme et le nazisme, Hannah lui restera fidèle et continuera, par-delà les controverses, à défendre sa philosophie, dont le rôle, avec celui de Karl Jaspers, fut essentiel dans l'élaboration de sa propre réflexion.

Sous l'influence d'amis sionistes[2], notamment de Kurt Blumenfeld, président de l'Union sioniste pour l'Allemagne depuis 1924, Hannah a pris conscience de la situation critique de la politique allemande, et rejoint le camp des résistants. Elle est chargée par Blumenfeld de recenser les thèmes de la propagande antisémite. Elle se fait arrêter par la police en 1933, mais est relâchée grâce à la sympathie d'un policier, et quitte l'Allemagne en août 1933, avec sa mère, pour rejoindre Paris.

1. Hannah Arendt, « Martin Heidegger a quatre-vingts ans » (1969), *Vies politiques*, Gallimard, 1974.
2. Partisan du mouvement national du peuple juif visant à la formation d'un État juif en Palestine.

2. L'exil (1933-1951)

A. Hannah femme, sa rencontre avec Blücher

En France, Hannah devient la secrétaire particulière de la baronne Germaine de Rothschild. Elle milite pour la création d'une entité judéo-arabe en Palestine, participe à l'accueil des juifs qui fuient le nazisme et facilite leur émigration vers la Palestine.

Au début du printemps 1936, elle rencontre Heinrich Blücher, un ami de Kurt Blumenfeld. Inclassable, Blücher fut tour à tour communiste, spartakiste[3], révolutionnaire avorté, adhérent sioniste sans être juif, et surtout anarchiste. Marié deux fois avant de rencontrer Hannah, cet autodidacte à l'immense culture politique et artistique, qui se déclarait « marionnettiste » sur ses papiers d'identité, deviendra professeur de philosophie aux États-Unis. Blücher fait découvrir Marx et Lénine à Hannah, parfait son éducation politique, stabilise sa vie affective, et lui permet de se consacrer entièrement à la vie de sa pensée.

B. Hannah apatride

Mais l'Histoire rattrape le jeune couple. En mai 1940, l'armée allemande progresse rapidement en France. Hannah est internée au camp de Gurs, dans les Basses-Pyrénées, (actuellement les Pyrénées Atlantiques) avec les « étrangers d'origine allemande ». Elle parvient, dans la confusion qui suit la signature de l'armistice en juin 1940, à s'échapper et s'enfuit à Montauban, où elle retrouve son mari.

Divorcée de Stern en 1937, elle épouse, le 16 janvier 1940, Heinrich Blücher. Elle gagne ensuite Marseille, où elle obtient, grâce au Centre américain d'Urgences de Varian Fry, un visa pour le Portugal. Elle séjourne quelque temps à Lisbonne, puis, en mai 1941, le diplomate américain Hiram Bingham lui délivre illégalement un visa d'entrée aux États-Unis.

Hannah s'installe à New York, mais trouve un emploi d'aide à domicile pour une durée de deux mois dans le Massachusetts. Elle revient finalement à New York, où elle collabore à plusieurs journaux, dont l'hebdomadaire *Aufbau*. Après la Seconde Guerre mondiale, elle retourne en Allemagne où elle s'occupe d'une association d'aide aux rescapés juifs. Elle témoigne en faveur d'Heidegger lors de son procès en dénazification (voir fiche 9, p. 54). Elle renoue avec le couple Jaspers dont elle devient une amie intime.

3. Mouvement politique d'extrême gauche marxiste révolutionnaire allemand durant la Première Guerre mondiale et le début de la révolution allemande.

3. La carrière universitaire (1951-1975)

A. Hannah philosophe et politologue

En 1951, Hannah Arendt est naturalisée citoyenne des États-Unis. Elle brigue une carrière universitaire comme professeure invitée en sciences politiques, et multiplie les conférences dans des universités prestigieuses : Berkeley, Princeton, Columbia, Brooklyn College, Aberdeen, Wesleyan.

L'année 1951 marque par ailleurs un tournant dans la carrière intellectuelle d'Arendt ; elle publie *Les Origines du totalitarisme*, puis, en 1958, *Condition de l'homme moderne* et le recueil de textes intitulé *La Crise de la culture* en 1961. Ces trois œuvres, confèrent à Hannah une reconnaissance internationale et une place de premier rang parmi les théoriciens de sa génération.

B. Hannah polémique

Hannah Arendt écrit : « L'essentiel pour moi, c'est de comprendre : je dois comprendre. L'écriture, chez moi, relève également de cette compréhension : elle fait, elle aussi, partie du processus de compréhension »[1]. C'est parce qu'elle veut comprendre les mobiles nazis qui ont poussé à l'extermination de son peuple qu'elle demande à couvrir le procès d'Eichmann (voir fiche 9, p. 54). Les articles qu'elle réunit dans *Eichmann à Jérusalem : Rapport sur la banalité du mal*, publié en 1963, originent une immense polémique à laquelle elle répond vaillamment. Son ami Gershom Scholem, spécialiste de mystique juive, débat avec elle par correspondance.

La même année, elle publie *Essai sur la révolution* et obtient la chaire de sciences politiques à l'université de Chicago, avant d'être nommée, en 1967, professeure à la New School for Social Research (New York), qui sera son dernier poste. En 1966, elle soutient la pièce de théâtre de l'allemand Rolf Hochuthn, *Le Vicaire,* qui déclencha une violente controverse en critiquant l'action du pape Pie XII face à la Shoah.

C. Hannah la sage

En 1973, elle commence une série de conférences à Aberdeen sur « La pensée » et « Le vouloir », qui constitueront les deux premières parties de son livre posthume, *La Vie de l'esprit*, publié, un an après sa mort, par son amie Marie McCarthy. Elle n'aura malheureusement pas le temps d'en écrire la troisième partie, « Juger ».

---

1. Hannah Arendt, « Seule demeure la langue maternelle », entretien télévisé avec G. Gauss, 1964 repris dans *La Tradition cachée. Le Juif comme paria*, Christian Bourgeois, 1993, p. 225.

4. L'épilogue

Hannah Arendt s'est éteinte un soir de décembre 1975 dans son appartement new-yorkais en présence de ses amis Salo et Jeannette Baron, qu'elle avait invités à dîner. Après le repas, les amis s'étaient retirés au salon pour discuter de travaux d'édition. Prise d'une brève quinte de toux, Arendt se renversa dans son fauteuil et perdit connaissance. Le médecin arriva sur-le-champ, mais Hannah Arendt était déjà morte d'une crise cardiaque, sans avoir repris connaissance.

Comme elle était fatiguée depuis plusieurs mois auparavant, son médecin l'avait invitée à se ménager et à moins fumer. En réponse à ce conseil médical, elle s'était attelée à la rédaction de *La Vie de l'esprit*, dont la tâche était immense. Quelques jours avant son décès, Arendt avait fait une chute en sortant du taxi, mais n'avait pas souhaité alerter le corps médical.

Les cendres d'Hannah Arentd furent enterrées en mai 1976 auprès de son deuxième époux Heinrich Blücher au Bard College d'Annandale-on-Hudson, où il avait enseigné pendant des années.

Hannah Arendt écrivait : « Même dans les plus sombres des temps, nous avons le droit d'attendre quelque illumination, et une telle illumination peut fort bien venir moins des théories et des concepts, que de l'incertitude vacillante et souvent faible lumière émise par des hommes et des femmes, dans leur vie comme dans leur œuvre [...] »[2].

Sa biographe, Elisabeth Young-Bruehl le confirme : « La lumière qui jaillit d'une œuvre pénètre directement dans le monde et demeure après la mort de son auteur »[3]. Puisse la lumière qui jaillit de l'œuvre d'Hannah Arendt, de sa vie et de sa pensée, éclairer nos temps d'incertitude.

2. Préface à *Men in Dark Times, Vies politiques*, p. 310.
3. *Hannah Arendt*, Calmann-Lévy, 1999, p. XXIV.

FICHE 8. Le contexte historique de *Du mensonge à la violence* et *La crise de la culture*

Hannah Arendt, née en Allemagne, à Linden-Mitte, près d'Hanovre, le 14 octobre 1906, et de confession juive, a obtenu la nationalité américaine en 1951. Elle a traversé le XXe siècle et a vécu, de près, les grands drames de l'Histoire contemporaine. Citoyenne du monde, elle a vibré à ses soubresauts. Ses pensées philosophique et politique ne peuvent être comprises qu'en résonnance avec le contexte historique de cette époque.

1. La Seconde Guerre mondiale (1939-1945)

Le 3 septembre 1939, la France et le Royaume-Uni, en raison du « corridor de Dantzig », déclarent la guerre à l'Allemagne qui vient d'envahir la Pologne. Persuadés de l'efficacité de la ligne Maginot contre l'offensive allemande, les Français et les Anglais n'engagent pas le combat et laissent Hitler envahir la Pologne, le Danemark et la Norvège. Le 10 mai 1940, les troupes allemandes envahissent la Belgique, puis le nord de la France. L'armée française est incapable de les stopper. En trois semaines, les défenses françaises sont balayées. Jugeant la guerre perdue, le chef du gouvernement, le maréchal Pétain, demande un armistice le 17 juin.

Le 25 juin, la France dépose les armes. Durant l'été 1940, un nouveau régime se met en place sous la direction du maréchal Pétain qui rencontre Hitler à Montoire, en octobre, et entre dans la voie de « la collaboration » avec l'Allemagne. Hitler et Staline concluent quant à eux un pacte de non-agression. La France subit l'Occupation.

Mais à Londres, le 18 juin 1940, un général inconnu, ancien sous-secrétaire d'État à la Guerre et à la Défense nationale, lance sur les ondes de la radio britannique un appel aux Français. Il condamne l'armistice et organise, depuis Londres, une petite armée qui doit maintenir la « flamme de la résistance française ». C'est l'« appel du 18 juin » du général de Gaulle.

En 1942, les Forces françaises libres (FFL) rassemblent 70 000 combattants, les premiers résistants demeurent isolés. Lorsque Hitler envahit l'URSS, le parti communiste appelle à la résistance face à l'occupant. Les gros bataillons des Forces françaises de l'intérieur (FFI) ne se forment qu'en 1944. Lors des débarquements alliés en Normandie et en Provence, en 1944, les FFL combattent dans les rangs alliés, et les FFI désorganisent les communications allemandes. L'Allemagne capitule le 8 mai 1945.

Du 4 au 11 février 1945 se tiennent, en Crimée, les accords de Yalta sous l'égide de Churchill, Roosevelt et Staline, qui stipulent la fin des combats et aboutissent à un *modus vivendi*. Cependant, une autre thèse du « mythe » de Yalta démontre que ce pacte fut un partage du monde implicite, Roosevelt et Churchill s'étant laissé abuser par Staline. Pour Arthur Conte, Yalta, « loin de déboucher sur la paix pour longtemps, débride toutes les audaces du réalisme soviétique : en vérité, non seulement la soviétisation de toute l'Europe orientale mais encore le coup d'État de Prague, l'affaire coréenne, l'affaire indochinoise, la victoire de Mao Tsé-toung, le blocus de Berlin, l'affaire de Cuba, l'imbrication de la manœuvre communiste dans la ségrégation raciale aux États-Unis pour la troubler et l'exaspérer, sont en germe dans les accords du 11 février 1945 »[1].

2. La Shoah (1933-1946)

Le génocide qui toucha le peuple juif au cours de la Seconde Guerre mondiale, constitue le point culminant de la barbarie de cette guerre. Appelée « solution finale », l'extermination des Juifs, déjà victimes de lois raciales depuis 1933, leur ôtant toute personnalité juridique, est décidée à la fin 1941, sur l'ordre de Hermann Göring, et approuvée lors d'une réunion interministérielle tenue en janvier 1942. Elle prend effet dans les premiers mois 1942. Au printemps 1942 commence la déportation des Juifs, mais aussi celle de nombreux Slaves et de Tziganes, vers des camps de concentration situés au centre et à l'est de l'Allemagne. Construits avant la guerre, destinés au départ à l'enfermement des opposants, certains camps furent reconvertis en lieux d'extermination. D'autres sont spécialement construits, à partir de 1941, et deviennent de véritables usines de mort (*Treblinka*). Leurs noms sont restés dans les mémoires : Buchenwald (Allemagne), Mauthausen (Autriche), Ravensbrück (Allemagne), Auschwitz-Birkenau (Pologne). En Hongrie, le responsable du transfert, Eichmann, fait déporter 40 000 juifs de mars à juin 1944. Le bilan est terrible : sur les plus de 8 000 000 Juifs vivant en Europe en 1939, plus de 5 000 000 périssent dans les camps de la mort, soit 72 % de la communauté juive. En 1945, il ne restait plus qu'un million de Juifs.

1. *Yalta ou le partage du monde*, Robert Laffont, 1970.

À la fin de la guerre, les Alliés découvrent les immenses charniers dans les camps qu'ils libèrent. Le traumatisme conduit les pays vainqueurs à définir une nouvelle notion de droit international, le « crime de guerre ». C'est en vertu de ce chef d'accusation qu'une vingtaine de responsables du régime nazi sont jugés de novembre 1945 à octobre 1946 à Nuremberg. Douze condamnations à mort sont alors prononcées (dont celle de Göring, qui se suicide pour échapper à la pendaison), six peines de prison et trois acquittements. Le châtiment des autres responsables est laissé à la justice des pays où les forfaits ont été commis.

3. La guerre froide (1947-1991)

Dans son article de l'*Encyclopædia Universalis*[1], André Fontaine définit la guerre froide comme « un conflit dans lequel les deux parties s'abstiennent de recourir aux armes l'une contre l'autre ». L'expression désigne habituellement la configuration soviéto-américaine qui a suivi, après 1945, la dissolution de la coalition anti-hitlérienne et qui couvre la période 1946-1953. Durant toute cette période, les belligérants cherchent à marquer le maximum de points en employant toutes les ressources de l'intimidation, de la propagande, de la subversion, voire de la guerre locale, tout en étant néanmoins déterminés à ne pas se trouver impliqués dans des opérations armées.

La première phase de la guerre froide se caractérise par une poussée communiste en Europe orientale et en Asie. Le 5 mars 1946, Churchill en tire la leçon et, dans un discours retentissant prononcé à Fulton (Missouri) en présence du président Truman, il marque officiellement le début de la guerre froide.

De 1946 à 1953, les deux blocs de l'Ouest et de l'Est, se configurent autour des États-Unis et de l'Union soviétique. L'Allemagne est divisée en deux parties : la RFA (République fédérale d'Allemagne) et la RDA (République démocratique allemande).

La mort de Staline, en 1953, laisse place à une instabilité de l'Union soviétique tandis que rayonne la supériorité nucléaire des États-Unis. Les années 1953-1956 sont marquées par un relatif « dégel » des relations internationales, résultat d'une coexistence forcée. Du côté soviétique, l'avènement d'une nouvelle équipe dirigeante, bientôt dominée par la personnalité de Khrouchtchev, coïncide avec l'adoption d'une ligne plus souple vis-à-vis de l'Occident. Le discours de Khrouchtchev au XXe Congrès du parti communiste de l'Union soviétique en février 1956 parle de « coexistence pacifique ».

1. Vol. 8, p. 112.

Dans la deuxième phase de la guerre froide, de 1956 à 1962, les deux blocs se font face, chacun étant doté d'armes nucléaires permettant la destruction de l'autre. Les périodes de « dégel » et de tensions se succèdent jusqu'à la crise majeure de Cuba à l'automne 1962. Le 22 novembre 1963, le président John F. Kennedy, pour lequel avait voté Arendt, est assassiné à Dallas. Le vice-président Lyndon B. Johnson lui succède.

De 1963 à 1974, on assiste à une détente couplée à un effritement des blocs dont certains membres sont guidés par un désir d'indépendance. C'est le cas notamment pour la France, avec la politique de Charles de Gaulle vis-à-vis des États-Unis, et pour la Chine, qui rompt avec l'URSS.

Vient ensuite la guerre du Vietnam, débutée en 1955, et dans laquelle les Américains s'enlisent malgré des moyens militaires toujours plus considérables ; elle annonce un certain déclin de l'influence des États Unis.

4. La guerre du Vietnam (1955-1975)

Si les accords de Genève prévoyaient la réunification du Vietnam, ni les Américains, ni les Vietnamiens n'ont accepté de les signer. De part et d'autre du 17e parallèle nord, une coupure s'est alors opérée entre le Nord-Vietnam communiste, dirigé par Hô Chi Minh, et le Sud-Vietnam, où l'empereur Bao Dai a été chassé de son trône par son Premier ministre Ngô Dinh Diêm. Celui-ci refuse les élections générales sous contrôle international et transforme son régime en une dictature militaire soutenue par les Américains.

Appliquant au Vietnam la « théorie des dominos », Washington apporte son appui dans le Sud-Est asiatique. À partir de 1956, « conseillers militaires », armements et dollars affluent au Sud-Vietnam tandis que s'organise, dans les maquis, la résistance à la dictature de Diêm et de son clan. Le Front national de libération (FNL) regroupe tous les opposants au régime diémiste, hâtivement baptisés « Vietcongs » (communistes vietnamiens) par les dirigeants de Saigon[2]. Ils sont sept ou huit fois moins nombreux que les troupes de Diêm, encadrées et équipées par les Américains, mais ont d'autres atouts : leur ardeur révolutionnaire et nationaliste, leur expérience de la guérilla, ainsi que l'appui des campagnes et du Nord, qui fournit des armes et des combattants.

2. Capitale du Vietnam-Sud.

NOTE DE L'AUTEURE : LA THÉORIE DES DOMINOS (*DOMINO THEORY*)

Selon John Foster Dulles, secrétaire d'État américain des années 1950, la Russie constituait à cette époque un modèle de dictature. Ainsi, la conversion d'un pays au communisme entraînait, par contagion, celle des pays voisins, comme le montraient les exemples de la Pologne, de la Hongrie et des autres pays de l'Est. Cette théorie fut invoquée à plusieurs reprises, afin de justifier une intervention armée des États-Unis dans les pays concernés.

Tandis que l'opposition gagne du terrain, le président Kennedy décide d'intervenir plus directement et quadruple le nombre de « conseillers militaires » engagés au Vietnam. Il retire son appui au clan de Ngo Dinh Diem, qui est éliminé par un coup d'État militaire en novembre 1963. Le pouvoir échoit en juin 1965 au général Kyn, puis deux ans plus tard au général Thiêu.

En août 1964 a lieu « l'incident du golfe du Tonkin ». Un navire de guerre américain, le *USS Maadox*, est mitraillé par des patrouilleurs nord-vietnamiens. Comme le montreront les « dossiers secrets du Pentagone », sans doute s'agissait-il d'une provocation « destinée à justifier une intervention directe, et à obtenir l'assentiment du Congrès[1] ». Aussitôt, le président Johnson renforce le corps expéditionnaire américain et fait bombarder le Nord-Vietnam par les B. 52.

Les années 1963-1968 sont marquées par une intensification de la présence américaine au Vietnam. Le 10 août 1965, le Congrès a officiellement choisi la guerre : « Les États-Unis considèrent que le maintien de la paix et de la sécurité internationale en Asie du Sud-Est sont essentiels pour leur intérêt national et pour la paix dans le monde ». Plus de 500 000 GI's combattent auprès de petits contingents alliés et de 800 000 Vietnamiens. Les bombardements systématiques, opérés avec des armes terrifiantes tel le napalm[2], font des centaines de milliers de victimes. Au début de 1968, alors qu'une partie de l'opinion américaine déclare son hostilité à la guerre, une attaque générale est lancée par le FNL contre les villes et les bases américaines du Sud-Vietnam : c'est « l'offensive du Têt[3] ».

L'arrivée au pouvoir de Richard Nixon en 1969 concorde avec un changement radical de la politique américaine en Asie du Sud-Est. Le nouveau gouvernement est soucieux d'apaiser les relations avec l'Est et se montre sensible aux protestations des libéraux et aux arguments de ceux qui jugent la

1. Bernstein S. et Milza P., *Histoire du vingtième siècle*, t. 3, Paris, Hatier, 1987, p. 86.
2. Substance utilisée pour gélifier l'essence.
3. Fête du Nouvel An vietnamien.

poursuite de la guerre préjudiciable à près de l'économie américaine. Le coût de la guerre est en effet estimé à près de 20 milliards de dollars par an, et les pertes humaines à près de 60 000 soldats américains (de 1955 à 1975). Nixon annonce le retrait progressif des forces engagées au Vietnam.

Ce n'est qu'en janvier 1973 que les accords de Paix de Paris ordonnent le retrait des troupes américaines et le démantèlement de leurs bases. La guerre se poursuivra encore deux ans au Vietnam, au Cambodge et au Laos.

Cette guerre fut pour les États-Unis un traumatisme, car pour la première fois, et malgré un effort militaire considérable, ils ne purent s'imposer face à leur adversaire. L'image des États-Unis, champion de la liberté et de la paix, en fut ternie.

FICHE 9. Le contexte culturel de *Du mensonge à la violence* et *La crise de la culture*

Hannah Arendt est-elle une philosophe ou une politologue ? La question fait toujours débat. Elle-même se présentait comme une théoricienne politique et non comme une philosophe : « [...] je n'ai ni la prétention ni l'ambition d'être philosophe » dit-elle dans les premières pages de son dernier ouvrage *La Vie de l'esprit*, publié de façon posthume. Pourtant n'est-elle pas l'autrice d'une œuvre phare de la philosophie contemporaine ? Sa démarche de pensée ne répond-elle pas à la définition du philosophe des Lumières, à savoir un philosophe ancré dans le monde pour lequel l'essentiel est de le comprendre, d'en analyser les mécanismes, « d'emporter avec soi une fraction du monde pour l'inspecter, élucider ses pourquoi et le rendre vivable » écrit Christine Noël-Lemaître dans *Arendt pas à pas* (p. 9).

Arendt était animée « par la soif insatiable de percer les arcanes de l'action de l'homme » (*ibid.*). Julia Kristeva, philologue, psychanalyste et femme de lettres française d'origine bulgare, parle même de « génie féminin » et la sunomme « la compreneuse »[1]. Car Arendt cherche en effet à comprendre la « condition de l'homme » plus qu'elle n'essentialise la « nature de l'homme ». L'un de ses ouvrages fondateurs n'est autre que *La Condition de l'homme moderne*. Sa pensée s'applique, comme l'a montré Mary McCarthy dans « Pour dire au revoir à Hannah Arendt »[2], à tous les objets dont elle fut la contemporaine en ce monde : les camps de concentration, le sionisme, l'intégration raciale dans les écoles, la guerre du Vietnam, les *Pentagon Papers* (voir 2. A.) ou encore le *Watergate*.

Deux objets de la réflexion arendtienne semblent importants pour mieux situer et « comprendre » à notre tour les deux chapitres au programme : la polémique autour du cas Eichmann et l'affaire des *Pentagon Papers*.

1. *Le Génie féminin 1. Hannah Ardent*, Fayard, 1999, p. 56.
2. *Les cahiers du GRIF* n° 33, 1986.

1. Le cas Eichmann ou la banalité du mal

L'article « Vérité et politique » fut ajouté en 1968 aux quatre chapitres déjà publiés en 1961 dans la première édition de *La Crise de la culture.* Comme le précise la note, l'origine de cet essai est « la prétendue polémique après la publication d'*Eichmann à Jérusalem* ». Sa visée est de clarifier deux problèmes qui sont liés. Premièrement est-il toujours légitime de dire la vérité ? Le deuxième questionnement est né « de l'étonnante quantité de mensonges utilisée dans "la polémique" – mensonges sur ce que j'avais écrit, d'une part, et sur les faits que j'avais rapportés, d'autre part »[3].

A. Qui était Eichmann ?

Otto Adolf Eichmann était un ancien dirigeant du bureau IV B 4 de l'Office central de sécurité du Reich. Il fut kidnappé par le Mossad dans une banlieue de Buenos Aires le 11 mai 1960, puis extradé en Israël où son procès fut instruit à Jérusalem en 1961. Le réquisitoire de l'avocat général précise qu'Eichmann aurait commencé sa carrière d'administrateur du IIIe Reich en expulsant les Juifs autrichiens, puis en organisant l'assassinat systématique des Juifs d'Europe. En 1944, il prit l'initiative de la mise en activité des fours crématoires d'Auschwitz. Au total, son action aurait entraîné 5,9 millions de victimes.

B. La couverture du procès (1961)

Arendt propose au *New Yorker* de couvrir l'événement. N'ayant pu assister au procès de Nuremberg, elle veut « s'acquitter d'une obligation vis-à-vis de son passé »[4].

Les cinq articles publiés par le *New Yorker* paraissent dans le livre *Eichmann à Jérusalem : Rapport sur la banalité du mal* en 1963, précédés d'une aura de scandale qui ne cessera de s'amplifier.

Les griefs sont nombreux. Ils portent d'abord sur le ton employé par Arendt, qualifié de « désinvolte » (« *flippancy* »). Ses détracteurs lui reprochent notamment d'avoir accusé le gouvernement de Ben Gourion et la justice-spectacle de Gidéon Hausner. La philosophe avait en effet été gênée par la rhétorique emphatique du procureur général, qui s'opposait à la sobriété nécessaire au déroulement d'un procès. Ils l'incriminent également d'avoir critiqué les conseils juifs et d'avoir souligné leur participation à la déportation, et progressivement à l'extermination de leurs coreligionnaires. Enfin,

3. « Vérité et politique », section I, p. 289.
4. Lettre du 23 juin 1964, Hannah Arendt et Marie McCarthy, *Correspondance 1949-1975*, Stock, 1996, p. 251.

selon ses détracteurs, le portrait d'Eichmann dressé lors du procès aurait minimisé sa responsabilité criminelle au profit d'une démarche théorique tendant à prouver la « banalité du mal ».

C. La polémique

Il y eut un avant et un après Eichmann pour Hannah Arendt, qui subit de violentes attaques, notamment de la part de l'intelligentsia juive. Son statut d'intellectuelle, unanimement respectée depuis *Les Origines du totalitarisme*, fut sérieusement miné.

De nombreux journaux publièrent des articles violents qui détournaient la pensée d'Arendt et l'accusaient d'antisémitisme. Elizabeth Young-Bruehl, dans sa remarquable biographie d'Arendt[1], s'arrête notamment sur un épisode significatif de la campagne menée contre la philosophe, et de la distorsion de sa réflexion. Juste avant la sortie du livre d'Hannah Arendt[2], une soirée avait été organisée chez Vicking Press où étaient présents Gideon Hausner et Nahum Goldman, alors président du Congrès juif mondial. Celui-ci aurait déclaré, devant une assemblée d'un millier de personnes, qu'« Hannah Arendt avait accusé les Juifs Européens de s'être laissé massacrer par les nazis et d'avoir fait preuve de «lâcheté et d'absence de volonté de résistance» »[3].

À l'exception de rares lettres de soutien, majoritairement écrites par des jeunes, et un accueil favorable à l'université de Columbia le 23 juillet 1963, la campagne de diffamation dura trois ans, et ce même en France où *Le Nouvel Observateur* publie, le 26 octobre 1966, une lettre collective signée par d'éminents intellectuels d'origine juive, intitulée « Hannah Arendt est-elle nazie ? »

D. La défense d'Hanna Arendt

Face à ses détracteurs, Hannah Arendt se défend en arguant d'abord que son ton n'était pas désinvolte, mais l'expression d'une colère rentrée devant la gravité des circonstances, et en revendiquant le droit à l'ironie et le refus du pathos. Elle admet que « par absence d'informations ou par des formulations trop rapides, elle a omis de préciser que la participation des conseils juifs à la Shoah s'était effectuée graduellement »[4].

Surtout, elle défend sa thèse principale, à savoir qu'Eichmann avait incarné la « banalité du mal ». Homme ordinaire, personne « moyenne » et « normale », « ni faible d'esprit, ni endoctriné ni cynique », Eichmann était,

---

1. Elisabeth Young-Bruehl, *Hannah Arendt*, Paris, Calman-Levy, 1999, p. 458.
2. Hannah Arendt, *Eichmann in Jerusalem: A Report on the Banality of Evil*, New York, Vicking Press, 1963.
3. Julia Krisreva, *Le Génie féminin 1. Hannah Ardent*, Fayard, 1999, p. 236.
4. Julia Krisreva, *op. cit.*, p. 237.

selon Arendt, « absolument incapable de distinguer le bien du mal ». Dans la continuité de sa réflexion sur les mécanismes du totalitarisme, Hannah Arendt démontre, par le cas Eichmann, la façon dont le système totalitaire efface l'individualité d'une personne et éradique sa faculté de penser par lui-même. Ainsi, le subordonné se démet-il de sa conscience pour s'en remettre aux ordres des supérieurs. La grande majorité des dirigeants nazis, « [...] sans avoir été des monstres sadiques et des tortionnaires invétérés »[5] ont partagé ce renoncement au jugement personnel.

L'analyse d'Arendt la conduit à dépasser le cadre du totalitarisme et à poser la question suivante, dérangeante : « Combien de temps faut-il à une personne ordinaire pour vaincre sa répugnance au crime ? »[6]. Nous savons que les travaux de Milgram confirmèrent la thèse d'Arendt. Toutefois, « banalité du mal » ne signifie pas « innocence », ni même « banalisation du mal ». De fait, Arendt est en faveur de la peine de mort à l'encontre d'Eichmann - le droit est fait pour punir les crimes que cet homme a commis – et souhaite qu'il soit traduit devant une cour internationale, le crime contre les Juifs étant « un crime contre l'humanité ». Son livre se veut donc « une étude sur la méchanceté humaine : la terrible, l'indicible, l'impensable banalité du mal » (*Eichmann à Jérusalem*, Gallimard, 1991, p. 408).

Eichmann fut pendu le 31 mai 1962 à la suite de son jugement.

2. L'affaire des *Pentagon Papers* ou la liberté de la presse menacée

A. *Pentagon Papers*

Les *Pentagon Papers* désignent le document *United States-Vietnam Relations, 1945-1967 : A Study Prepared by the Department of Defense* (« Relations entre les États-Unis et le Vietnam, 1945-1967 : une étude préparée par le département de la Défense »). Il s'agit de 47 volumes, soit 7 000 pages, secret-défense émanant du département de la Défense et couvrant la période 1945-1967. Rédigés par 36 officiers et experts politiques, à la demande de Robert Mc Namara, secrétaire à la défense en 1967, ils furent diffusés sous forme d'articles en 1971 par le *New York Times*, puis par le *Washington Post*. Ils avaient été clandestinement communiqués à la rédaction du *New York Times* au début de l'année 1971 par Daniel Ellsberg, un ancien analyste de la

5. *Ibid.*, p. 241.
6. *Eichmann à Jérusalem. Rapport sur la banalité du mal*, trad. A. Guérin revue par M.I. Burdny de Launay, coll. Folio Histoire, 1991, p. 157.

RAND Corporation. Les documents révélaient la propagande du gouvernement américain afin de légitimer l'intensification de l'engagement militaire des États-Unis au Vietnam de 1955 à 1967.

Le cabinet d'avocats du *New York Times* déconseilla de publier ces documents. Mais James Goodale, conseiller juridique et vice-président du journal, s'en remit au Premier amendement qui garantit au public le droit de connaître une information nécessaire à la compréhension de la politique du gouvernement. Hannah Arendt fait référence à cet amendement qui est le socle de la liberté de la presse dans « Du mensonge en politique » (section V, p. 66).

Les documents révélaient que le gouvernement américain avait intensifié le conflit vietnamien en menant des bombardements secrets sur le Laos, des raids le long du littoral vietnamien, et en engageant les Marines dans des actions offensives, alors que le président Johnson avait promis de ne pas impliquer davantage les États-Unis dans un conflit qui s'enlisait.

B. L'affaire

La révélation de ces documents compromit fortement le gouvernement américain. Elle provoqua une bataille juridique entre le *New York Times*, le *Washington Post* et le gouvernement américain qui s'efforçait « d'étouffer l'affaire ». Le gouvernement obtint d'abord, *via* une cour fédérale, une injonction interdisant au *New York Times* et au *Washington Post* de continuer la publication des documents. À la suite de l'appel interjeté par les deux journaux mis en cause, la Cour suprême des États-Unis mit fin aux poursuites de l'État et leva la censure fédérale.

Voyant le soutien du peuple vis-à-vis de l'engagement de l'armée américaine au Vietnam chuter, Richard Nixon chercha à discréditer Ellsberg. Une cassette enregistrée le 14 juin 1971 expose un échange à ce sujet entre le Président et H. R. Haldeman, son chef de cabinet. L'affaire des *Pentagon Papers* fut une première crise avant le scandale du *Watergate*[1].

Dans son article « Du mensonge en politique », Hannah Arendt met en évidence le décalage entre le discours du gouvernement dans sa justification sur son intervention au Vietnam, et la réalité de la situation armée. La philosophe démontre que le mensonge a été utilisé comme artifice afin de légitimer un engagement militaire qui n'avait plus de crédit auprès de l'opinion publique, et dont les objectifs étaient de plus en plus hasardeux. Il s'agissait de faire croire au public américain que l'interventionnisme américain était une nécessité géopolitique.

1. Scandale politique américain datant de 1962, le Watergate découle de la découverte d'une opération d'espionnage mise en place dans les locaux qui abritent le quartier général du Parti démocrate alors en pleine campagne électorale. Ce scandale aboutira deux ans plus tard à la démission du président des Etats-Unis Richard Nixon.

PARTIE 2

Les **œuvres** au **programme**

FICHE 10. Résumé des *Liaisons dangereuses* de Choderlos de Laclos

Chef d'œuvre et dernier éclat du genre épistolaire, *Les Liaisons dangereuses* portent sur la scène romanesque un quintette de personnages. Le roman oppose les libertins, le Vicomte de Valmont et la Marquise de Merteuil, autrefois amants, cyniques et manipulateurs, aux ingénus Cécile, Danceny ainsi qu'à la tendre Tourvel. Trois intrigues se mettent en place : le projet de corrompre Cécile, la séduction de la Présidente de Tourvel et, en filigrane, la rivalité des libertins, la véritable intrigue du roman. La composition en quatre parties épouse la courbe croissante d'une tragédie dont on retrouve le schéma dramatique en cinq actes, la notion de fatalité ou de nécessité, l'ironie du sort et l'aveuglement de tous les personnages.

1. L'acte d'exposition (lettre première à lettre L, p. 79 à 184)

A. Quintette : une ouverture concertée

La jeune Cécile de Volanges écrit une lettre à son amie du Couvent des Ursulines, Sophie Carnay et lui donne quelques nouvelles de son entrée dans le monde. Elle y décrit sa nouvelle vie. Mais elle ne maîtrise pas les codes de la société mondaine et rougit encore d'avoir confondu le cordonnier avec son futur mari, Gercourt, qu'elle n'a jamais vu (lettre première, p. 79).

Le Vicomte de Valmont, en séjour au château de sa tante Mme de Rosemonde, reçoit une lettre de Mme de Merteuil : elle lui demande de déshonorer la jeune Cécile, promise au Comte de Gercourt. En effet, Gercourt, ancien amant de la Marquise de Merteuil, a eu l'outrecuidance de la quitter. Ne pouvant souffrir d'avoir été délaissée, elle souhaite vivement se venger (l. II, p. 81).

Cécile est toujours maintenue dans l'ignorance de son mariage. Elle est un objet de mire en société où elle est trouvée jolie, mais gauche. Elle s'ennuie et s'assoupit en soirée (l. III, p. 83).

Valmont refuse l'offre de sa complice Merteuil. La proie est trop prévisible et il aspire à un dessein plus stimulant, à savoir séduire la prude et ravissante Mme de Tourvel qui séjourne au château de Mme de Rosemonde (l. IV, p. 84).

Blessée par ce refus, Mme de Merteuil pique l'orgueil du Comte en ridiculisant l'objet de ses pensées, et en l'accusant de sensiblerie. Elle lui apprend que Cécile s'est rapprochée du Chevalier de Danceny, son maître de musique (l. V, p. 87).

Valmont riposte et dresse un portrait élogieux de la vertueuse Présidente de Tourvel. Il a bon espoir de la séduire en feignant le repentir de son libertinage, et en faisant miroiter une conversion possible dont la Tourvel serait l'heureuse instigatrice (l. VI, p. 89).

Cécile se plaît à sa nouvelle vie et confie à Sophie son goût pour Danceny ainsi que son amitié pour la Merteuil (l. VII, p. 93).

Mme de Tourvel félicite Mme de Volanges du mariage de sa fille Cécile. Son séjour chez Mme de Rosemonde est égayé par la présence de son neveu, le Vicomte de Valmont. Loin du « tourbillon du monde », c'est un homme charmant « qui vaut mieux que sa réputation de libertin » (l. VIII, p. 94).

Alarmée, Mme de Volanges dresse un portrait négatif du Vicomte. Elle engage son amie à se méfier du roué (l. IX, p. 95).

Mme de Merteuil reproche à Valmont de faillir à ses principes libertins. Elle lui raconte par le menu sa nuit voluptueuse avec Belleroche (l. X, p. 98).

La Présidente est sous le charme de Valmont qui semble s'être racheté une bonne conduite (l. XI, p. 102).

Cécile prévient Mme de Merteuil d'un malaise de sa mère ; la sortie à l'Opéra est annulée (l. XII, p. 105).

Mme de Merteuil exprime ses regrets et promet sa visite pour le lendemain, avec Belleroche et ce cher Danceny (l. XIII, p. 105).

Nouvelle journée d'ennui pour Cécile, qui attend avec impatience la visite promise (l. XIV, p. 106).

Jaloux de Belleroche, Valmont propose à la Marquise de renouer. Cependant, il exprime son attachement à la belle dévote qui le fait suivre (l. XV, p. 107).

Cécile est tout émoustillée d'avoir reçu une lettre de Danceny, lettre qu'elle lit et relit. Elle est consciente qu'elle ne devrait pas y répondre et consulte sa chère Marquise de Merteuil (l. XVI, p. 109). Suit la lettre de Danceny exprimant son amour et suppliant Cécile de lui répondre (l. XVII, p. 111). Cécile, faisant fi des conseils de Sophie, lui avoue avoir promis une réponse à Danceny (l. XVIII, p. 112). Mme de Merteuil propose à Valmont un pacte : s'il parvient à séduire Mme de Tourvel et lui en porte la preuve écrite, elle s'offrira en récompense (l. XX, p. 116).

B. La conquête de Mme de Tourvel

Au château de Mme de Rosemonde, Valmont a bon espoir de séduire Mme de Tourvel. Il lui a déclaré son amour. Comme il se sait surveillé par un espion à la solde de sa jolie prude, il met en scène une fausse scène de charité auprès de vrais miséreux. Valmont en est même ému (l. XXI, p. 118). La même scène est racontée par Mme de Tourvel à la Volanges ; elle se félicite de la bonté du Vicomte (l. XXII, p. 121). Valmont reprend son récit destiné à Mme de Merteuil : de retour au salon, il a surpris Mme de Tourvel en train de raconter en détail la scène du matin. Dans la soirée, un tête-à-tête les a rapprochés. Troublée, Mme de Tourvel s'est absentée du dîner (l. XXIII, p. 123). Valmont la supplie de le consoler de ses peines d'amour (l. XXIV, p. 127). Tandis que Mme de Tourvel a prétexté une indisposition. Valmont lui a rendu visite avec sa tante et lui a donné une lettre à laquelle la Tourvel a répondu. Il envoie ces deux lettres à la Merteuil (l. XXV, p. 129). Mme de Tourvel écrit à Valmont que certainement, elle ne l'aime pas. Elle est dans le déni (l. XXVI, p. 131).

C. Les amours de Cécile

Cécile demande conseil à Mme de Merteuil : peut-elle répondre à Danceny ? Il est si pressant (l. XXVII, p. 133). Danceny reproche à Cécile sa froideur et son silence (l. XXVIII, p. 135). Cécile est soulagée : la Marquise l'autorise à correspondre avec le Chevalier, mais elle lui confirme aussi le projet de mariage (l. XXIX, p. 136). Cécile avoue son amour à Danceny (l. XXX, p. 138), qui lui jure un amour éternel en retour (l. XXXI, p. 139).

D. Le danger des liaisons

Mme de Volanges dissuade son amie Mme de Tourvel de rester au château en la présence dangereuse de ce libertin de Valmont (l. XXXII, p. 140). Merteuil se félicite de guider Cécile dans son apprentissage des codes de la bonne société. Elle doute de l'efficacité des lettres comme armes de séduction (l. XXXIII, p. 143). Valmont lui rétorque qu'il n'a pas le choix : Tourvel l'évite et refuse même ses lettres (l. XXXIV, p. 145). Il feint de lui obéir (l. XXXV, p. 149), ruse et lui adresse une lettre faussement timbrée de Dijon (l. XXXVI, p. 151), laissant ainsi croire qu'il s'agit en fait d'une lettre du mari de Mme de Tourvel. Elle la lit et la déchire sous les yeux du Vicomte qu'elle enjoint de quitter le château. Valmont s'exécute mais s'indigne contre ses calomniateurs. Si Valmont ne part pas, c'est elle qui partira, confie la Tourvel à Mme de Volanges (l. XXXVII, p. 154). La marquise se dit satisfaite de Cécile dont elle est la confidente, mais déplore la gaucherie timide de Danceny (l. XXXVIII, p. 155). Cécile confie son embarras à Sophie : comment pouvoir aimer ce Gercourt dont cette chère Mme de Merteuil dit « qu'il n'est pas aimable du tout » ? (l. XXXIX, p. 157).

Valmont annonce à Merteuil (l. XL, p. 159 et 165) qu'il va quitter le château à la demande de la Tourvel. Elle lui pardonnera son inconduite à cette condition (l. XLI, p. 161). Bon gré, mal gré, Valmont accepte la sanction, mais il réclame en contrepartie le nom de ses accusateurs et le droit de lui écrire (l. XLII, p. 163). La Présidente proteste : son éthique lui interdit de livrer le nom de ses conseillers. Elle consent à ce que Valmont lui écrive à la condition qu'il ne lui parle pas d'amour (l. XLIII, p. 167).

E. La guerre en dentelles

Valmont est heureux. Mme de Tourvel l'aime. Il en a la preuve. Il a réussi, grâce à la complicité de son valet, Azolan, et de Julie, la femme de chambre de la Tourvel, à intercepter le courrier de sa chère dévote. Il y apprend que son accusatrice est Mme de Volanges. Il jure de se venger. Il accepte alors l'offre de Mme de Merteuil : en déshonorant Cécile, il se vengera des calomnies de sa mère (l. XLIV, p. 168).

La Tourvel annonce à Mme de Volanges le départ de Valmont et la prie d'accepter l'invitation de Mme de Rosemonde (l. XLV, p. 175).

Danceny s'inquiète : Cécile ne l'aime plus (l. XLVI, p. 176) ? Valmont raconte à Merteuil l'un de ses coups d'éclat libertin (l. XLVII, p. 177) : il a écrit une lettre à la Tourvel (l. XLVIII, p. 179) sur le dos de la courtisane Émilie. Sermonnée par son confesseur, Cécile décide de mettre fin à sa correspondance avec Danceny (l. XLIX, p. 181).

Mme de Tourvel prie Valmont de ne plus lui écrire tant qu'il ne parle que d'amour dans ses lettres (l. L, p. 182).

2. Acte II : le nœud (lettres LI à LXXXVII, p. 187 à 292)

A. Échos et contrepoint : Cécile/Danceny et Tourvel/Valmont

Mme de Merteuil reproche à Valmont de n'être pas venu à leur rendez-vous. Elle a su convaincre Cécile de renouer avec Danceny (l. LI, p. 187). Valmont ne peut renoncer à écrire à Tourvel : il n'a que cette consolation. Elle ne doit pas douter de sa sincérité (l. LII, p. 190). Il n'a obtenu qu'une demi-confidence de Danceny (l. LIII, p. 193). Cécile a davantage confiance en Merteuil qui a bien failli profiter de la situation (l. LIV, p. 194). Elle félicite Sophie d'avoir deviné qu'elle se réconcilierait avec son Chevalier (l. LV, p. 196).

Même si elle suppose Valmont sincère, Mme de Tourvel ne veut, ni ne doit répondre à son amour (l. LVI, p. 197). Le Vicomte explique à Merteuil que si Danceny n'est pas entreprenant avec Cécile, c'est que, paradoxalement, il n'y a pas assez d'obstacles à leur amour (l. LVII, p. 199). Valmont implore Mme de

Tourvel de ne pas lui retirer le seul bonheur qui lui reste en ce monde : lui écrire (l. LVIII, p. 201). Il demande à Merteuil des instructions concernant Danceny (l. LIX, p. 203). Danceny appelle à son aide Valmont (l. LX, p. 204). Cécile écrit à Sophie que sa mère sait tout et s'est emparée des lettres de Danceny (l. LXI, p. 205). Mme de Volanges renvoie à Danceny ses lettres et menace de mettre Cécile au couvent (l. LXII, p. 207). Merteuil a trahi Cécile et Danceny auprès de Mme de Volanges. Puis elle console Cécile tout en convainquant sa mère de l'éloigner à la campagne, chez Mme de Rosemonde (l. LXIII, p. 208). Les l. LXIV et LXV, (p. 214 et 217) sont jointes à la lettre de Valmont. Dans la première, Danceny proteste auprès de Mme de Volanges de son honnêteté et de la sincérité de son amour. Dans la seconde, il se lamente avec Cécile : qui les a trahis ? Il invite sa jeune amie à faire confiance à Valmont. Ce dernier donne rendez-vous à Merteuil chez la Maréchale (l. LXVI, p. 220).

B. Eaux calmes

La Présidente commet une imprudence à son insu. Elle propose à Valmont de devenir son ami plutôt que de lui parler d'amour (l. LXVII, p. 221). Il riposte en retournant l'argument : il est trop sincère pour simuler de l'amitié (l. LXVIII, p. 223). Cécile, étroitement surveillée par sa mère, part à la campagne (l. LXIX, p. 225). Valmont met en garde la Merteuil : il a surpris le libertin Prévan se vanter en public de perdre la Merteuil sans effort (l. LXX, p. 226). Il rend compte à Merteuil d'un « réchauffé » galant avec la Comtesse de *** (l. LXXI, p. 228). Danceny supplie Cécile de faire confiance à Valmont (l. LXXII, p. 233). Sa lettre est accompagnée de celle de Valmont, qui indique à la jeune fille qu'il lui fournira de quoi écrire à la condition qu'elle lui rende toutes les lettres qu'il lui transmet (l. LXXIII, p. 234). Merteuil est piquée par le défi de Prévan qui est à son goût (l. LXXIV, p. 235). Cécile est prête à faire confiance à Valmont (l. LXXV, p. 238). Valmont réitère ses avertissements contre Prévan. Tourvel résiste : deux lettres échangées entre eux qu'il transmet à Merteuil en sont la preuve (l. LXXVI, p. 239). Il accable sa jolie prude de tendres reproches (l. LXXVII, p. 245). La Tourvel récapitule toutes les concessions qu'elle a faites à l'amour de Valmont (l. LXXVIII, p. 247).

C. Éclat libertin : les 3 inséparables

Valmont, poussé par l'ennui, raconte l'histoire des « trois inséparables », l'un des coups d'éclat de Prévan. Il a séparé trois couples en séduisant les trois femmes successivement. Mieux : il a désarmé la colère des trois rivaux. Au lieu de se battre, les hommes se sont ligués contre leurs maîtresses et les ont humiliées (l. LXXIX, p. 250). Danceny est effondré : il n'a de nouvelles ni de Cécile ni de Valmont (l. LXXX, p. 257).

D. Discours de la méthode de la Marquise de Merteuil

Vexée des mises en garde de Valmont, la Marquise fait son autoportrait et retrace son parcours autodidacte. Dès son plus jeune âge, elle s'est créé des principes auxquels elle ne déroge pas. Ainsi couvre-t-elle son libertinage du masque de la vertu. Elle affirme sa singularité et sa supériorité (l. LXXXI, p. 260).

E. La marquise en majesté

Cécile proteste de son amour et rassure Danceny (l. LXXXII, p. 271). Valmont réclame de Tourvel un entretien et feint de se plier à ses conditions (l. LXXXIV, p. 276). Il réclame à Cécile la clef de sa chambre pour lui remettre plus aisément sa correspondance, voire y convier Danceny (l. LXXXIII, p. 273). Merteuil annonce à Valmont sa victoire totale sur Prévan, qu'elle a séduit sous son masque de prude et ridiculisé (l. LXXXV, p. 279). Dans cette lettre est inclus le billet indigné qu'elle a reçu de la Maréchale (l. LXXXVI, p. 289). Elle donne à Mme de Volanges une version fallacieuse de son rendez-vous avec Prévan, crie au scandale de la vertu outragée, et se récrie contre la publicité de cette aventure (l. LXXXVII, p. 288).

3. Acte III : la montée des périls (lettres LXXXVIII à CXXIV, p. 295 à 396)

A. La clé de Cécile

Cécile décline la proposition de Valmont qu'elle estime trop dangereuse (l. LXXXVIII, p. 295). Piqué, Valmont prévient Danceny : Cécile a refusé un moyen commode de recevoir ses lettres et de le voir. Il insinue qu'elle l'aimerait moins (l. LXXXIX, p. 296).

Mme de Tourvel prie Valmont de partir. Elle avoue ses sentiments qu'elle n'a plus la force de combattre. Mais elle ne cèdera pas à la tentation (l. XC, p. 298). Valmont se soumet, apparemment, à cette décision (l. XCI, p. 300).

Danceny promet à Valmont d'écrire à Cécile (l. XCII, p. 302). Il la presse d'accepter le stratagème de Valmont (l. XCIII, p. 304). La jeune fille proteste de son amour et accède à sa demande (l. XCIV, p. 306). Cécile reproche à Valmont d'avoir inquiété le Chevalier et lui réclame une extrême prudence (l. XCV, p. 307). Au milieu de la nuit, Valmont pénètre dans la chambre de Cécile et la séduit en exerçant un chantage au scandale. Elle cède (l. XCVI, p. 308). Rongée par la culpabilité, Cécile avoue sa faute à Mme de Merteuil et exprime sa détresse d'autant qu'elle a accepté un autre rendez-vous de Valmont (l. XCVII, p. 312). Alarmée par l'état de sa fille, Mme de Volanges demande conseil à la Marquise : ne devrait-elle pas marier sa fille à Danceny ? (l. XCVIII, p. 317)

B. La fuite de la Présidente

Mais, surprise pour Valmont, Cécile lui ferme sa porte. Tourvel a supplié à genoux Valmont de l'épargner. Troublé, il lui a obéi. Déjà assuré de la capitulation de la Présidente, il réclame sa récompense auprès de la Marquise (l. XCIX, p. 320). Mais ironie de la situation, la Présidente de Tourvel a pris la fuite. Valmont se sent « joué, trahi, perdu » (l. C, p. 327). Il charge Azolan de se faire engager par Tourvel et de lui rapporter tous les faits et gestes de la Présidente (l. CI, p. 331). La Tourvel change de confidente et avoue son amour pour Valmont à Rosemonde (l. CII, p. 333). Mme de Rosemonde, se doutant de la liaison entre la Présidente et son neveu, trouve les mots pour la rasséréner (l. CIII, p. 336).

C. La fausse confidente

Mme de Merteuil dissuade Mme de Volanges de rompre le mariage avec Gercourt, qui est un meilleur parti que Danceny (l. CIV, p. 338). Merteuil gronde Cécile et lui montre les avantages de sa situation. Quelle femme ne rêverait pas d'être la maîtresse de Valmont ? Elle doit se méfier des ruses de sa mère (l. CV, p. 343). Merteuil ridiculise Valmont, éconduit par une ingénue et dupé par une prude. Elle insiste pour qu'il débauche la jeune fille qui la déçoit. Elle n'est pas à la hauteur du rôle « d'intrigante subalterne » qu'elle avait envisagé pour elle (l. CVI, p. 347).

D. « Géométrie sensible »[1] et permutation des couples

Azolan fait son rapport à Valmont : la Tourvel se languit (l. CVII, p. 351). Elle confie à Rosemonde ses peines de cœur (l. CVIII, p. 354). Cécile s'est réconciliée avec Valmont sous les bons auspices de Merteuil (l. CIX, p. 357). Ce dernier est satisfait de son élève à laquelle il apprend le « catéchisme de la débauche » (l. CX, p. 359).

Gercourt demande à Volanges de repousser à l'hiver son mariage avec Cécile (l. CXI, p. 364). Mme de Rosemonde apprend à Tourvel que Valmont est souffrant (l. CXII, p. 365). Merteuil rappelle Valmont à Paris. Obligée de partir à la campagne pour un procès, elle rechigne à ce que Cécile voie Danceny pour lequel elle a pris du goût (l. CXIII, p. 366). Tourvel s'inquiète de la santé de Valmont (l. CXIV, p. 372) qui se moque du nouvel engouement de Merteuil, et lui apprend que Cécile est enceinte de lui (l. CXV, p. 374). Danceny ne tarit pas d'éloges sur la Merteuil (l. CXVI, p. 378). Cécile lui répond, sous la dictée de Valmont. Elle espère que sa mère va consentir à leur mariage sinon elle se donnera à lui (l. CXVII, p. 380). Danceny envoie à Merteuil une missive enflammée (l. CXVIII, p. 382).

1. Jean-Luc Seylaz, *Les Liaisons dangereuses et la création romanesque chez Laclos*, Paris, Droz, 1965, p. 27.

E. Le faux repenti

Rosemonde informe Tourvel : Valmont vit en ermite, écoute même la messe tous les jours (l. CXIX, p. 384). Valmont demande au père Anselme de lui obtenir un rendez-vous avec la Présidente. Il lui rendra ses lettres, avant de se repentir de ses erreurs (l. CXX, p. 385). Mme de Merteuil fait la leçon à Danceny et feint la vertu (l. CXXI, p. 387). Rosemonde confirme la contrition de Valmont (l. CXXII, p. 389). Le père Anselme a convaincu la Tourvel de recevoir Valmont (l. CXXIII, p. 392). Cette dernière se plaint paradoxalement du repentir de Valmont alors qu'elle a perdu tout repos et voudrait oublier son amour pour lui (l. CXXIV, p. 393).

4. Actes IV et V : la catastrophe et le dénouement (lettre CXXV à CLXXV, p. 399 à 513)

A. La chute de la présidente

Valmont adresse son bulletin de victoire à sa complice. La Présidente a capitulé. Il s'avoue troublé, car le charme de la Tourvel persiste. Or, il doit reprendre sur lui, et recouvrer son éthos libertin (l. CXXV, p. 399).

Ironie du sort : Rosemonde félicite la Tourvel de sa vertu et de son courage (l. CXXVI, p. 409).

Merteuil refuse ses faveurs à Valmont et lui reproche son indélicatesse (l. CXXVII, p. 411).

B. Amoureuse

Tourvel avoue à Rosemonde qu'elle a cédé à Valmont. Elle s'est vouée corps et âme à son neveu (l. CXXVIII, p. 413).

Valmont assure à Merteuil qu'elle reste unique et incomparable à ses yeux (l. CXXIX, p. 414).

Rosemonde prévient Tourvel des illusions du bonheur parfait (l. CXXX, p. 417).

Merteuil accepterait, à la limite, une seule nuit, mais n'envisage pas de renouer avec le Vicomte (l. CXXXI, p. 419).

Tourvel assure à Rosemonde que Valmont est différent des autres hommes et qu'il la rend heureuse (l. CXXXII, p. 422). Valmont sacrifierait sans hésiter Tourvel à Mme de Merteuil. Il poursuit sa liaison avec Cécile, mais pense la céder à Danceny pour mieux se consacrer à la Marquise (l. CXXXIII, p. 423), laquelle répond de façon ambiguë, déclinant la proposition de Valmont, mais posant aussi ses conditions (l. CXXXIV, p. 427).

Tourvel est au désespoir : Valmont la trahit avec une courtisane qui s'est moquée d'elle au sortir de l'Opéra (l. CXXXV, p. 430). Elle adresse à Valmont une lettre de rupture ; elle lui interdit sa porte et lui réclame ses lettres (l. CXXXVI, p. 432). Valmont s'explique et demande pardon (l. CXXXVII, p. 433). Il relate l'épisode à Merteuil à preuve de sa maîtrise libertine (l. CXXXVIII, p. 437). Tourvel, soulagée, écrit à Rosemonde que tout est réparé. Elle a toute confiance en l'amour de Valmont (l. CXXXIX, p. 439).

C. Le sacrifice de la Tourvel

Ce dernier s'étonne du silence de Merteuil. Cécile a fait une fausse couche, Valmont n'aura pas de descendance (l. CXL, p. 440). Merteuil ironise : Valmont s'illusionne-t-il ? Il est amoureux de Tourvel. Négligemment, elle lui propose un modèle de lettre de rupture dont le refrain lui a été inspiré par une expression de Valmont lui-même « Ce n'est pas ma faute » (l. CXLl, p. 443). Valmont la recopie et l'envoie à Tourvel. Il réclame sa récompense (l. CXLII, p. 446). Tourvel est sous le choc. Elle fuit au couvent (l. CXLIII, p. 447).

D. La duplicité de la Marquise

Valmont se propose de renouer avec la Présidente (l. CXLIV, p. 448). La marquise temporise la récompense, peut-être à son retour à Paris, elle ne sait quand (l. CXLV, p. 451). En réalité, c'est Danceny qu'elle prévient en premier de son retour, annoncé pour le lendemain (l. CXLVI, p. 453). Mme de Volanges prévient Rosemonde que la Tourvel est très malade (l. CXLVII, p. 455). Danceny, après une nuit d'amour avec la Marquise, lui adresse une missive brûlante (l. CXLVIII, p. 458). Volanges apprend à Rosemonde qu'une lettre de Valmont a compromis le rétablissement de Tourvel (l. CXLIX, p. 460).

Danceny presse Merteuil de répondre à ses lettres d'amour (l. CL, p. 463).

Valmont reproche à Merteuil sa duplicité. Il a trouvé Danceny installé chez elle en qualité d'amant en titre. Il exige qu'elle cesse cette liaison, et qu'elle lui accorde un rendez-vous pour le lendemain soir (l. CLI, p. 465). Merteuil ironise et se dérobe (l. CLII, p. 468).

E. « Hé bien la guerre ! »

Valmont pose alors un ultimatum ; tout délai serait « une déclaration de guerre ». La réponse de Merteuil, au bas de la lettre de Valmont, tient en quatre mots : « Hé bien ! la guerre. » (l. CLIII, p. 471)

L'état de la Tourvel empire. Volanges a intercepté une lettre de Valmont adressée à la Tourvel (l. CLIV, p. 472). Il annonce à Danceny qu'il peut voir Cécile en toute sécurité et donc sacrifier son rendez-vous avec la Marquise de Merteuil (l. CLV, p. 473). Dans cette lettre est jointe la missive pressante de

Cécile (l. CLVI, p. 476). Danceny viendra au rendez-vous, répond-il à Valmont (l. CLVII, p. 478). Valmont explique à Merteuil la raison pour laquelle Danceny n'était pas au rendez-vous (l. CLVIII, p. 480). Merteuil invite Valmont à plus d'humilité ; elle pourrait se venger (l. CLIX, p. 481).

F. La mort des amants

Mme de Tourvel est au plus mal (l. CLX, p. 482). Elle a dicté une lettre incohérente et sans destinataire que Volanges envoie à Rosemonde (l. CLXI, p. 483).

Informé par Merteuil de la trahison de Valmont, Danceny le provoque en duel (l. CLXII, p. 485).

M. Bertrand annonce à Rosemonde la mort de son neveu. Ramené chez lui, il a eu le temps de se réconcilier avec Danceny, et de lui remettre un paquet de « papiers fort volumineux » (l. CLXIII, p. 486). Rosemonde veut venger la mort de son neveu et porter plainte (l. CLXIV, p. 488). La Présidente de Tourvel s'est éteinte après avoir appris la mort de Valmont (l. CLXV, p. 489).

G. La désolation finale

Bertrand déconseille à Rosemonde de porter plainte. Cela entacherait la mémoire de Valmont (l. CLXVI, p. 492).

Danceny reçoit une lettre anonyme lui intimant de quitter Paris et de plaider auprès de Mme de Rosemonde pour qu'elle retire sa plainte (l. CLXVII, p. 493). Mme de Volanges informe Rosemonde de la rumeur. Merteuil serait à l'origine du duel entre Valmont et Danceny qui aurait publié deux lettres révélant sa conduite scandaleuse (l. CLXVIII, p. 494). Danceny demande pardon à Rosemonde et lui adresse la correspondance entre Valmont et Merteuil (l. CLXIX, p. 497).

Cécile s'est réfugiée au couvent et veut se faire religieuse (l. CLXX, p. 500). Rosemonde répond à Danceny qu'il ne reste plus que les pleurs et le silence. Elle lui réclame les lettres de Cécile (l. CLXXI, p. 503), et elle conseille à Mme de Volanges de respecter la décision de sa fille sans chercher à en connaître la raison (l. CLXXII, p. 504). Mme de Volanges s'interroge : Cécile aurait-elle cédé à Danceny ?

Mme de Merteuil a été huée à l'Opéra alors que Prévan était porté en triomphe (l. CLXXIII, p. 506). Danceny part pour Malte prononcer ses vœux et tenter d'oublier « tant d'horreurs accumulées » (l. CLXXIV, p. 509).

La dernière lettre du recueil est celle de Mme de Volanges à Rosemonde. La vérole a défiguré Merteuil. Elle aurait perdu un œil. Elle a aussi perdu son procès. Elle a cependant réussi à fuir en Hollande avec ses bijoux et son argenterie. Cécile prononce ses vœux le lendemain et Danceny est parti pour Malte. « Qui pourrait ne pas frémir en songeant aux malheurs que peut causer une seule liaison dangereuse ! » (l. CLXXV, p. 511).

FICHE 11. Structure des *Liaisons dangereuses* de Choderlos de Laclos

1. La genèse du roman

L'analyse par Laurent Versini du manuscrit légué à la Bibliothèque nationale de France laisse supposer que c'est à Besançon que Laclos aurait commencé la rédaction de son œuvre en août 1778. Après avoir été envoyé à l'île d'Aix, le 30 avril 1779, pour superviser les travaux du fort de Montalembert, il est en permission à Paris, de janvier à juin 1780, où il reprend la rédaction de son manuscrit. Il regagne ensuite l'île d'Aix au second semestre. Fin 1781, Laclos, qui a obtenu un congé de six mois, met alors au point définitivement son manuscrit, à Paris.

Il scinde le recueil en quatre parties équilibrées, qui seront imprimables et diffusables en petits volumes dont chacun se glisse aisément dans la poche. Il modifie par ailleurs l'ordre de succession des lettres, visant à produire des effets de sens, de contrepoint ironique. Ces déplacements sont repérables sur le manuscrit par des notes de régie. Enfin, il soigne son style et révise l'expression, mot par mot.

2. Le péritexte

A. L'analyse du titre

Si le contrat pour *Le Danger des liaisons* est signé le 16 mars 1782, Laclos décide, *in extremis*, d'intituler son roman *Les Liaisons dangereuses*. À cette époque, de nombreux auteurs mettent ainsi en garde contre le danger des fréquentations et des mauvaises influences. Laclos se distingue ainsi de certains ouvrages auparavant publiés dont les titres évoquaient déjà l'idée du danger : *Le Danger des liaisons ou Mémoires de la Baronne de Blémon* de Mme de Saint-Aubin (1763), *Le Danger des préjugés, ou les Mémoires de Mlle d'Aran*, de Mlle Fauque (1774) ou *Les Dangers de la calomnie, ou Mémoires de Fanny Spingler*, de Mme Beccary (1781). Au XVIIIe siècle, le terme « liaison » remplace celui de « commerce » et désigne une relation sociale dont le sens s'est infléchi en une acception sexuelle.

Ainsi que le souligne L. Versini[1], Laclos, en modifiant le titre de son roman, passe ainsi d'un singulier abstrait et moral, à un pluriel obsédant, concret et actif qui contredit la confiance dans la sociabilité.

Dans son roman, la liaison dangereuse est un phénomène qui, par capillarité, affecte tous les personnages. Chacun d'entre eux, qu'il soit libertin ou ingénu, peut être sujet et objet de « liaison dangereuse » par un phénomène de réversibilité. Ainsi, Valmont en est une pour Tourvel, Cécile et Mme de Volanges. Cette dernière écrit même à Tourvel à propos de Valmont : « Quand il ne serait, comme vous le dites, qu'un exemple du danger des liaisons, en serait-il moins lui-même une liaison dangereuse ? » (l. XXXII, p. 141). Ironie du sort, la Tourvel se retrouve à son tour être une « liaison dangereuse » pour Valmont aussi, entraînant la mort des deux amants. Si la Présidente excuse la conduite de Valmont par les mauvais exemples qu'il aurait subis, Mme de Volanges, *a contrario*, lui oppose la mauvaise influence qu'il a sur les plus jeunes. Cécile et Danceny, quant à eux, s'engagent d'eux-mêmes « dans une liaison dangereuse » (l. LXIII, p. 209).

La Marquise représente quant à elle la plus toxique des « liaisons dangereuses ». Elle agit sur Gercourt, Belleroche, Prévan, Cécile, Danceny et Valmont, sans compter les dommages collatéraux (Mme de Volanges, Tourvel, Rosemonde).

Le roman est en réalité un réseau de liaisons dangereuses qu'amplifie le maillage épistolaire, le danger des lettres redoublant celui des liaisons.

B. Le paratexte

La notion de paratexte renvoie aux informations données dans un livre afin de faciliter la compréhension d'un texte : nom et présentation de l'auteur, titre, quatrième de couverture, notes de bas de page, préface ou postface. Traditionnellement, le roman épistolaire du XVIIIe siècle cherche à donner l'illusion de l'authenticité en se faisant passer pour une correspondance réelle, trouvée dans un tiroir ou recueillie par un tiers qui en assure la publication. C'était une convention qui ne trompait personne, mais, pour accréditer ce jeu, la plupart des romans étaient accompagnés d'une préface où l'auteur prétendait n'être que le dépositaire du recueil de lettres[2].

Laclos ne déroge pas à cette tradition mais, comme pour le titre et le personnel romanesque de son roman, il en détourne les codes et en exhibe ironiquement la facticité dans les deux textes liminaires qui se contredisent

1. Laurent Versini, « *Le Roman le plus intelligent* » – *Les Liaisons dangereuses de Laclos*, Honoré Champion, 2019, p. 31

2. Voir le sous-titre « Recueillies dans une Société et publiées pour l'instruction de quelques autres ».

mutuellement. À noter que l'épigraphe extraite de *Julie ou la Nouvelle Héloïse,* œuvre que Laclos appréciait particulièrement (voir fiches 1 et 2, p. 8 et 15) (« J'ai vu les mœurs de mon temps et j'ai publié ces lettres », notes, p. 514) affiche une volonté de moralisation.

Pour autant, *Les Liaisons dangereuses* s'inscrivent-elles dans le lignage direct de ce roman sensible ? Le péritexte dessine un programme de lectures paradoxal, que confortent l'avertissement de l'éditeur et la préface du rédacteur contradictoires. Ainsi, l'avertissement nous prévient que l'ouvrage « n'est qu'un roman » quand la préface présente, au contraire, le recueil comme « authentique ». Le rédacteur insiste sur son rôle de collateur : il n'a publié qu'« un petit nombre de lettres ». Mais il les a sélectionnées, outrepassant son rôle de collateur : « [...] je n'ai demandé, pour prix de mes soins, que la permission d'élaguer tout ce qui me paraîtrait inutile ; et j'ai tâché de ne conserver en effet que les lettres qui m'ont paru nécessaires, soit à l'intelligence des événements, soit au développement des caractères » (p. 72).

Les contradictions sont également internes : le rédacteur critique les négligences stylistiques qui accréditent le fait que ce soit une correspondance réelle. Toutefois, plus loin, il fait l'éloge de la variété de styles. Comme dans toute préface romanesque, le rédacteur insiste sur la visée morale de l'ouvrage : « Il me semble au moins que c'est rendre un service aux mœurs, que de dévoiler les moyens qu'emploient ceux qui en ont de mauvaises pour corrompre ceux qui en ont de bonnes, et je crois que ces lettres pourront concourir efficacement à ce but ». L'argument est de mauvaise foi : il s'agit de cautionner, comme dans la préface de *Manon Lescaut* de l'abbé Prévost, l'évocation des mœurs condamnables sous le prétexte de l'utilité morale. Le lecteur de l'époque est habitué à cette cosmétique préfacielle. Le préfacier se contredit à nouveau. Il prétend vouloir éloigner de la lecture de l'ouvrage tous les jeunes gens qui pourraient se laisser corrompre par l'exemple de ces liaisons dangereuses, et, en même temps, en un procédé de mise en abyme, il cite une mère qui, après avoir lu la Correspondance, sut « rendre un vrai service à sa fille, en lui donnant ce livre le jour de son mariage ». De cette manière, Laclos détourne les codes du pacte de lecture et subvertit les topoï des préfaces romanesques. Dès le paratexte, il alerte l'intelligence du lecteur, qui devra être sur ses gardes et ne pas se laisser berner par l'illusion romanesque.

3. Le chef-d'œuvre du genre épistolaire

Jean Rousset, tout comme Jean-Luc Seylaz[1], avant lui, souligne combien *Les Liaisons dangereuses* ont « conduit à sa perfection la technique épistolaire[2] ».

A. Laclos stratège romancier

Les notes de régie portées sur le manuscrit de Laclos nous apprennent que l'auteur a modifié l'ordre de succession des lettres dans le but de créer des effets de sens. Rien n'a été laissé au hasard et tout a été calculé. Ainsi, après la lettre XVI, le manuscrit précise « Placez ici les lettres 20, 21, 22 et 23, puis revenez à la lettre 19, puis à la lettre 16 » (Notes, p. 518). Ce déplacement permet de mettre en parallèle les deux projets de séduction, celui de Cécile par Merteuil et celui de Tourvel par Valmont. L'étude du manuscrit nous indique aussi que Laclos a par ailleurs supprimé de l'édition définitive deux lettres décisives, celle de Valmont adressée à Tourvel réfugiée au couvent, lettre lue par Volanges (l. CLIV, p. 472), et celle de Tourvel à Valmont, clause du pacte libertin contractée par Merteuil (l. XX, p. 116). En effet, il occulte ces deux lettres, maintenant ainsi l'amour de Valmont pour Tourvel sur une note indécidable. Laclos a fait de son roman un chef-d'œuvre de stratégie épistolaire.

B. Variété des lettres

Comme le démontre Laurent Versini[3], dans *Les Liaisons dangereuses* tous les styles de lettres sont représentés : la lettre mondaine (lettre de la Maréchale de *** assurant de sa sympathie la Marquise de Merteuil après l'affaire Prévan, l. LXXXVI, p. 289), la lettre-rapport (lettres de Cécile à Sophie), la lettre-bulletin (bulletin de victoire après la chute de la Présidente, l. CXXV, p. 399), la lettre-anecdote (mésaventure du bourgmestre hollandais, berné par la courtisane Émilie, l. XLVII, p. 177) et la lettre-récit (les Inséparables, l. LXXIX, p. 250), l'héroïde ou la lettre d'amour (l. LXIX, p. 225) pour Cécile et pour sa « sœur aînée » ou son double, la Présidente de Tourvel (l. CII, CVIII, CXXIV, p. 333, 354, 393), la lettre d'analyse (le « discours de la méthode » de la Merteuil, l. LXXXI, p. 260).

---

1. « L'originalité de Laclos, c'est d'avoir donné une valeur dramatique à la composition par lettres, d'avoir fait de ces lettres l'étoffe même du roman et d'avoir réalisé ainsi, entre le sujet du livre et le mode de narration un accord si étroit que ce mode en devient non seulement vraisemblable mais nécessaire » J.-L. Seylaz, *Les Liaisons dangereuses et la Création romanesque chez Laclos*, « Une géométrie sensible », Droz, 1965, p. 19-20.
2. Jean Rousset, *Forme et signification*, Éditions Corti, 1962, p. 94.
3. Laurent Versini, « *Le Roman le plus intelligent* » – *Les Liaisons dangereuses de Laclos*, *op. cit.*, p. 62-70.

LES LIAISONS DANGEREUSES - LACLOS

C. Matérialité de la lettre

La lettre est également envisagée dans sa matérialité, visualisée. Ainsi, chacun, au château de Rosemonde, pose ses lettres dans une boîte fermée à clefs. Billet doux, il se pose sur une harpe (l. XVI, p. 109), se lance sur une jupe ou se glisse dans une main (l. XL, p. 159). Matérialisée, la lettre peut être difficile à déchiffrer, tels les brouillons de Valmont qu'il ne prend pas la peine de recopier (l. XXXIV, p. 145). Elle peut être écrite de façon tremblée et arrosée de larmes (l. LXIV, p. 214), déchirée (la fausse lettre de Dijon, l. XXXVI, p. 151), recollée puis embrassée par Valmont : « Je l'avoue, je cédai à un mouvement de jeune homme, baisai cette lettre avec un transport dont je ne me croyais plus capable » (l. XLIV, p. 168). Enfin, fétichisée, elle est lue et relue par Cécile (l. XVI, p. 109) ou contemplée par Tourvel sans être ouverte (l. CVII, p. 351).

D. Variété des styles

Dans la préface des *Liaisons dangereuses*, l'éditeur annonce que les défauts de l'ouvrage sont compensés par « la variété des styles ». En effet, chaque personnage possède son style épistolaire, modulé en fonction du destinataire de la lettre et de l'évolution du personnage. Ainsi, le « petit bavardage » de Cécile (l. CV, p. 343) est reconnaissable à son lexique limité, qui peine à exprimer les nuances de ses sentiments, à ses fautes de syntaxe, et à ses hypocoristiques (« Maman »). De son côté, son amoureux Danceny adopte le style lyrique de Saint-Preux et abuse de l'expression rousseauiste « félicité » (l. XVII, p. 111). Son jargon sentimental est emprunté quand il s'adresse à la Marquise de Merteuil (l. CXLVIII, p. 458), mais son style évolue en fonction des circonstances. Son billet adressé à Valmont (l. CLXII, p. 485) est d'une noble fermeté et la lettre de pardon adressée à Rosemonde d'une grande honnêteté et dignité (l. CLXIX, p. 497). Les lettres de Mme de Volanges abondent quant à elles de clichés mondains ; la mère de Cécile est en effet incapable de juger par elle-même. Point aveugle du roman, elle est d'ailleurs très souvent le relais de la rumeur (l. CLXXIII, p. 506). Enfin, le style de la Tourvel évolue ; d'abord précieux et mondain, il est marqué par le style dévot (l. XXVI, p. 131), puis lyrique (l. CXXIX et CXXXII, p. 414 et 422). Sa dernière héroïde prend des accents raciniens, tout en rappelant les lettres de la religieuse portugaise (l. CLXI, p. 483).

4. La composition dramatique

A. Une « machine infernale »

Le roman de Laclos est une machine de guerre. Sa composition est rigoureuse. Dans sa première ébauche, l'auteur prévoyait une disposition en deux parties dont la première s'arrêtait à la lettre LXX. La coupure correspondait au moment où Valmont quitte Paris pour effectuer un deuxième séjour dans le château de sa tante. Ainsi, la lettre LXXI permettait le commencement d'une nouvelle époque dans le roman. Toutefois, l'œuvre était mal équilibrée. Laclos recompose alors son roman en quatre parties dont chacune épouse le nouage des intrigues et l'intensification dramatique jusqu'à son dénouement ambigu.

La première partie expose et noue les trois intrigues principales : la séduction de Cécile, la conquête de la Tourvel, et les amours timides de Cécile et de Danceny. Valmont se rallie au projet de Merteuil pour se venger de Volanges (l. XLIV, p. 168). Une passerelle est donc tendue entre les trois intrigues.

La deuxième partie est l'acte de la Merteuil. La Marquise est en position surplombante et dirige les intrigues. Elle révèle à Mme de Volanges la correspondance entre Cécile et Danceny, trahissant ainsi sa protégée et incitant la mère à éloigner sa fille à la campagne chez Mme de Rosemonde, afin de la rapprocher de Valmont. Ainsi réunit-elle les deux victimes de Valmont sous le même toit. Les séductions de la Tourvel et de Cécile sont construites en symétrie et en opposition.

Dans la troisième partie, Valmont reprend la main. Il conquiert Cécile par le chantage, la Tourvel par la persuasion, et joue de duplicité avec Danceny. Mais Tourvel lui échappe et la tension est croissante entre Merteuil et le Vicomte. La duplicité de la Merteuil est magistrale : elle incite Cécile à la débauche pour satisfaire son propre plan, et dissuade sa mère de renoncer au mariage prévu avec Gercourt. Elle incite d'ailleurs Cécile à faire preuve de duplicité en épousant Gercourt tout en ayant pour amant Valmont et amoureux Danceny (l. CV, p. 343).

Enfin, la quatrième partie consacre la chute de la Tourvel qui se métamorphose en amoureuse passionnée, mais est sacrifiée par un Valmont troublé mais se devant d'être fidèle à son éthos libertin. La compétition entre les deux fauves libertins s'est intensifiée : la Marquise refuse d'honorer son contrat et déclare « la guerre » à son « miroir ennemi[1] ».

Le dénouement est une série de catastrophes à la manière d'une tragédie : la mort de Valmont et de Tourvel, la remise des lettres de Valmont et de Merteuil par Danceny à Rosemonde, la divulgation des lettres LXXXI et LXXXV (p. 260 et 279), la déchéance de la Marquise de Merteuil, frappée d'infamie, et enfin, la prise de voile de Cécile et le départ de Danceny à Malte.

B. Huis clos

Le resserrement du temps et de l'espace renforce la tension dramatique. L'intrigue a une durée limitée à cinq mois et demi – la première lettre est datée du 3 août et la dernière du 14 janvier – et la durée de chacune des

1. Henri Duranton, « *Les Liaisons dangereuses* ou le miroir ennemi », *Revue des sciences humaines* n° 153, 1974, p. 125-143.

parties est d'environ un mois. Seule la dernière partie occupe deux mois et demi, tout en donnant paradoxalement l'impression d'une accélération du rythme, en raison du nombre d'événements tragiques qui s'y succèdent.

Les saisons ont une valeur symbolique évidente, on passe ainsi des feux de l'amour et de l'été à la désolation hivernale. Les lieux sont restreints et très peu décrits. Les personnages évoluent dans le monde clos de l'aristocratie avec deux espaces symboliques qui s'opposent, Paris et sa société de spectacle métaphorisée par l'Opéra, et le château de Rosemonde et sa campagne environnante, espace de régénération mais aussi huis clos tragique.

C. Crescendo tragique

Tout comme dans une tragédie, l'intensité dramatique est croissante avec une montée des périls. La composition du roman s'apparente d'ailleurs au schéma tragique dans lequel nous retrouvons l'exposition (première partie), le nœud (deuxième partie), les péripéties (troisième partie) et la catastrophe finale (quatrième partie). L'œuvre laclosienne donne ainsi l'impression d'une machine infernale régie par une nécessité interne, à savoir la véritable intrigue qu'est la rivalité entre Valmont et Merteuil, le couple fatal, aux autres et à eux-mêmes.

D. Un dénouement indécidable

Au dénouement, les catastrophes s'accumulent au risque de briser la vraisemblance et de discréditer la portée morale du châtiment imposé à la Marquise de Merteuil qui subit une déchéance sociale, physique et financière. Le dénouement respecte les conventions esthétiques et morales : le sort de la « méchante » est réglé et ses exactions punies. Seulement, comme le souligne Mme de Volanges, les vertueux n'ont été ni récompensés ni épargnés : « Je vois bien dans tout cela les méchants punis ; mais je n'y trouve nulle consolation pour leurs malheureuses victimes » (l. CLXXIII, p. 506).

Une note de l'éditeur, donc portée par une autre main que celle de Laclos, précise Laurent Versini, a un effet d'annonce publicitaire. Elle laisse espérer « la suite des aventures de Mlle de Volanges » et « les sinistres événements qui ont comblé les malheurs ou achevé la punition de Mme de Merteuil » (l. CLXXV, p. 511). Le dénouement est ambigu, clos par la concaténation des catastrophes et ouvert par l'indécidabilité de son sens moral. La Marquise[1] part dans la nuit vers de nouvelles scènes et de nouveaux triomphes, peut-être.

1. Des suites des aventures de la Marquise de Merteuil ont été imaginées, notamment par Hella Haasse : *Une Liaison dangereuse. Lettres de la Haye*, Paris, Seuil, 1995.

FICHE 12. Thèmes dans *Les Liaisons dangereuses* de Choderlos de Laclos

1. Le dévoiement du genre épistolaire

Le roman de Laclos, chef d'œuvre du roman épistolaire, est à la fois « le compendium, le couronnement et [...] la liquidation du genre[1] » écrit Laurent Versini.

A. Les maîtres du jeu épistolaire

Dans ses *Liaisons dangereuses*, Laclos reprend en effet les procédés du roman épistolaire (voir fiches 3 et 11, p. 18 et 70) et les porte à leur perfection. Ses personnages libertins, Valmont et Merteuil, maîtrisent les codes épistolaires avec brio. Ils font un usage permanent de la métaphore, qu'elle soit religieuse (l. IV, p. 84), pédagogique (l. CX, p. 359) ou militaire (l. CXXV, p. 399), et emploient le jargon à la mode (« affreux », « à la fureur », « le ridicule ») avec ironie. Dans leurs lettres, l'italique symbolise leur distance vis-à-vis de ces formules. Ils inventent également des néologismes sentimentaires »), rédigent des pastiches (lettre de Valmont au père Anselme, l. CXX, p. 385), utilisent des « mots de passe ». Ainsi, Merteuil reprend en italique la formule « Adieu, comme autrefois », que Valmont emploie à la fin de sa lettre CXXV (p. 408) et la corrige par « adieu, comme à présent » (l. CXXVII, p. 413). Elle montre ainsi que l'expression, qui remonte à leur ancienne correspondance amoureuse, est devenue caduque, tout comme leur complicité. Enfin, ils recourent à des termes à double entente (ou à double sens) et à la gaze propre au roman libertin se signalant par des périphrases, des métaphores, des euphémismes et des litotes afin de voiler l'expression de réalités grivoises. Pour exemple, Valmont, dans la lettre XLVIII destinée à la Tourvel, envoyée à la Merteuil et rédigée sur le charmant fessier de la courtisane Émilie, écrit : « [...] la table même sur laquelle je vous écris, consacrée pour la première fois à cet usage, devient pour moi l'autel sacré de l'amour ; combien elle va s'embellir à mes yeux ! j'aurai tracé sur elle le serment de vous aimer toujours ! » (p. 180). Ici, le terme « table » est à double entente. Il est à comprendre dans son sens dénotatif par la Tourvel, et dans son sens métaphorique par Merteuil et le lecteur. C'est un cas de triple énonciation.

1. Laurent Versini, « *Le Roman le plus intelligent* » – *Les Liaisons dangereuses de Laclos*, Honoré Champion, 2019, p. 62.

B. Kaléïsdoscopie de points de vue

Un même événement peut être par ailleurs relaté selon des points de vue différents. Toutefois, Laclos fait partager au lecteur d'abord le point de vue des libertins. Ainsi le lecteur, flatté d'être omniscient, se range du côté des dominants. L'ironie de Laclos est qu'il piège aussi le lecteur perverti comme les personnages. Ainsi, le viol de Cécile est d'abord évoqué de façon cynique par Valmont, avant que Cécile ne donne elle-même sa version à Merteuil (l. XCVI-XCVIII, p. 308-17). L'affaire Prévan est relatée par la Merteuil à Valmont, puis à Volanges, mais nous n'avons pas le point de vue de la victime. Il en va de même concernant la sortie de l'Opéra, où la courtisane Émilie rit aux éclats à la vue de Tourvel. Le lecteur lit d'abord les versions de Tourvel à Rosemonde (l. CXXXV, p. 430) et à Valmont (l. CXXXVI, p. 432), avant de lire celles de Valmont à Tourvel (l. CXXXVII, p. 433) et à Merteuil (l. CXXXVIII, p. 437). Les versions diffèrent, le même événement est diffracté et la notion de vérité est diluée « dans le tournoiement des points de vue, dans le tourniquet des apparences[1] ».

C. La lettre dévoyée

Or la lettre, sous la plume des libertins, est dévoyée à des fins de manipulation. Polymorphe, elle devient arme de séduction, de chantage, de combat et même appareil de mort, à l'image de la lettre CXLI dictée par Merteuil à Valmont pour blesser sa rivale la Tourvel. La scansion de l'expression « ce n'est pas ma faute » (p. 437), employée dans la lettre CXXXVIII par Valmont pour se dédouaner de toute responsabilité dans sa relation avec Tourvel, siffle telle une balle et frappe telle une lame. Mais, le pacte de lecture et les règles de l'échange épistolaire sont également falsifiés. Ainsi, Valmont accole-t-il, sur la lettre dite « de Dijon » (l. XXXVI, p. 151) – ville où réside l'incommode époux de la Tourvel –, un faux timbre de la ville, afin de faire croire à la Tourvel qu'elle a reçu une lettre de son mari. Enfin, la lettre peut aussi être interceptée et substituée à une autre, comme lorsque Valmont subtilise le courrier de la Présidente (l. XLIV, p. 168), transgressant ainsi l'intersubjectivité et l'intimité de l'échange épistolaire. De la même manière, les lettres de Cécile (l. CXVII et CLVI, p. 380 et 476) sont dictées par Valmont et celles de Danceny (l. LXIV-LXV, p. 488-9) écrites sous la vigie du Vicomte. Dans l'échange traditionnel, une lettre n'a qu'un destinataire, or Cécile fait lire à Merteuil les lettres de Danceny (l. XXIX, p. 136) et Valmont celles de la Tourvel. Il s'agit de cas de double, voire de triple énonciation si nous comptons le lecteur (l. XLVIII, p. 179).

1. Michel Delon, *P. A. Laclos, Les Liaisons dangereuses*, PUF, 1999, p. 50.

D. Poétique de la lettre

En connaissance de cause, la Merteuil recommande d'ailleurs à Cécile d'écrire en fonction des attentes de son destinataire : « Vous voyez bien que, quand vous écrivez à quelqu'un, c'est pour lui et non pas pour vous : vous devez donc moins chercher à lui dire ce que vous pensez, que ce qui lui plaît davantage » (l. CV, p. 347). Elle énonce cette règle paradoxale de « ne jamais écrire » (l. LXXXI, p. 268). L'ironie étant qu'elle enfreint sa propre règle et que c'est justement la divulgation de ses lettres LXXXI et LXXXV (affaire Prévan, p. 260 et 279) qui va la perdre.

Dans *Les Liaisons dangereuses,* l'épistolarité est au service de la maîtrise et de la séduction libertine. Le plaisir libertin est davantage dans la narration narcissique de l'exploit que dans l'acte sexuel lui-même, comme l'atteste la lettre X (p. 98) de la Merteuil qui détaille les préparatifs de sa nuit voluptueuse avec Belleroche. Ainsi, la lettre est une arme de séduction qui fait preuve de toute son efficacité auprès de la Tourvel.

2. Libertinage et séduction

Le terme de séduction a pour étymon le verbe *seducere* qui signifie « détourner ». Le libertin détourne de son éthos, sa proie. Rien n'est laissé au hasard. Son entreprise de séduction se fonde sur une méthode et une maîtrise qui manifestent une mythologie et une érotisation de la volonté, comme le souligne André Malraux dans sa préface des *Liaisons dangereuses*[2].

A. Un être de projet

Tout d'abord, le libertin est un être de projet, comme le confirme le portrait de Valmont dressé par Mme de Volanges à la Présidente : « Encore plus faux et dangereux qu'il est aimable et séduisant, jamais, depuis sa plus grande jeunesse, il n'a fait un pas ou dit une parole sans avoir un projet qui ne fut malhonnête ou criminel » (l. IX, p. 96). L'expéditrice de la lettre IX avertit par ailleurs sa narrataire, Mme de Tourvel, de la dangerosité du Vicomte et prévient de la maîtrise et la méchanceté méthodique du libertin : « [...] sa conduite est le résultat de ses principes. Il sait calculer tout ce qu'un homme peut se permettre d'horreurs sans se compromettre ; et pour être cruel et méchant sans danger, il a choisi les femmes pour victimes. Je ne m'arrête pas à compter celles qu'il a séduites : mais combien n'en a-t-il pas perdues » (*ibid.*).

2. Choderlos de Laclos, *Les Liaisons dangereuses*, Gallimard, 1970, p. 7-22.

B. La maîtrise libertine

Mais cette maîtrise libertine passe d'abord par une maîtrise de soi, comme le montre le « discours de la méthode » de la Marquise[1] : « Ressentais-je quelque chagrin, je m'étudiais à prendre l'air de la sérénité, même celui de la joie ; j'ai porté le zèle jusqu'à me causer des douleurs volontaires, pour chercher pendant ce temps l'expression du plaisir. » (l. LXXXI, p. 264) Le lexique de cette lettre insiste sur le travail que la Marquise a fait sur elle-même, presque ascétique. C'est d'ailleurs ce terme – « travail » – que reprend Valmont pour qualifier son entreprise de séduction auprès de la Tourvel (l. CXXXIII, p. 425). Dans sa lettre CXXV, où il relate la capitulation de la Présidente, il prend par ailleurs soin de souligner la « pureté de [sa] méthode » (p. 406).

La méthode libertine vise également à une maîtrise d'autrui. De fait, si le libertin se contrôle, il contrôle aussi les événements et les autres protagonistes qui l'entourent. Ainsi, la séduction de Prévan par la Marquise de Merteuil est un chef-d'œuvre de maîtrise libertine. Tout se passe au détail près, comme l'avait programmé la marquise (l. LXXXV, p. 279). Après le temps théorique de la lettre LXXXI (p. 260), l'affaire Prévan est une preuve à l'appui de l'excellence libertine de la Marquise.

C. Séduction et prédation[2]

La séduction libertine peut être comparable à une relation de prédation. Aussi les libertins empruntent-ils et détournent-ils volontiers le vocabulaire militaire (« conquérir est notre destin », Valmont, l. IV, p. 85) ou pastichent-ils le lexique de la chasse (« Laissons le braconnier obscur tuer à l'affût le cerf qu'il a surpris ; le vrai chasseur doit le forcer », Valmont, l. XXIII, p. 126).

Car la maîtrise libertine tire son plaisir de la résistance de la « proie » : « Ah ! qu'elle se rende, mais qu'elle combatte ; que, sans avoir la force de vaincre, elle ait celle de résister ; qu'elle savoure à loisir le sentiment de sa faiblesse, et soit contrainte d'avouer sa défaite », écrit Valmont (l. XXIII, p. 126). La maîtrise libertine se double de méchanceté, de « méchanceté méthodique » : séduire signifie capturer puis perdre les « proies ». « Toujours des femmes à avoir ou à perdre », écrit Valmont dans la lettre LXXVI (p. 242).

---

1. Lettre autobiographique où elle expose son apprentissage autodidacte et les règles de sa conduite, fondées sur une démarche expérimentale (observer, pratiquer, théoriser), sur une dissociation du corps et de l'esprit, sur une ascèse et une dénaturation.
2. Roger Vailland (*Laclos par lui-même*, Seuil, 1953), déduit de la méthode de Valmont quatre « figures du libertinage » ou étapes de la séduction : le choix méritoire, la séduction qui doit prouver l'adresse du libertin, la chute de la victime et la rupture qui doit être « éclatante et nette ». Le schéma est programmatique de la séduction de la Tourvel.

D. La mythologie libertine et ses limites

Armés de ces principes infaillibles, les complices libertins témoignent d'une ironie glaçante à l'égard de leurs contemporains et d'une arrogance souveraine. Passibles d'*hybris* et de *libido dominandi* (puis *sciendi* et enfin *sentiendi*), ils méprisent les autres et se jugent nettement au-dessus d'eux. L'amour et la sensibilité sont, pour l'éthique libertine, des anti-valeurs. Valmont et Merteuil refusent l'amour qu'ils démythifient et raillent les « sentimentaires » ; Valmont veut se « sauver du ridicule d'en être amoureux » (l. IV, p. 86) de la Présidente, et Merteuil ne supporte plus les effusions tendres de Belleroche (l. CXIII, p. 366).

Ce système libertin a toutefois ses limites. Il est d'abord une révolte contre l'impossible. Sa conjuration désespérée du hasard le mène à l'échec. De plus, il signe une surenchère entre les deux fauves orgueilleux, qui ne peut que les amener à l'implosion de leur méthode et à leur destruction réciproque. Le dénouement est préparé dès la lettre IV quand Valmont désobéit aux « ordres charmants » de sa complice (p. 84).

3. La Tour, le Cavalier et la Dame

Le générique des *Liaisons dangereuses 1960* de Roger Vadim met en image un échiquier, car souvent, le roman a été comparé à un jeu d'échecs. Voyons comment cette métaphore peut éclairer par en-dessous le roman de Laclos. Les pièces d'échec comportent le Roi, figure finalement secondaire (Gercourt, le Président de Tourvel), le Cavalier mobile (Valmont, puis son double Danceny), la Tour assez imprenable (Tourvel) et enfin celle qui domine le jeu, la Dame ou la Reine : la Merteuil.

A. La Tour(vel)

La Présidente de Tourvel, avec Valmont, était le personnage préféré de Laclos. Baudelaire analyse à juste titre ce personnage, inspiré de la Julie de Rousseau, comme un personnage de « type simple, grandiose, attendrissant. Admirable création. Une femme naturelle ».[3] Au début du récit, le personnage se range parmi une catégorie de personnages féminins connus du lecteur. C'est une dévote, une « prude de bonne foi ». Cependant, sa foi est conventionnelle, de surface plus que de conviction intime. Elle lit les *Pensées chrétiennes* du P. Bouhours, et recourt aux vertus cardinales de la prudence et de la force (l. XC et CII, p. 298 et 333). Elle est plus soucieuse de sa réputation que de la religion. C'est une jolie femme. Les fréquentes périphrases qu'emploie Valmont pour la désigner

---

3. Charles Baudelaire, « Notes sur *Les Liaisons dangereuses* », *Œuvres complètes*, tome II, éd. C. Pichois, Paris, Gallimard, coll. « Bibliothèque de la Pleiade », n°7, 1976, p. 71.

démentent le contre-portrait acide qu'en fait la Marquise de Merteuil (l. VI, p. 89) : « Jamais je ne l'avais trouvée si belle » écrit-il (l. XLIV, p. 173). Elle est gracieuse et féminine. C'est une anti-coquette, sans maquillage ni artifice, elle ne s'étudie pas : « Je ne sais ni dissimuler ni combattre les impressions que j'éprouve » (l. XXVI, p. 131). Quatre mots empruntés à l'éthique rousseauiste la définissent : raison, vertu, bonheur, sensibilité. Sa vertu, conformément à l'étymologie (*virtus*), est une capacité de résistance. Enfin, c'est une héroïne de la transparence. Elle est sensible et émotive, à fleur de peau. Elle réagit spontanément et ses mouvements d'humeur se lisent sur son visage : « Il faut voir, surtout au moindre mot d'éloge ou de cajolerie, se peindre, sur sa figure céleste, ce touchant embarras d'une modestie qui n'est point jouée ! » (l. VI, p. 90).

Or c'est une autre femme qui naît à l'amour. Ses lettres à Mme de Rosemonde sont des chants d'amour : « C'est donc à votre neveu que je me suis consacrée ; c'est pour lui que je me suis perdue. Il est devenu le centre unique de mes pensées, de mes sentiments, de mes actions. Tant que ma vie sera nécessaire à son bonheur, elle me sera précieuse, et je la trouverai fortunée » (l. CXXVIII, p. 414). Elle n'a ni regrets ni remords une fois amante de Valmont. Son amour pour le Vicomte fonde et son existence et son essence. Le personnage monte d'un cran et relève d'une sphère supérieure. Elle a l'incandescence d'une Phèdre, d'une Bérénice, d'une héroïne tragique quand, quittée par Valmont, elle fuit au couvent et sombre dans la folie. Après avoir reçu la lettre de rupture dictée par la Merteuil à Valmont, la Tourvel recourt à la métaphore rousseauiste du voile : « Le voile est déchiré, Madame, sur lequel était peinte l'illusion de mon bonheur » (l. CXLIII, p. 447) ; « Rien ne peut plus me convenir, que la nuit profonde où je vais ensevelir ma honte » (p. 448). La Présidente sombre alors dans un nocturne racinien. Sa dernière héroïde (l. CLXI, p. 483) trace une culmination du personnage qui acquiert une dimension tragique.

B. Le Cavalier Valmont

Par ironie laclosienne, Valmont tout au long de sa tentative de séduction sur Mme de Tourvel semble subir les effets réversibles de cette séduction. Il faut se méfier des pièges et chausse-trappes du roman et ne pas négliger la puissance littéraire du topos du « libertin devenu vertueux », duquel relèvent la fausse conversion de Valmont, puis peut-être sa réforme grâce à l'amour messianique de la Tourvel. Aux côtés de la Tourvel, il fait l'apprentissage de la douceur, de la délicatesse : « moi, jamais je n'avais goûté le plaisir que j'éprouve dans ces lenteurs prétendues » (l. XCVI, p. 309). Il apprend l'art des gradations, goûte à l'échange des regards, au vol d'un baiser sur une main. Il fait durer l'intervalle entre l'assurance de son amour et l'instant où elle deviendra sa maîtresse (l. XLIV, p. 448). Il ne respecte plus à la lettre la méthode libertine qui a des ratés quand la Tourvel lui échappe. De Cavalier, serait-il devenu Fou : « Il n'est plus pour moi de bonheur, de repos, que par la possession de cette femme que je hais et que j'aime avec une égale fureur » (l. C, p. 328) ? Valmont serait donc piégé par une situation proprement ironique : le séducteur serait-il séduit ? le libertin amoureux ? Valmont livre peut-être dans sa lettre à la Marquise la clef de son personnage : « Cela est si vrai qu'un libertin amoureux, si un libertin peut l'être, devient de ce moment même moins pressé de jouir ; et qu'enfin entre la conduite de Danceny avec la petite Volanges, et la mienne avec la prude madame de Tourvel, il n'y a que la différence du plus ou moins » (l. LVII, p. 200).

Quand il est conscient qu'il s'abaisse à du sentimentalisme, il revient à la férocité du roué (l. LXVII et LXX, p. 221 et 226). Valmont craint de trahir son éthos libertin : « Ecartons sa dangereuse idée ; que je redevienne moi-même », (l. XCVI, p. 309). Il retourne à des « coups d'éclat » libertins comme à des garde-fous : la lettre écrite sur le dos d'Émilie (l. XLVIII, p. 179), la séduction de Cécile, l'épisode de l'Opéra (l. CXXXVIII, p. 437). Il a beau user de mauvaise foi pour dissimuler son trouble, la Marquise n'est pas dupe : « [...] c'est que vous n'en avez pas moins de l'amour pour votre Présidente ; non pas, à la vérité, de l'amour bien pur ni bien tendre, mais de celui que vous pouvez avoir » (l. CXLl, p. 443-4). Valmont envoie la lettre de rupture pour revenir à son personnage d'origine, afin de prouver à la Merteuil qu'il est maître de lui-même. Mais Valmont éprouve des remords et tente de justifier auprès de la Marquise, sa « conscience libertine », un raccommodement avec la Tourvel (l. CLIV, p. 472). La Merteuil n'est pas dupe : « Oui, Vicomte, vous aimiez beaucoup madame de Tourvel, et même vous l'aimez encore ; vous l'aimez comme un fou » (l. CXLV, p. 451).

C. La Reine Merteuil

Baudelaire, dans ses notes, qualifie de « Tartuffe femelle » la Marquise de Merteuil. Le personnage est fascinant[1] par son intelligence souveraine, son goût du pouvoir, sa volonté de puissance, son éthique de la liberté, son art de la feinte, ses principes méthodiques et ses talents de manipulatrice sans scrupule. Femme de tête, calculatrice, elle ne laisse rien au hasard. Autodidacte, elle a établi ses propres règles qu'elle applique sans faille. Elle s'est créé son propre personnage. La lettre LXXXI (p. 260), autoportrait narcissique, ne comporte pas moins de 300 occurrences de la première personne du singulier. Elle refuse la dépendance qui rive la femme à un homme. Quand Valmont s'arroge des droits maritaux sur elle, elle est ulcérée. Elle pourrait emblématiser la révolte contre le déterminisme social qui voue les femmes au « silence et à l'inaction » (p. 263). Contre le joug masculin, elle entend « venger [s]on sexe » (p. 262). Mais, comme le souligne

1. Les lecteurs du XVIIIe siècle se sont empressés d'identifier le personnage. Tilly, (cité en fiche 1) parle d'une « marquise de L.T.D.P.M » dont tout Grenoble « racontait des traits dignes des impératrices romaines les plus insatiables » (*op. cit.*, p. 234).

Michel Delon, sa révolte est individualiste, car elle méprise les autres femmes (« […] qu'ai-je de commun avec ces femmes inconsidérées », p. 263). Son libertinage est une affirmation de pouvoir. Sur ce terrain-là, elle veut l'emporter sur les hommes, sur Valmont (« Eh qu'avez-vous donc fait, que je n'aie surpassé mille fois ? », p. 261). Elle couvre avec délectation son libertinage du masque de la vertu (l. LXXXVII, p. 290). Sinon, il heurterait les bienséances et ruinerait sa réputation ; elle est huée à l'Opéra (l. CLXXIII, p. 506) après la divulgation des lettres LXXXI et LXXXV (p. 260 et 279) qui révèlent son libertinage. Son libertinage est imparfait[1] puisqu'il doit avancer masqué, tout en nécessitant un miroir, Valmont.

Être de mensonge, de duplicité et d'hypocrisie, c'est une comédienne accomplie qui sait prendre le masque de la pruderie avec Prévan (l. LXXXV) ou Danceny, de la vertu outragée avec Volanges (l. LXXXVII, p. 290) ou encore de la confidence avec Cécile. Elle incarne une méchanceté méthodique qui se plaît à nuire à l'autre, voire à le détruire. Sa vengeance à l'égard de Gercourt (l. II, p. 81) est disproportionnée par rapport aux faits. Le billet qu'elle dicte à Valmont (« *Ce n'est pas ma faute* », l. CXLI, p. 445) est assassin et elle le sait : « Ah ! croyez-moi, Vicomte, quand une femme frappe dans le cœur d'une autre, elle manque rarement de trouver l'endroit sensible, et la blessure est incurable » (l. CXLV, p. 452). Elle se plaît dans son fol orgueil et dans l'ivresse de son amour-propre « hubrique » à diriger les consciences de Cécile et de sa mère, et elle jubile à la double tromperie : « Me voilà comme la Divinité ; recevant les vœux opposés des aveugles mortels, et ne changeant rien à mes décrets immuables » (l. LXIII, p. 211). L'allégorie exprime la satisfaction démiurgique de la Marquise, agente du mal, diabolique (voir fiche 27, p. 178).

Cependant, dans le vertige de sa volonté de puissance, elle consomme le péché d'orgueil. Victime de sa vanité, de sa jalousie d'amour-propre, elle s'est voulue unique, irremplaçable. Or Valmont en préfère une autre et l'aime plus qu'il ne l'a aimée, elle. Il peut rompre avec la Tourvel, essayer de se raccommoder avec la Marquise, elle ne consentira pas à honorer le pacte libertin qui ne stipulait pas que son contractuel, Valmont, tombât amoureux de sa proie : « […] je n'ai pas oublié que cette femme était ma rivale, que vous l'aviez trouvée un moment préférable à moi, et qu'enfin, vous m'aviez placée au-dessous d'elle » (l. CXLV, p. 452). Merteuil est l'instigatrice du dénouement et des catastrophes qui la frappent. Victime de ses sentiments, elle a trahi ses principes et a failli à son mythe que façonne la lettre LXXXI, comme Valmont.

Pour conclure, Laclos réinvestit les pièces maîtresses du jeu d'échec, mais là encore, subvertit les règles. Les lignes ont bougé : la Tour est l'héroïne, le Cavalier devient le Fou et la Reine est déchue.

1. Laurence Sieuzac, « Coquettes, galantes et libertines au XVIIIe siècle », *Séduire du Moyen Âge à nos jours. Discours, représentations et pratiques*, Paris, Garnier, 2021, p. 235-255.

FICHE 13. Résumé de *Lorenzaccio* de Musset

1. Acte I (p. 27 à 66)

A. Scène 1 (p. 27)

En pleine nuit, Lorenzo de Médicis accompagne son cousin le duc Alexandre de Médicis, impatient de voir enfin la jeune Gabrielle dont il a acheté les faveurs en offrant de l'argent à sa mère. La jeune femme est enlevée par le duc sous les yeux horrifiés de son frère, Maffio, qui était sorti de la maison, réveillé par un rêve prémonitoire.

B. Scène 2 (p. 31)

À la sortie du bal qui a eu lieu chez Nasi, le peuple de Florence – représenté par des bourgeois, des marchands et des écoliers –, admire la fête tout en déplorant la corruption du duc et des élites de la ville, soumis au pape et à l'empereur Charles Quint. En sortant de la fête, Julien Salviati insulte Louise Strozzi.

C. Scène 3 (p. 40)

La marquise Cibo est en larmes car son mari la quitte pour quelques jours. Par la suite, elle critique le comportement douteux d'Alexandre de Médicis au cours d'une discussion avec son beau-frère, le cardinal Cibo. Ce dernier intercepte néanmoins une lettre d'amour qu'Alexandre destinait à la marquise, et estime qu'elle ne va sans doute pas résister à ses avances bien longtemps.

D. Scène 4 (p. 46)

L'émissaire épiscopal Valori explique à Alexandre de Médicis que le pape désapprouve la débauche de sa cour et réclame la tête de Lorenzo qui en est l'instigateur principal. Pour prouver que Lorenzo est totalement inoffensif, Alexandre veut qu'il se batte en duel et lui met une épée entre les mains. Terrifié, Lorenzo s'évanouit, mais cette scène laisse le cardinal Cibo incrédule.

E. Scène 5 (p. 54)

Le peuple de Florence déplore à nouveau la situation politique de la ville, et en particulier la mort de jeunes gens tués dans une émeute ainsi que la multiplication des citoyens bannis de la ville. Julien Salviati déclare quant à lui qu'il va coucher avec Louise Strozzi, sous les yeux du frère de celle-ci – le prieur de Capoue –, qui s'en va furieux.

F. Scène 6 (p. 61)

Marie Soderini se désole de la lâcheté et de la corruption de son fils Lorenzo, qui était pourtant un enfant plein de promesses. Catherine, la tante de Lorenzo, tente vainement de la consoler. Elles croisent les bannis, pleins d'amertume, qui s'apprêtent à quitter la ville.

2. Acte II (p. 67 à 107)

A. Scène 1 (p. 67)

Le vieux Philippe Strozzi, désespéré par la situation politique, voudrait l'avènement de la république. Il est interrompu dans ses réflexions par deux de ses fils : le prieur de Capoue et Pierre Strozzi. Le prieur ne peut s'empêcher de rapporter les paroles insultantes de Salviati à l'égard de leur sœur Louise, ce qui met Pierre hors de lui.

B. Scène 2 (p. 71)

Lorenzo et l'émissaire épiscopal rencontrent un jeune peintre talentueux, Tebaldeo Freccia. Lorenzo se moque de son idéalisme, mais l'invite néanmoins chez lui pour peindre un portrait.

C. Scène 3 (p. 78)

Le cardinal Cibo projette de se servir de la marquise pour avoir de l'emprise sur Alexandre et le manipuler indirectement. Lors d'une confession, il essaie d'arracher à la marquise le secret de sa correspondance avec Alexandre, ce qui la scandalise. Face à sa résistance, le cardinal se met en colère et la laisse seule et désemparée, car elle éprouve en réalité des sentiments ambivalents à l'égard du duc.

D. Scène 4 (p. 86)

La mère de Lorenzo lui raconte qu'elle a vu en rêve le fantôme de son cher Lorenzino, jeune écolier prometteur. Lorenzo en est profondément bouleversé. Arrivent Bindo et Venturi qui veulent savoir si Lorenzo est dans le camp des républicains ou dans celui du duc. Lorenzo se moque d'eux et prouve la faiblesse de leurs propres convictions car ils acceptent les privilèges que leur offre Alexandre à sa demande. Le duc apprend à Lorenzo que la marquise Cibo lui a cédé et qu'il en est déjà fatigué. Il tombe immédiatement sous le charme de Catherine Ginori, la tante de Lorenzo, qu'il aperçoit à sa fenêtre et demande à Lorenzo de s'entremettre en sa faveur.

E. Scène 5 (p. 96)

Philippe Strozzi est très inquiet car son fils Pierre est sorti armé afin de venger sa sœur Louise. Pierre arrive et annonce à son père que ses frères et lui ont tué Salviati. Il est scandalisé de voir que Lorenzo se trouve là, et Philippe tente de le calmer.

F. Scène 6 (p. 101)

Pendant que Tebaldeo fait le portrait d'Alexandre, Lorenzo lui dérobe la cotte de mailles qu'il a ôtée pour l'occasion et va la jeter dans un puits. Il éveille vaguement les soupçons de Giomo.

G. Scène 7 (p. 106)

Salviati, qui a survécu à ses blessures, vient clamer sous les fenêtres du duc que les frères Strozzi ont voulu l'assassiner parce qu'il avait déclaré qu'Alexandre plaisait à leur sœur Louise. Alexandre, en colère, déclare qu'ils iront en prison.

3. Acte III (p. 108 à 151)

A. Scène 1 (p. 108)

Lorenzo s'entraîne au combat avec Scoronconcolo en poussant des cris affreux dans le but d'habituer les voisins au vacarme. Il avoue, en effet, vouloir assassiner un homme de ses propres mains dans cette chambre.

B. Scène 2 (p. 112)

Pierre Strozzi apprend à son père Philippe qu'il se rend chez les Pazzi où se trouvent des dizaines d'opposants à Alexandre qui vont se soulever. Après avoir cherché à dissuader Pierre, Philippe décide finalement de le suivre.

C. Scène 3 (p. 117)

Pierre et Thomas Strozzi sont arrêtés sous les yeux de leur père, impuissant. Ce dernier rencontre Lorenzo et le supplie d'agir pour rétablir la justice. Lorenzo avoue alors à Philippe son intention de tuer Alexandre, mais aussi les tourments infinis qui habitent son âme.

D. Scène 4 (p. 137)

Catherine montre à Marie le billet galant qu'Alexandre lui a envoyé. Les deux femmes sont horrifiées, et Marie sent sa mort prochaine.

E. Scène 5 (p. 138)

La marquise Cibo, qui attend le duc, est embarrassée par l'arrivée inopportune du cardinal qu'elle renvoie.

F. Scène 6 (p. 140)

La marquise déploie toute son éloquence pour persuader Alexandre de rendre à Florence sa splendeur, mais en vain. Le cardinal surprend volontairement leur rendez-vous galant, et restée seule, la marquise se lamente sur sa vertu perdue en regardant un portrait de son mari.

G. Scène 7 (p. 145)

Philippe entame un discours pour appeler les « quarante » à la révolte lors d'un grand dîner chez les Pazzi, mais sa fille Louise meurt subitement, empoisonnée par un serviteur des Salviati présent au banquet. Effondré, il abandonne toute idée de révolte et décide de partir à Venise.

4. Acte IV (p. 152 à 182)

A. Scène 1 (p. 152)

Alexandre explique avec satisfaction à Lorenzo que la tentative de rébellion des « quarante » a échoué et que Philippe a quitté la ville. Lorenzo annonce au duc qu'il lui a organisé un rendez-vous avec sa tante dans sa chambre, à minuit.

B. Scène 2 (p. 154)

Pierre et Thomas Strozzi sortent de prison et apprennent la mort de Louise.

C. Scène 3 (p. 157)

Lorenzo donne ses dernières instructions à Scoronconcolo, puis médite sur son meurtre.

D. Scène 4 (p. 158)

Le cardinal Cibo veut forcer la marquise à rentrer dans les bonnes grâces d'Alexandre, en la menaçant de rapporter l'adultère à son mari si elle ne lui obéit pas. Plutôt que d'être dénoncée, la marquise préfère se jeter aux pieds de son mari et tout lui avouer.

E. Scène 5 (p. 164)

Lorenzo termine ses préparatifs en vue du meurtre lorsque Catherine arrive et lui annonce que Marie est très malade, d'autant plus qu'elle lui a montré le message galant que lui a envoyé Alexandre. Lorenzo tente machinalement de corrompre Catherine et, une fois seul, exprime l'effroi et le dégoût qu'il éprouve pour lui-même : il est un débauché, et c'est irrévocable.

F. Scène 6 (p. 167)

Après l'enterrement de sa fille Louise, Philippe refuse de prendre la tête des bannis en révolte, et se retrouve confronté à la grande colère de son fils Pierre.

G. Scène 7 (p. 170)

Lorenzo annonce à plusieurs Florentins qu'Alexandre va être assassiné, mais personne ne veut le croire. Ceux qui le reconnaissent pensent qu'il est ivre mort.

H. Scène 8 (p. 173)

Lorsqu'ils apprennent que Philippe ne sera pas des leurs, les émissaires des bannis refusent de lancer la révolution et n'écoutent pas Pierre qui leur parle trop brutalement.

I. Scène 9 (p. 175)

Dans un long monologue, Lorenzo anticipe la scène du meurtre et repense à son passé.

J. Scène 10 (p. 177)

Le cardinal Cibo et Maurice avertissent Alexandre que Lorenzo a clamé dans toute la ville qu'il allait le tuer. Incrédule, il n'en part pas moins à son rendez-vous galant avec Catherine, en compagnie de Lorenzo.

K. Scène 11 (p. 180)

Lorenzo introduit le duc dans sa chambre et revient ensuite pour l'assassiner. Lorsqu'il reconnaît Alexandre de Médicis, Scoronconcolo presse Lorenzo de fuir au plus vite.

5. Acte V (p. 183 à 208)

A. Scène 1 (p. 183)

Les proches d'Alexandre s'alarment de sa disparition. Le cardinal Cibo prend les choses en main, et Côme de Médicis est désigné comme successeur.

B. Scène 2 (p. 190)

Lorenzo, qui vient d'arriver à Venise, annonce à Philippe qu'il a tué Alexandre mais que cela ne changera rien à la situation politique de Florence. Philippe garde encore espoir, mais un message annonce que la tête de Lorenzo a été mise à prix.

C. Scène 3 (p. 196)

Des Florentins qui voient passer le couple Cibo discutent de la réconciliation entre les époux malgré l'adultère dont la marquise s'est rendue coupable.

D. Scène 4 (p. 197)

Pierre Strozzi quitte les bannis, qu'il méprise, pour s'engager auprès du roi de France par pure ambition.

E. Scène 5 (p. 197)

Le peuple discute de l'assassinat d'Alexandre et de l'arrivée de Côme au pouvoir. Les petits Strozzi et Salviati se bagarrent sous les yeux de leurs précepteurs respectifs.

F. Scène 6 (p. 203)

Une émeute estudiantine est férocement réprimée par les soldats, et un étudiant est tué.

G. Scène 7 (p. 204)

Philippe veut persuader Lorenzo de fuir avant d'être tué. Celui-ci exprime son désespoir, puis sort se promener. Il est assassiné et le peuple jette son corps dans la lagune.

H. Scène 8 (p. 207)

Le cardinal Cibo intronise Côme, qui prête serment et succède à Alexandre à la tête de Florence.

FICHE 14. Structure de *Lorenzaccio* de Musset

1. Une intrigue complexe

Définitions importantes

Exposition : début de la pièce de théâtre qui informe le public (qui ? quoi ? quand ? où ?), la scène d'exposition plante le décor et plonge le public dans l'histoire.

Nœud : problème, obstacle ou élément qui lance les péripéties.

Péripétie(s) : action plus ou moins surprenante qui modifie la situation et peut être à nouveau modifiée.

Dénouement : résolution du conflit qui doit informer le public du sort des principaux personnages.

Le drame romantique ne respecte pas l'unité d'action (voir fiche 6, p. 35).

Lorenzaccio contient trois intrigues qui progressent parallèlement mais indépendamment les unes des autres : l'histoire de Lorenzo lui-même, celle de Philippe Strozzi et de ses proches, et celle de la famille Cibo.

Le tableau synoptique ci-dessous permet de bien visualiser cette évolution.

	EXPOSITION	NŒUD	PÉRIPÉTIE(S)	DÉNOUEMENT
INTRIGUE DE LORENZO	**Acte I** Lorenzo est décrit comme le compagnon de débauche d'Alexandre de Médicis par tous les personnages, y compris sa mère.	**Acte II** Lorenzo réussit à voler la cotte de mailles d'Alexandre pendant qu'un peintre fait le portrait de celui-ci (scène 6).	**Acte III** Lorenzo s'entraîne en vue du meurtre (scène 1) et annonce son intention à Philippe (scène 3). **Acte IV** Lorenzo prépare le meurtre (scènes 2 et 4) et l'annonce aux Florentins (scène 7).	**DOUBLE DÉNOUEMENT** **Acte IV** Meurtre d'Alexandre (scène 11). **Acte V** Meurtre de Lorenzo (scène 8).

INTRIGUE DES STROZZI	**Acte I** Julien Salviati insulte Louise à la sortie du bal chez Nasi (scène 2), puis devant son frère le prieur (scène 5).	**Acte II** Le prieur rapporte les paroles de Salviati à Philippe et surtout à Pierre Strozzi qui est furieux (scène 1).	**Acte II** Pierre et deux de ses frères vengent Louise (scène 5), mais Salviati est seulement blessé (scène 6). **Acte III** En apprenant qu'il n'a pas tué Salviati, Pierre décide de participer à un soulèvement contre Alexandre, suivi de Philippe (scène 2). Ce dernier abandonne finalement l'idée d'une révolte après l'empoisonnement de sa fille (scène 7). **Acte IV** Pierre se fâche contre Philippe (scène 6) et échoue à agir seul (scène 8).	**Acte V** Philippe quitte Florence pour Venise (scène 2) et Pierre se met au service du roi de France François Ier (scène 4).
INTRIGUE DES CIBO	**Acte I** La marquise est courtisée par le duc Alexandre (scène 3).	**Acte I** Le mari de la marquise la laisse seule pour quelques jours (scène 3).	**Acte II** Le cardinal Cibo veut manipuler la marquise afin d'avoir prise sur Alexandre (scène 3). Cette dernière devient la maîtresse du duc dans le but de libérer Florence (scène 4). **Acte III** La marquise tente en vain de convaincre le duc de changer. Ils se font surprendre par le cardinal (scène 6). **Acte IV** La manipulation du cardinal échoue : la marquise avoue son adultère à son mari (scène 4).	**Acte V** Les époux Cibo se réconcilient (scène 3). Le cardinal s'empare du pouvoir en intronisant Côme Ier (scène 1).

Si l'objectif des trois intrigues est identique - la disparition d'Alexandre de Médicis -, elles ne fusionnent pour autant jamais.Néanmoins, elles comportent des **éléments communs** – Lorenzo va souvent chez Philippe Strozzi par exemple –, et ont surtout des **répercussions indirectes** les unes sur les autres. Ainsi, l'impuissance des républicains pousse aussi bien Lorenzo que la marquise Cibo ou encore les Strozzi à agir. Puisque la marquise n'arrive pas à conserver les faveurs d'Alexandre, Lorenzo utilise sa tante Catherine comme appât afin d'attirer Alexandre dans sa chambre. Enfin, la mort de Louise Strozzi, qui provoque le départ de Philippe et l'échec de la révolte des républicains, laisse le champ libre à Lorenzo.

2. Un système de doubles

Marie Soderini, lorsqu'elle raconte le rêve qu'elle a fait (acte II, scène 4), distingue le Lorenzo d'aujourd'hui, ce « spectre hideux qui vous tue en vous appelant encore du nom de mère » (acte I, scène 6, p. 63) de son « Lorenzino d'autrefois » (acte II, scène 4, p. 87), écolier sérieux qui arrive un livre sous le bras. Ce motif du **double** est véritablement structurant dans la pièce.

A. Les doubles positifs de Lorenzo

Ils sont au nombre de trois.

Sa mère, **Marie Soderini**, et sa tante, **Catherine Ginori**, renvoient au passé pur et heureux de Lorenzo. Leurs prénoms sont symboliques : Marie renvoie directement à la vierge Marie, mère de Jésus, et Catherine signifie la « pure » en grec.

Le vieux républicain **Philippe Strozzi** est quant à lui le double humaniste de Lorenzo ; il lui sert de père de substitution à qui il confie ses tourments (acte III, scène 3).

B. Les doubles négatifs de Lorenzo

Lorenzaccio est associé à plusieurs **doubles violents et débauchés**, à commencer par son cousin Alexandre de Médicis, mais aussi Julien Salviati, qui souille l'honneur de Louise Strozzi, le soudard Giomo, ou encore la ville de Florence elle-même que Lorenzo qualifie de « catin » (acte II, scène 2, p. 75).

Le **cardinal Cibo** est un double d'un autre genre, à la personnalité et aux intentions tout aussi complexes que celles de Lorenzo. La marquise Cibo déclare ainsi à son sujet : « Il y a quelque autre mystère plus sombre et plus inexplicable là-dessous » (acte II, scène 3, p. 85).

C. Les doubles ambigus de Lorenzo

Comme Philippe Strozzi, la **marquise Cibo** est une fervente républicaine, au point d'asséner un sermon à Alexandre afin de le pousser à changer sa façon de gouverner. Néanmoins, elle est aussi véritablement séduite par le personnage, et finit, tout comme Lorenzo lui-même, par se compromettre, perdre sa vertu avant d'échouer complètement.

Pierre Strozzi suit le même itinéraire. Lui qui semble vouloir avant tout venger la mort de sa sœur Louise et mettre en place une république, finit par se mettre au service du roi de France, par pure vanité, uniquement parce qu'il veut acquérir de la notoriété (« Je suis né pour autre chose que pour faire un chef de bandits », acte V, scène 4, p. 197).

L'ambivalence du peintre **Tebaldeo Freccia** est moins évidente. C'est au départ un personnage éminemment positif : fervent républicain, épris de liberté, il mène une vie simple et honnête (acte II, scène 2). Néanmoins, s'il explique à Lorenzo qu'il refuse de peindre une catin, il accepte de faire le portrait d'Alexandre. Surtout, il a une conception très discutable de l'art que Lorenzo résume avec cynisme : « Les familles peuvent se désoler, les nations mourir de misère, cela échauffe la cervelle de monsieur. Admirable poète ! comment arranges-tu tout cela avec ta piété ? » (acte II, scène 2, p. 76).

3. La structure de *Lorenzaccio* selon Bernard Masson

Dans « Lorenzo ou l'impossible intériorité », l'un des chapitres de *Musset et son double : lecture de* Lorenzaccio, Bernard Masson propose une vision personnelle très éclairante de la structure de *Lorenzaccio*. Il divise la pièce en trois grandes parties, en fonction de l'évolution du comportement de Lorenzaccio : « l'homme du *rôle* », « l'homme du *drame* » et « l'homme de *l'échec* »[1].

A. « L'homme du rôle »

La première partie, qu'il intitule le « temps du spectacle » englobe les actes I et II.

À l'acte I, Lorenzo fait trois apparitions éminemment symboliques : à la première scène, il est l'entremetteur d'Alexandre, on le retrouve ensuite à la sortie du bal des Nasi déguisé en femme (acte I, scène 2), puis il finit par s'évanouir de terreur face à une épée dégainée (acte I, scène 4). Cet acte a pour fonction de montrer la déchéance lamentable du personnage, la façon

1. Bernard Masson, *Musset et son double : lecture de Lorenzaccio*, Lettres Modernes Minard, 1997, p. 145.

habile dont il s'y prend pour désarmer l'hypothétique méfiance d'Alexandre, tout en suscitant des doutes sur la nature réelle de sa conduite chez le spectateur. C'est le temps du masque.

À l'acte II, trois nouvelles scènes confrontent Lorenzo à un double imaginaire auquel il peut momentanément s'identifier, ce qui lui permet de révéler sa véritable nature, oblitérée par le masque de la débauche. Il est confronté d'abord au jeune artiste idéaliste Tebaldeo Freccia (acte II, scène 2), puis à son double, le « Lorenzino d'autrefois » tel que l'a halluciné ou rêvé sa mère, Marie Soderini (acte II, scène 4, p. 87), et enfin à Pierre Strozzi qui rentre chez son père Philippe après avoir vengé l'offense infligée à sa sœur Louise par Salviati (acte II, scène 5). Lorenzo est immédiatement enthousiasmé par l'action de Pierre, qui a permis de punir l'un des hommes les plus corrompus de Florence. Il lui déclare : « Tu es beau, Pierre, tu es grand comme la vengeance. » (acte II, scène 5, p. 100)

B. « L'homme du drame »

Le « temps de l'action », celui de « L'homme du *drame* » correspond aux actes III et IV.

À l'acte III, Lorenzo multiplie les confessions. Il avoue à Scoronconcolo (acte III, scène 1), puis à Philippe (acte III, scène 3) qu'il va tuer le duc, avant de l'annoncer beaucoup plus tard – et en vain – à la ville entière (acte IV, scène 7).

À l'acte IV, ce ne sont plus des aveux mais des monologues qui préparent l'action : dans le premier, Lorenzo exprime une angoisse existentielle et une grande inquiétude au sujet des forces obscures qui ont pu motiver sa décision de tuer Alexandre (acte IV, scène 3). Le deuxième monologue, qui suit la tentative de corruption de sa tante, pose le problème de la culpabilité et de son possible rachat (acte IV, scène 5). Le dernier est un mimodrame, une sorte de répétition du meurtre. Lorenzo agit à présent à visage découvert.

C. « L'homme de l'échec »

Le dénouement de l'acte V sanctionne l'échec de l'action avec la mort de Lorenzo et l'arrivée de Côme au pouvoir. Bernard Masson conclut ainsi : « Lorenzo est passé d'un bond de l'âge des illusions à celui du désenchantement sans jamais avoir pleinement connu ni la libre disposition de soi-même ni la maîtrise de l'action[2] ».

2. *Ibid.*

FICHE 15. Thèmes dans *Lorenzaccio* de Musset

1. Lorenzo et ses multiples identités

Le personnage principal, pris entre idéalisme et débauche, se caractérise par des **identités multiples** qui le rendent difficile à cerner. Marie Soderini et Philippe Strozzi utilisent ainsi tous deux le même terme pour qualifier Lorenzo, c'est un « abîme » (acte I, scène 6 et acte III, scène 3, p. 61 et 135). Alexandre dit à juste titre qu'il est « glissant comme une anguille » (acte I, scène 4, p. 49) tandis que Lorenzo lui-même ne voit pas plus clair que les autres puisqu'il évoque « l'énigme de [sa] vie » (acte III, scène 3).

A. Les noms de Lorenzo

a) Lorenzaccio

Le titre de la pièce, *Lorenzaccio*, est un surnom péjoratif qui marque le **mépris** de tous pour le débauché et l'entremetteur d'Alexandre de Médicis. Sire Maurice explique ainsi au duc : « Le peuple appelle Lorenzo, Lorenzaccio ; on sait qu'il dirige vos plaisirs, et cela suffit » (acte I, scène 4, p. 48). La marquise Cibo et Giomo font même du personnage l'archétype du débauché en ajoutant devant son nom un article indéfini généralisant. Si la première s'exclame : « C'est bon pour **un** Lorenzaccio » (acte II, scène 3, p. 85), le second dit : « Bah ! **un** Lorenzaccio ! La cotte est sous quelque fauteuil » (acte II, scène 6, p. 106). Lorenzo lui-même finit par intérioriser cette identité : « Et me voilà dans la rue, moi, Lorenzaccio ? » (acte III, scène 3, p. 130).

b) Lorenzino, Renzo

Certains surnoms marquent davantage la **tendresse** et l'affection. Marie, la mère de Lorenzo, évoque ainsi son « Lorenzino d'autrefois » et ajoute « Ce ne sera jamais un guerrier que mon **Renzo**, disais-je en le voyant rentrer de son collège » (acte I, scène 6, p. 62). Elle fait néanmoins allusion au jeune homme prometteur qu'elle a connu et non au débauché que son fils est devenu par la suite.

Son cousin, Alexandre de Médicis, utilise lui aussi des diminutifs affectueux, mais teintés d'une manifeste condescendance : « ce pauvre Renzo ; ce Renzo, un homme à craindre ? » (acte I, scène 4) ou encore lors de la scène du meurtre : « C'est toi, Renzo ? » (acte IV, scène 11, p. 181).

c) Lorenzetta

Le diminutif féminin « Lorenzetta » n'est utilisé qu'une seule fois par Alexandre, lorsque Lorenzo s'évanouit en voyant une épée (acte I, scène 4, p. 52) et qu'Alexandre le blâme de manquer de **virilité**. Ce surnom peut également faire allusion à son rôle d'**homosexuel** passif, autrement dit de « mignon », comme l'appelle souvent Alexandre (acte IV, scènes 2 et 10, p. 154 et 177).

> **Les mises en scène où Lorenzo est joué par une femme**
>
> **1896 :** Sarah Bernhardt, dans la toute première mise en scène de la pièce par Armand d'Artois.
>
> **1927 :** Renée Falconetti, dans une mise en scène d'Armand Bour.
>
> **1945 :** Marguerite Jamois, dans une mise en scène de Gaston Baty qui insiste sur la féminité (longs cils, longue chevelure).

B. Une identité sexuelle ambiguë

Comme Alexandre de Médicis, Lorenzo souligne parfois à plaisir sa **virilité** triomphante (« J'aime le vin, le jeu et les filles » ; « Les lits des filles sont encore chauds de ma sueur », acte III, scène 3, p. 135 et 130). Néanmoins, les surnoms déjà vus de « Lorenzetta » et de « mignon », ou encore de « femmelette » (acte I, scène 4, p. 49) font de Lorenzo un personnage plus **efféminé**, tout comme la description physique, donnée à la scène 5 de l'acte IV (p. 166), d'un « corps faible et chancelant ». Symboliquement, Lorenzo se déguise en religieuse lors du bal chez Nasi (acte I, scène 2).

Le traitement du **meurtre** lui-même est ambigu, puisque Lorenzo parle de ses « noces » et donne donc à la scène une dimension **sexuelle** et **religieuse**. Ainsi, il qualifie la pièce où le meurtre va avoir lieu de « chambre nuptiale » (acte IV, scène 9, p. 175) et s'exclame : « Ô jour de sang, jour de mes noces ! » (acte III, scène 1, p. 109). Surtout, il s'imagine en train de parler à Alexandre dans son monologue (« Eh, mignon, eh, mignon ! [...] faites-vous beau, la mariée est belle. Mais je vous le dis à l'oreille, prenez garde à son petit couteau », acte IV, scène 9, p. 177) et, dans ses paroles, c'est à présent Alexandre qui devient le mignon, l'homosexuel passif. Si l'on considère par ailleurs la dimension phallique du couteau et de l'épée, on note que Lorenzo prend bien soin d'enrouler le baudrier du duc autour de son épée pour le rendre impuissant (*Il entortille le baudrier de manière à empêcher l'épée de sortir du fourreau*, acte IV, scène 11, p. 180).

Les mises en scène accentuant la dimension homosexuelle

1986 : mise en scène de Daniel Mesguich avec Redjep Mitrovitsa

Alexandre et Lorenzo sont clairement identifiés comme homosexuels et le peintre Tebaldeo Freccia devient un androgyne nu qui porte juste un collant transparent et une cape.

1989 : mise en scène de Georges Lavaudant avec Redjep Mitrovitsa

Pour sa mise en scène, Lavaudant parle de « fait divers pasolinien, sur fond de rituels et d'homosexualité »[1] et habille Lorenzo en mariée lors de la scène du meurtre.

2000 : mise en scène de Jean-Pierre Vincent avec Jérôme Kircher

Le comédien qui joue le rôle de Lorenzo se déguise en femme et porte un voile de mariée lors de la scène du meurtre.

C. Les conséquences d'une identité multiple

a) La solitude

Lorenzo vit dans une profonde **solitude**, puisque personne ne peut vraiment le comprendre. Ses interlocuteurs ne voient de lui que la **facette** qui les arrange. Ainsi, Philippe le considère comme un héros à l'acte III, scène 3, alors qu'Alexandre ne voit en lui qu'un débauché. Surtout, le masque de la débauche le rend **haïssable,** et les hommes s'écartent donc de lui : Pierre est furieux de le voir chez son père et déclare qu'il veut jeter par la fenêtre une « pareille lèpre » (acte II, scène 5, p. 100), Marie et Catherine font des efforts pour ne pas le mépriser, en particulier une fois que Catherine a reçu un message galant d'Alexandre, à son instigation (acte III, scène 4). Le peuple finit par le jeter dans la lagune (acte V, scène 7). Enfin, il éveille la **méfiance** de ceux qui perçoivent son ambiguïté, comme le cardinal Cibo, incrédule lorsqu'il s'évanouit devant une épée (acte I, scène 4), ou Giomo qui le soupçonne d'avoir volé la cotte de mailles (acte II, scène 6).

b) La folie

Mais surtout, ce déchirement identitaire génère la **folie** de Lorenzo. Certains personnages ne comprennent pas son comportement : le cardinal dit l'avoir vu se comporter « comme un fou » (acte IV, scène 10, p. 178) et Philippe qualifie le meurtre de « jour de démence » (acte III, scène 3, p. 122). Lorenzo lui-même déclare à Philippe : « Tu ne saurais jamais, à moins d'être fou, de quelle nature est la pensée qui m'a travaillé » (acte III, scène 3, p. 127).

1. Jacqueline Beaulieu, « Lorenzaccio comme un fait divers pasolinien », *Le Soir*, 9 février 1991.

L'aliénation de Lorenzo devient alors manifeste : il perd sa nature humaine et se métamorphose. Il est animalisé (« De quel tigre a rêvé ma mère enceinte de moi ? », acte IV, scène 3, p. 157), réifié en « statue de fer-blanc », « machine à meurtre », « homme de cire » (acte IV, scène 5, p. 166) et finit par devenir une « curiosité monstrueuse » (acte III, scène 3, p. 136).

2. Lorenzo et ses modèles

Lorenzo, pétri de culture antique, fait allusion à plusieurs célèbres personnages historiques ou littéraires auxquels il se compare.

A. Oreste

Il évoque une seule fois le personnage d'**Oreste**, fils d'Agamemnon, dans la scène 3 de l'acte IV : « Le spectre de mon père me conduisait-il, comme Oreste, vers un nouvel Égiste ? » (p. 157). Agamemnon a été assassiné par son épouse Clytemnestre et son amant Egisthe à son retour de la guerre de Troie. Les deux amants ont par la suite mis en place une tyrannie à Mycènes. Le fantôme d'Agamemnon apparaît alors pour réclamer vengeance, et son fils Oreste tue finalement les amants. Par l'allusion à ce personnage, Lorenzo s'identifie donc à un tyrannicide.

B. Le personnage de Brutus

Lorenzo fait plusieurs fois allusion à Brutus, qui correspond en fait à deux personnages distincts.

a) Lucius Junius Brutus

Lucius Junius **Brutus** est un héros romain légendaire qui vécut au VIe siècle av. J.-C.. Il soupçonnait le roi de Rome, Tarquin le Superbe, de faire assassiner des aristocrates, et, pour éviter d'être tué à son tour, il fit semblant d'être fou, comme l'indique son nom « *brutus* » qui signifie « fou » ou « idiot » en latin. Sextus Tarquin, fils de Tarquin le Superbe, viola Lucrèce, la vertueuse épouse de son cousin Collatin. Lucrèce fit alors appeler son père, son mari ainsi que Brutus, leur avoua le viol, leur fit promettre de venger son honneur, et se poignarda sous leurs yeux. Brutus cessa alors de jouer au fou, prit la tête des révoltés, chassa le roi Tarquin, qui fut exilé, et proclama la république romaine.

Dans *Lorenzaccio*, Lorenzo inverse au départ les rôles de façon ironique, faisant de Brutus un véritable fou et de Tarquin une figure paternelle protectrice (« Brutus était un fou, un monomane, et rien de plus. Tarquin était un duc plein de sagesse, qui allait voir en pantoufles si les petites filles dormaient bien », acte II, scène 4, p. 86). Par la suite, il s'identifie à Brutus, puisqu'il joue comme lui un **double jeu** et cherche à tuer un homme politique monstrueux afin de rétablir la république et la morale (« Quand j'ai commencé à jouer mon rôle de Brutus moderne », acte III, scène 3, p. 131). De son côté, Philippe associe lui aussi les deux hommes (« Ô notre nouveau Brutus », « mon Brutus », acte V, scène 2, p. 191 et 195). Lorenzo nuance néanmoins ce rapprochement en pressentant que son assassinat sera un échec. À Philippe qui lui dit « Tu es notre Brutus, si tu dis vrai », il répond : « Je me suis cru un Brutus » (acte III, scène 3, p. 129).

À la scène 3 de l'acte III, Lorenzo parle d'un « bâton d'or couvert d'écorce » (p. 129). C'est ici une allusion au bâton de cornouiller évidé et rempli d'or que Brutus aurait offert en offrande à Apollon. Il s'agit également d'une métaphore de l'attitude ambiguë de Brutus et de Lorenzo : fou ou corrompu en apparence, vertueux en réalité.

b) Marcus Junius Brutus Caepio

Marcus Junius **Brutus** Caepio (vers 85 av. J.-C.-23 octobre 42 av. J.-C.) est un sénateur romain de la fin de la République romaine. Jules César le considérait comme son propre fils et lui pardonna d'avoir pris parti en faveur de son adversaire Pompée. C'est pourtant Brutus qui porta le dernier coup à Jules César lorsqu'il fut assassiné le 15 mars 44 av. J.-C.. En le reconnaissant, Jules César aurait alors prononcé la fameuse phrase : « Toi aussi, mon fils ».

Lorenzo ne fait allusion qu'une seule fois à ce personnage lorsqu'il dit : « tous les Césars du monde me faisaient penser à Brutus » (acte III, scène 3, p. 127). De fait, comme lui, Lorenzo cherche à éliminer un homme politique dont il est très proche.

C. Don Juan

Don Juan est un libertin qui conquiert les femmes puis les abandonne. Il finit par subir un châtiment divin : la **statue du Commandeur**, un homme qu'il a tué en duel, l'invite à souper. Don Juan accepte par provocation, mais lorsqu'il serre la main de la statue, il est foudroyé. La terre s'ouvre et l'avale dans les flammes.

Alexandre et Lorenzo forment à eux deux le personnage de Don Juan : si Alexandre séduit les femmes, Lorenzo, lui, possède une éloquence brillante, le rapprochant également du personnage de **Sganarelle**, serviteur de Don Juan, ou plutôt entremetteur dans le cas de Lorenzo.

Néanmoins, Lorenzo se compare surtout à la statue du Commandeur, qui finit par tuer Don Juan, comme lui finira par assassiner Alexandre. En effet, il se décrit comme une « statue qui marche » et ajoute : « Une statue qui descendrait de son piédestal pour marcher parmi les hommes sur la place publique, serait peut-être semblable à ce que j'ai été, le jour où j'ai commencé à vivre avec cette idée (= le meurtre d'Alexandre) » (acte III, scène 3, p. 127). Néanmoins, la mort de Don Juan, qui n'a aucune dimension politique, rétablit la morale, alors que Lorenzo essuie un échec.

3. Lorenzo et le meurtre

A. Le serment du Colisée (acte III, scène 3)

Le **serment du Colisée** scinde la vie de Lorenzo en deux. Alors qu'il coulait une **vie heureuse** et calme (« J'étais un étudiant paisible, [...] j'avais le cœur et les mains tranquilles » acte III, scène 3, p. 126-7), il prend soudainement la décision de **passer à l'action** et de tuer un tyran.

Le lieu du serment est très symbolique, puisque cet immense amphithéâtre romain fut le lieu de spectacles violents, qu'il s'agisse de combats de gladiateurs, d'animaux ou de la mise à mort de martyrs chrétiens.

Lorenzo devient alors le **martyr** d'une cause politique, puisqu'il tente de tuer le pape Clément VII avant de s'en prendre à Alexandre de Médicis. Son fanatisme à cette époque n'a rien à envier à celui des martyrs : il se considère comme « une étincelle du tonnerre » (acte III, scène 3, p. 126) en prêtant cet étrange serment.

B. Les causes du tyrannicide

Les raisons qui poussent Lorenzo à commettre un tyrannicide sont en réalité multiples, même s'il veut évidemment délivrer Florence de la tyrannie d'Alexandre.

a) Les raisons positives

L'étudiant qui prête serment est avant tout un jeune homme idéaliste **pétri de littérature antique** : il se trouve au Colisée et évoque les noms de Brutus ou Egisthe. Son action possède aussi, au moins au départ, une dimension **altruiste**. Lorenzo dit clairement à Philippe : « Je travaillais pour l'humanité » et utilise l'expression « rêves philanthropiques » (acte III, scène 3, p. 127).

Néanmoins, cette intention disparaît une fois que Lorenzo a pris conscience que l'humanité n'agira pas une fois son crime commis (« J'ai vu les hommes tels qu'ils sont, et je me suis dit : Pour qui est-ce donc que je travaille ? », acte III, scène 3, p. 131, p. 131).

Reste alors un motif purement **individuel** : retrouver l'**identité** d'autrefois, redevenir le Lorenzino pur et heureux qui n'avait pas encore prononcé le serment du Colisée. Ainsi s'explique la question rhétorique : « Songes-tu que ce meurtre, c'est tout ce qui me reste de ma vertu ? » et cette définition du meurtre, plus claire encore : « le seul fil qui rattache aujourd'hui mon cœur à quelques fibres de mon cœur d'autrefois » (acte III, scène 3, p. 135). Le meurtre aurait alors un rôle **rédempteur**.

b) Les raisons négatives

Trois raisons, bien plus inavouables, pourraient expliquer son action.

Lorenzo invalide lui-même le motif de la **vengeance** personnelle en disant à propos d'Alexandre : « Il a fait du mal aux autres, mais il m'a fait du bien, du moins à sa manière » (acte IV, scène 3, p. 157). Il pourrait néanmoins s'agir d'un moyen de mettre définitivement fin à l'**attraction** que le duc exerce sur lui. Même si Lorenzo ne le dit pas clairement, le tyrannicide pourrait aussi l'arracher au **complexe d'infériorité** qui le ronge. En effet, non seulement Lorenzo est méprisé de tous et souvent insulté (« Double poltron ! fils de catin » s'exclame Maurice dans la scène 4 de l'acte I, p. 53), mais il éprouve également un profond dégoût pour lui-même : « Je suis devenu vicieux, lâche », explique-t-il à l'acte III, scène 3 (p. 128). Le sommet de l'horreur est atteint lorsqu'il se rend compte qu'il tente de corrompre sa propre tante (acte IV, scène 5). Le tyrannicide serait donc une façon de retrouver l'**estime de soi**.

Enfin et surtout, Lorenzo ne cache pas son **orgueil** lorsqu'il dit à Philippe : « Qu'ils m'appellent comme ils voudront, Brutus ou Érostrate, il ne me plaît pas qu'ils m'oublient » (acte III, scène 3, p. 136). Il veut rester dans les mémoires, comme l'assassin de Jules César, et comme **Érostrate**, qui mit le feu au temple d'Artémis à Éphèse pour passer à la postérité.

C. L'échec du meurtre

Le tyrannicide est un **échec** sur le plan **politique**. Lorenzo pose à présent un regard lucide sur l'humanité : les Florentins haut placés ne pensent qu'à leurs intérêts personnels, et le peuple, au lieu de le traiter en héros, le jette dans la lagune. Cependant, Lorenzo ne peut s'ériger en juge de l'humanité comme il le déclarait fièrement au départ (« les hommes comparaîtront devant le tribunal de ma volonté », acte III, scène 3, p. 136). En effet, il se révèle aussi **corrompu** que le reste des hommes et oppose passé (« J'ai été honnête ») et présent (« j'aime encore le vin, le jeu et les filles » dans la scène 7 de l'acte V, p. 205.

Le crime n'est donc rédempteur ni pour l'humanité ni pour Lorenzo et peut même être interprété comme une forme de **suicide**, car Lorenzo semble littéralement mort une fois son acte commis : « je suis plus creux et plus vide qu'une statue de fer-blanc » (acte V, scène 7, p. 204).

FICHE 16. Résumé de « Vérité et politique » et « Du mensonge en politique » d'H. Arendt

1. Résumé de « Vérité et politique », chapitre VII de *La Crise de la culture*

A. Section I (p. 289 à 295)

Dans cette section, Arendt annonce sa thèse – **politique et vérité sont incompatibles** –, ce qui la conduit à s'interroger sur leur nature. Pour cela, elle réfléchit au vieil adage : « Que justice soit faite, le monde dût-il en périr », autrement dit : est-il toujours légitime de faire ce qui est juste ?

Si Kant estime que la **justice** doit primer, Spinoza pense quant à lui que la **survie** est plus importante. Arendt propose de remplacer la notion de justice par celle de **vérité** dans l'adage cité plus haut.

Selon Hobbes, la conservation de la société doit primer sur la vérité, quitte à mentir. Il faut néanmoins nuancer : la vérité ne peut être mise sur le même plan que les autres valeurs ; il est possible de survivre dans un monde injuste, mais pas dans une société privée de vérité. En effet, pour perdurer et donc survivre, le monde a besoin d'hommes qui cherchent à en exprimer la **permanence**, la réalité.

Ces « diseurs de vérité » encourent des **risques**, souvent **ridiculisés**, quand ils ne sont pas **tués** pour s'être mêlés des affaires politiques. En effet, les habitants de la caverne de Platon haïssent le philosophe qui leur révèle qu'ils ne contemplent que des ombres, et Hobbes ajoute que seules les vérités qui n'entravent pas les intérêts individuels sont acceptées.

Il existe deux types de vérités :

– la vérité de raison qui comporte trois sous-catégories :

- la **vérité mathématique** (axiome) ;
- la **vérité scientifique** (découverte) ;
- la **vérité philosophique** (théorie) ;

- la vérité de fait qui recouvre les actions et les événements générés par les hommes. Contrairement à la vérité de raison, on peut la faire irrémédiablement disparaître, comme Arendt le montre avec l'exemple de **Trostki**, effacé des livres d'Histoire soviétiques. C'est précisément le pouvoir politique, lié par nature aux faits et aux actions humaines, qui « falsifie et efface les faits » (section I, p. 294).

B. Section II (p. 295 à 305)

Arendt prolonge, dans cette deuxième section, son explication terminologique :

- la vérité rationnelle s'oppose à l'**erreur** ou à l'ignorance dans le domaine scientifique et à l'**illusion** et à l'**opinion** en philosophie ;
- la vérité de fait s'oppose au **mensonge** et à la **fausseté délibérée**.

De Platon à Hobbes, aucun penseur ne s'est vraiment intéressé au mensonge, qui n'est condamné qu'à partir de la Renaissance, époque de la formation des sciences et du puritanisme.

Un premier **conflit** a opposé la **politique** et la **vérité de raison**, et deux modes de vie :

- le **mode de vie du philosophe**, qui cherche la vérité et des principes susceptibles de stabiliser la vie humaine. Il est lié au **dialogue** ;
- le **mode de vie du citoyen,** qui a des **opinions** changeantes sur des faits eux-mêmes changeants. Il est lié a la **rhétorique** du démagogue.

L'opinion, qui fait figure d'**illusion** par rapport à la vérité, est la matière du politique, ne serait-ce que parce que l'homme de pouvoir a besoin d'avoir de son côté l'opinion de la majorité.

L'échelle de valeurs s'est progressivement **inversée** : à l'époque moderne, Lessing estime que l'opinion dans sa diversité est beaucoup plus **riche** qu'une vérité unique, et Kant constate les **limites** de la raison humaine. Cette évolution a joué d'abord en faveur de la **liberté de pensée** qu'il faut accorder, selon Spinoza, sous peine de pousser les citoyens à la duplicité, puis en faveur de la **liberté d'expression** qui permet le débat et donc la liberté de pensée, selon Kant.

À l'époque moderne, l'antagonisme entre vérité de raison et opinion a **disparu** avec la séparation de l'Église et de l'État, et la distinction nette entre politique et philosophie.

Le **politique** est désormais en **conflit** avec la **vérité de fait** qui, bien souvent, dérange. Arendt ne parle pas ici de secret d'État mais de vérités connues de tous qui sont de véritables **tabous.** Elles sont **condamnées** dans les régimes tyranniques et considérées comme de simples **opinions** dans les régimes démocratiques.

Les modes de vie du philosophe et du citoyen sont incompatibles, ce qui peut expliquer que la **vérité philosophique** soit **rejetée par le politique** ou transformée en opinion. En revanche, la politique, la vérité de fait et l'opinion relèvent du même domaine.

Vérité de fait : elle concerne une multiplicité d'individus, est transmise par des témoins et nécessite que l'on en parle pour exister. Elle est donc politique.

Fait : il est la matière de l'opinion, de la pensée politique.

Opinion : discours sur les faits qui peut varier en fonction des passions et intérêts, et reste légitime tant qu'il respecte la vérité des faits, ce qui nécessite une bonne information.

Cependant, les faits parfaitement objectifs existent-ils vraiment ? De fait, la **sélection** et la **narration** des faits sont forcément **subjectives**, même sans parler de manipulation abusive. Arendt émet alors l'hypothèse extrême d'une tyrannie mondiale qui pourrait réécrire l'Histoire. Dans tous les cas, le politique semble incompatible avec la vérité, rationnelle ou de fait.

C. Section III (p. 305 à 317)

La vérité est **indiscutable** et comporte donc une dimension **tyrannique**. Par conséquent, les régimes tyranniques la haïssent parce qu'elle est une puissance rivale, et les démocraties parce qu'elle interdit tout débat.

La pensée politique est, en effet, « **représentative** » : pour se faire une opinion claire, le citoyen doit être capable d'envisager impartialement le plus grand nombre de points de vue possibles.

La vérité de fait repose sur des événements **contingents**, leur prétendue **nécessité** étant seulement **rétrospective**. Pour la revaloriser, les philosophes se sont ingéniés à lui trouver une nécessité (historique, humaine, etc.), mais en réalité, la vérité de fait et l'opinion possèdent des caractéristiques communes :

- elles sont peu **évidentes** car leur origine est contingente ;
- les faits sont établis grâce à des **témoins** et des **documents** sans instance surplombante qui en garantirait la **véracité** ;
- la **majorité** l'emporte, alors même qu'elle peut pousser à mentir.

Celui qui défend une vérité de fait est dans une situation pire que s'il défendait une vérité philosophique. Prenons la proposition socratique : « Il vaut mieux subir le mal que faire le mal ». Cette vérité philosophique, que Socrate a du mal à prouver par des arguments, vaut pour **l'individu**, mais non pour la sphère politique **collective** où elle devient une **opinion** parmi d'autres. Finalement, Socrate a décidé de devenir l'exemple de son propre précepte en refusant d'échapper à sa condamnation à mort. **L'exemplarité** (historique, mythologique, littéraire, etc.) est la seule façon de prouver une vérité de raison, et permet aux individus de l'intégrer et de la mettre en application. C'est le moment où le philosophe commence à **agir**. Malheureusement, cette méthode ne fonctionne pas pour la vérité de fait : le diseur de vérité qui met sa vie en jeu prouve son courage, mais pas la vérité des faits, et peut au contraire être accusé d'agir par intérêt.

D. Section IV (p. 317 à 330)

La vérité de fait s'oppose à :

- l'**erreur**, dans le cas d'une mauvaise interprétation involontaire ;
- la **fausseté**, le **mensonge** (récit mensonger ou dégradation de la vérité de fait en opinion).

Le menteur est un **homme d'action** qui change l'histoire et donc le monde. Il est en phase avec le politique, contrairement au diseur de vérité de raison/de fait qui se **discrédite** s'il cherche à faire de la politique.

Le mensonge est la preuve de notre **liberté** : nous ne sommes pas englués dans le monde, mais capables de tenir un discours en **décalage** avec le réel. Le mensonge est donc une **action**, contrairement à la narration pure des faits qui peut même conduire à l'**acceptation** passive d'une situation. Ainsi, le diseur de vérité ne devient un homme d'action qu'en cas de mensonge généralisé.

Malheureusement, il se retrouve rapidement en difficulté face au menteur, qui **adapte** les faits en fonction des attentes du public et propose un récit plus **vraisemblable** que les faits réels, souvent surprenants.

Arendt distingue deux types de mensonges :

- le **mensonge politique traditionnel** : il concerne un secret d'État ou des intentions incertaines. Politiciens et diplomates mentent pour tromper l'ennemi en trafiquant un élément précis au sein d'un récit historique globalement intact ;
- le **mensonge politique moderne** : il est en lien avec des événements connus du grand public ; on réécrit un récit ou on propose des images falsifiées qui se substituent aux faits et les détruisent. Tout le monde est trompé, y compris le menteur lui-même, par une narration historique intégralement faussée. Ce mensonge est mis en place même dans les grandes démocraties par des groupes d'influence qui s'inspirent

des méthodes du marketing. Le danger vient alors moins d'un ennemi extérieur que du diseur de vérité, qui se trouve au cœur de la société trompée et tente de lui en faire prendre conscience.

Néanmoins les **images** ont une durée de vie **limitée** pour plusieurs raisons :

- la réalité refait toujours surface ;
- la propagande de deux sociétés ennemies peut faire apparaître des contradictions ;
- l'histoire est changeante et sa falsification l'est donc tout autant. Le changement incessant est signe de mensonge et la population finit par ne plus croire à rien : les catégories de vérité et de mensonge n'existent plus.

Comme les faits sont changeants, les possibilités de mensonges sont **illimitées**. La conséquence du mensonge organisé est donc l'**effondrement** de tout sens **stable**.

La capacité d'action du menteur reste néanmoins **limitée**. En effet, on ne peut agir que sur le **futur**, donc en cherchant à modifier le passé, le menteur ne crée pas du réel mais un **trompe-l'œil** et sape la base solide dont le politique a besoin pour construire l'avenir.

Paradoxalement, les faits sont **fragiles** mais durent plus longtemps que les régimes politiques.

E. Section V (p. 330 à 336)

Le pouvoir peut **détruire** la vérité mais est incapable de lui trouver un **substitut**. À l'inverse, le diseur de vérité travaille **seul** et se compromet s'il entre dans la sphère du politique. Néanmoins, il existe des **institutions** qui cherchent la vérité au sein même du politique : l'institution judiciaire, l'université et la presse.

La réalité ne correspond pas aux faits eux-mêmes, mais à leur **narration** qui agence les faits de manière logique. Celui qui dit les faits raconte donc une **histoire**, qu'il s'agisse d'un récit historique ou d'un roman, afin d'enseigner « l'**acceptation** des choses telles qu'elles sont » (section V, p. 334) et de forger la faculté de **jugement**. Mais cela nécessite une vision **impartiale** des faits, extérieure à la sphère politique.

La sphère politique, montrée ici uniquement sous l'angle des intérêts et du mensonge, est aussi la sphère du **débat** et du partage, à partir du moment où l'on garde à l'esprit qu'elle est **limitée** par la sphère de la **vérité** sur laquelle l'homme n'a pas de prise.

2. Résumé de l'essai « Du mensonge en politique », chapitre I de *Du mensonge à la violence. Essais de politique contemporaine*

A. Section I (p. 11 à 25)

Les documents du Pentagone au sujet de la guerre du Vietnam posent le problème de la **tromperie** et du discrédit que connaît la politique américaine depuis 1962.

Le mensonge et l'action montrent que l'homme n'est pas **englué** dans le monde, mais qu'il peut prendre de la distance grâce à l'**imagination** et agir ou tenir un discours en décalage avec les faits. C'est la preuve de la **liberté d'action** inhérente au politique.

Le mensonge en politique n'est donc pas accidentel : on est tenté de créer, de modifier ou d'omettre des faits parce qu'ils sont **contingents** et auraient pu être différents, mais aussi parce que les **souvenirs** et les **témoignages** qui permettent de les conserver sont **sujets à caution**. De plus, le menteur **adapte** sa version des faits aux attentes de son public alors que la réalité paraît souvent invraisemblable. Néanmoins, même dans les régimes totalitaires qui détruisent l'Histoire, le mensonge ne pourra jamais intégralement remplacer la réalité. Il rend néanmoins la **distinction entre mensonge et vérité** impossible, et sape par-là même le socle **stable** dont toute société a besoin pour se développer.

L'époque moderne voit apparaître deux nouvelles catégories de mensonges :

- les mensonges des « **spécialiste(s) de relations publiques** » (section I, p. 18), qui sont dans l'imaginaire pur et non dans l'action ; ils s'inspirent du **marketing** et vendent des opinions. Paradoxalement, le président est le seul à pouvoir subir une intoxication totale, car une pléthore de conseillers filtre la réalité pour lui ;
- les mensonges des « **spécialistes de la solution des problèmes** » (section I, p. 20), hauts fonctionnaires diplômés qui ont créé une théorie **scientifique** afin d'expliquer l'enchaînement des faits. Or, l'histoire repose sur des actions humaines **libres** et contingentes. Ils ont donc gommé la richesse du réel pour qu'il corresponde à leurs hypothèses théoriques. Comme les menteurs, ils imaginent un **scénario** plausible et essaient – en vain – de se débarrasser des faits.

B. Section II (p. 25 à 38)

Les documents du Pentagone montrent que les déclarations politiques mensongères sont systématiquement en **contradiction** avec les rapports des services de renseignements. Il ne s'agissait donc pas de tromper l'ennemi, mais de **manipuler** l'opinion et le Congrès : le véritable but était de donner une **bonne image** des États-Unis, puis, une fois la défaite devenue inévitable, de sauver les apparences.

La première puissance mondiale a fait de la guerre une **campagne de communication**, avec le soutien de nombreux intellectuels déconnectés du réel, qui imaginaient des scenarii sans être conscients des conséquences réelles qu'ils pouvaient avoir. De fait, les services de renseignement semblent avoir opéré dans une relative indépendance, mais n'ont pas été écoutés et n'ont donc eu aucune influence sur les événements.

C. Section III (p. 38 à 49)

Arendt donne dans cette section plusieurs **exemples** de **décalage** entre la description des **faits** par les services de renseignements et les **décisions** prises qui expliquent le désastre. Par exemple, la fameuse théorie des dominos ou la possibilité d'un soutien apporté aux rebelles du Sud-Vietnam par le Nord-Vietnam et par une prétendue coalition sino-soviétique ne correspondent pas à la réalité des faits, mais n'en ont pas moins orienté les décisions qui ont été prises, et la propagande. Les opposants au conflit, qui ont déclaré que cette guerre était due à l'impérialisme américain se trompaient tout autant.

Fait étonnant, l'administration semble ne pas avoir été tenue au courant de la préparation et de la publication des *Pentagon Papers*. La **déclassification** de documents secrets montre donc non seulement que le **public** a été **privé** de documents importants pour se faire une **opinion**, mais aussi que **l'administration** n'a pas cherché à **s'appuyer** sur ce matériau pour prendre des décisions. De fait, l'entreprise de propagande devait forcément échouer à partir du moment où ses instigateurs n'avaient pas une perception claire de la vérité qu'ils voulaient cacher, et c'est précisément cette ignorance des faits historiques, et non un prétendu enlisement militaire, qui a finalement conduit à la défaite.

D. Section IV (p. 49 à 63)

Comment expliquer cette guerre catastrophique ?

Arendt propose trois raisons.

a) Première raison

Le mensonge peut provoquer l'**autosuggestion**. Les rapports des renseignements avaient moins d'influence que les déclarations publiques optimistes qui ont fini par emporter l'adhésion des décisionnaires eux-mêmes, isolés dans leur tour d'ivoire. Paradoxalement, le **public** était **mieux informé** qu'eux, ce qui explique que la révélation des documents du Pentagone n'ait pas créé de véritable surprise dans l'opinion publique. Cela montre aussi que les instigateurs des différentes campagnes de communication n'ont même pas pris en compte le fait que personne ne croyait à leur manipulation. L'autosuggestion implique néanmoins une **distinction** préalable entre l'imaginaire et le réel, qui finira toujours par rattraper l'individu.

b) Deuxième raison

Les « spécialistes de la solution des problèmes » (section I, p. 20) ont transformé les faits réels en **vérité mathématique** rationnelle, tels des ordinateurs qui calculent ou des parieurs. Coupé du réel, le pays a gaspillé des ressources énormes sans se rendre compte qu'il n'était pas **omnipotent**, obnubilé qu'il était par son opinion publique.

c) Troisième raison

Avant l'arrivée des « spécialistes de la solution des problèmes » (section I, p. 20, les hommes politiques de la guerre froide fonctionnaient par **parallélisme** entre les événements présents et le passé, dont ils estimaient avoir tiré des leçons, sans voir que ce genre de comparaison ne fonctionnait pas. Ils furent donc tous prêts à écouter les théories des « spécialistes de la solution ». L'inaptitude à tirer des leçons du réel ou sa transformation en vérité mathématique provoque la même conséquence : **l'oubli** du réel.

Finalement, la guerre a abouti à une catastrophe parce qu'elle ne poursuivait aucun objectif concret, mais reposait sur des motifs purement **idéologiques**.

E. Section V (p. 63 à 68)

Les documents du Pentagone montrent qu'il y a eu tromperie, mais constituent aussi une entreprise pour rétablir la **vérité**, même si le public était déjà plus ou moins au courant d'une réalité que le pouvoir refusait de prendre en compte. La **liberté de la presse**, véritable quatrième pouvoir ayant permis la publication des documents, est donc fondamentale. Enfin, cette guerre a contribué à mobiliser l'opinion contre une politique trop aventureuse, et à consolider la **démocratie**.

FICHE 17. Structure de « Vérité et politique » et « Du mensonge en politique » d'H. Arendt

1. Structure d'ensemble

A. Structure de *La Crise de la culture* (1968)

La Crise de la culture, de son titre original *Between Past and Future,* a été publié en deux versions différentes. La première, parue en 1961, comportait six essais, tandis que la seconde, qui a servi de base à l'édition française, a été publiée en 1968 et comportait **huit** essais précédés d'une préface écrite par Hannah Arendt elle-même.

a) Préface

Comme tous les révolutionnaires, les résistants de la Seconde Guerre mondiale ont touché du doigt un trésor, qui leur a rapidement échappé une fois revenus à la vie quotidienne : la « liberté publique ».

Alors que les existentialistes s'étaient arrachés à la pensée philosophique en faillite pour se jeter dans l'action, les résistants, eux, s'écartent de l'action pour tenter de la penser. C'est une période de transition entre passé et avenir, « une **brèche** dans le temps ».

Cette brèche, longtemps colmatée par la tradition qui a fini par s'effondrer, réapparaît donc et devient un problème politique. Les huit essais qui constituent *La Crise de la culture* ne tentent pas de renouer avec la tradition, ou de la remplacer, mais sont de simples **exercices** d'entraînement de la pensée, dont le but est de « savoir comment se mouvoir dans cette brèche – la seule région peut-être où la vérité pourra apparaître un jour ».

b) Chapitres I et II. La remise en question de la tradition

- **Chapitre I. La tradition et l'âge moderne**

Ce chapitre porte sur le rapport que Kierkegaard, Nietzsche et Marx entretiennent avec la tradition philosophique, qui commence avec Platon et Aristote et s'achève avec eux. Ils lui reprochent, en effet, sa prétendue abstraction qu'ils cherchent à remplacer par la souffrance (Kierkegaard), la vie et la volonté de puissance (Nietzsche) ou le travail (Marx). Ainsi, la suprématie de la raison est remise en question, et la contemplation de la vérité laisse place à l'action.

- **Chapitre II. Le concept d'histoire.** ***Antique et moderne***

À l'époque moderne, l'effondrement de la croyance en l'immortalité religieuse laisse l'homme dans l'angoisse et le conduit à chercher une alternative dans le domaine séculier : l'Histoire. Mieux vaudrait en réalité assumer la contingence de l'action politique, sa fragilité et ses conséquences imprévisibles.

c) Chapitres III et IV. La redéfinition des concepts

L'effondrement de la tradition conduit à redéfinir certains grands concepts.

- **Chapitre III. Qu'est-ce que l'autorité ?**

Arendt distingue la notion d'autorité d'autres concepts avec lesquels on la confond souvent, comme la violence ou le pouvoir. Elle reprend pour cela le modèle antique romain et estime que l'autorité repose sur la fondation, la tradition, et qu'elle est donc en crise au moment où elle écrit.

- **Chapitre IV. Qu'est-ce que la liberté ?**

La liberté n'est pas associée à la pensée, à la volonté ou au libre arbitre, mais à l'action qui change radicalement le monde, et donc au champ politique.

d) Chapitres V à VIII. L'application du mode de pensée défini dans les chapitres précédents aux problèmes contemporains

- **Chapitre V. La crise de l'éducation**

La crise de l'éducation aux États-Unis vient précisément de la disparition de l'autorité, et des méthodes pédagogiques modernes qui sont inadaptées.

- **Chapitre VI. La crise de la culture**

La massification de la culture a encore accentué la transformation de la culture en objet de consommation ou de prestige social. Il faut revenir à une conception politique de la culture comme lien avec les autres.

- **Chapitre VII. Vérité et politique**

Le chapitre au programme fait partie des « chapitres **expérimentaux** ».

- **Chapitre VIII. La conquête de l'espace et la dimension de l'homme**

Même si elle est grandiose, la conquête de l'espace pourrait conduire à une diminution de l'homme, et même à sa destruction.

B. Structure de *Du mensonge à la violence. Essais de politique contemporaine* (1972)

Du mensonge à la violence, ou *Crises of the Republic* (titre original), est un ouvrage dédié à **Mary McCarthy** (1912-1989), romancière et journaliste américaine qui a entretenu une longue correspondance – de 1949 à 1975 – avec son amie Hannah Arendt et qui a écrit, elle aussi, un ouvrage critique contre la guerre du Vietnam (*Vietnam*, 1968).

Outre le premier, « Du mensonge en politique » – qui fait allusion aux opposants à la guerre du Vietnam et aux déserteurs, et que l'on étudiera plus loin –, on trouve trois autres textes, qui proposent chacun une réflexion politique à partir de l'actualité américaine et mondiale des années 1970. Après avoir évoqué le mensonge qui inflige une forme de **violence** au réel, Arendt décrit, dans *Du mensonge à la violence*, la violence que peut générer, en retour, un système hypocrite et mensonger.

a) « La Désobéissance civile »

Le concept de désobéissance civile apparaît pour la première fois dans *La Désobéissance civile* d'Henri David Thoreau, publié en 1849. Arendt définit ce concept comme le fait de « minorités organisées, unies par des décisions communes, plutôt que par une communauté d'intérêts, et par la volonté de s'opposer à la politique gouvernementale, même lorsqu'elles peuvent estimer que cette politique a le soutien d'une majorité » (p. 78). À l'époque d'Arendt, cette désobéissance civile se fait de plus en plus fréquente, comme le montrent notamment l'opposition à la guerre au Vietnam ou la lutte pour les droits civiques. Il convient de la distinguer de l'objection de conscience, qui est le résultat d'une réflexion morale individuelle et donc apolitique, et de la délinquance de droit commun, action violente menée dans un intérêt uniquement personnel. Selon Arendt, la désobéissance civile mériterait d'obtenir une place dans le système politique au lieu de se retrouver devant les tribunaux.

b) « Sur la violence »

Ce long essai propose un historique de la philosophie de la violence. Longtemps considérée comme un élément secondaire dans l'Histoire, la violence est à présent passée au premier plan, en particulier à cause des avancées technologiques qui pourraient détruire l'humanité.

La violence est intimement liée à la politique, puisqu'elle constitue l'un des instruments du pouvoir et lui permet de se maintenir en place tant que la population obéit. Dans le cas contraire, la supériorité absolue de l'État disparaît et une révolution devient possible.

Arendt analyse longuement les causes de cette violence. Loin d'être naturelle ou biologique, elle est encouragée par l'impuissance de l'État et la bureaucratie, qui entravent toute possibilité d'action. Mais, selon Arendt, cette violence peut aussi avoir une autre fonction bien spécifique : « Arracher le masque d'hypocrisie dont l'adversaire couvre son visage, révéler les tortueuses machinations et les manipulations qui lui permettent de dominer sans utiliser les moyens de la violence » (p. 220).

c) **« Politique et révolution »**

Ce dernier texte est la retranscription d'un entretien d'Arendt avec le journaliste Adelbert Reif qui a eu lieu en 1970. Il lui permet de développer certains points de son essai « Sur la violence », à la lumière de l'actualité : révoltes étudiantes et évolution de l'Union soviétique.

2. Structure des textes au programme

A. Les titres

Les titres des deux essais indiquent très clairement que le lecteur va se plonger dans de la **philosophie politique**, qui concerne donc le collectif, la *polis*, la cité, et, plus largement, la société.

« Vérité et politique » est un **titre-programme** qui synthétise la thèse qu'Arendt développe dans son essai : le rapport entre vérité et politique, et plus précisément leur incompatibilité.

Le titre « Du mensonge en politique » reprend exactement la même thèse en l'inversant : mensonge et politique sont intimement liés, mais le sous-titre qui l'accompagne, « Réflexions sur les documents du Pentagone », indique dès le départ qu'Arendt va appliquer cette thèse à un fait d'actualité précis.

L'essai s'ouvre d'ailleurs sur une citation de **Robert S. McNamara** qui dénonce la guerre du Vietnam, puisqu'il déclare que « la première des superpuissances mondiales [tue] ou bless[e] chaque semaine des milliers de non-combattants » pour écraser « une petite nation arriérée » (section I, p. 11). Arendt centre donc son essai sur cet événement historique et le place sous les auspices d'un haut responsable encore capable de lucidité, tout comme l'auteur elle-même.

Le second essai est donc davantage ancré historiquement que le premier, même s'il faut garder à l'esprit qu'Arendt en personne signale dans la première note de bas de page de « Vérité et politique » que « l'occasion de cet essai a été la prétendue polémique après la publication d'*Eichmann à*

Jérusalem ». (section I, p. 11) Certes, cet événement n'est absolument jamais mentionné dans le chapitre, mais il lui donne implicitement un soubassement historique.

B. La structure des deux essais

a) Structure globale

La structure d'ensemble des deux essais est quasiment identique. Ils sont chacun composés de **cinq** sections, et s'ouvrent tous deux sur la **thèse** de l'auteur. Si le premier en propose une version plus conceptuelle – politique et vérité sont incompatibles –, le second en présente une version plus concrète – les *Pentagon Papers* prouvent qu'il y a eu « tromperie ».

Après avoir démontré sa thèse tout au long de ces essais, Arendt termine sur une **réhabilitation** de son sujet : elle explique, dans « Vérité et politique », que la sphère politique n'est pas exclusivement liée au mensonge mais est aussi la condition de possibilité du débat public, et, dans « Du mensonge en politique », que les *Pentagon Papers*, s'ils sont la preuve d'un mensonge organisé, en sont aussi le révélateur grâce à la liberté de la presse.

b) Structure détaillée

- **« Vérité et politique »**

Après avoir annoncé sa thèse dans la première section, Arendt prouve que la vérité est **dangereuse** de deux points de vue différents :

- pour le **monde** qu'elle peut détruire, ce qui pose le problème de la vérité à tout prix ;
- pour le « **diseur de vérité** » (section II, p. 295) lui-même.

Arendt se livre alors à un **double développement pédagogique**. Elle commence par une **clarification terminologique** en définissant les concepts dont elle va ensuite faire usage : vérité de fait et de raison et leur antonyme (fin de la section I - début de la section II).

Elle propose ensuite un **panorama historique** permettant de visualiser clairement l'évolution du conflit entre politique et vérité :

- la première querelle oppose politique et vérité de **raison** : la vérité prime sur le politique jusqu'au XIXe siècle environ, époque à laquelle un **renversement** s'opère : l'opinion politique prévaut, avant que le conflit entre vérité de raison et politique ne disparaisse totalement ;
- la seconde querelle, plus actuelle, oppose politique et vérité de **fait**, et conduit à l'interprétation, voire à la **manipulation** des faits historiques.

Arendt a donc bien prouvé sa thèse : vérité et politique ne peuvent aller de pair.

La section III en vient à la **nature paradoxale de la vérité**. Elle comporte une dimension **tyrannique** parce qu'elle est indiscutable. C'est précisément ce qui la rend difficile à prouver : seule l'**exemplarité** permet de prouver la vérité de raison, alors que la vérité de fait, changeante et proche de l'opinion, est impossible à prouver.

En contrepoint, Arendt s'intéresse dans la section IV à la **nature du mensonge**. Même s'il est immoral, le mensonge montre qu'il est possible d'agir **librement** sur le monde et de persuader efficacement. Elle signale alors une évolution marquée du mensonge en politique au cours du temps. Nous sommes passé du **secret d'État** au mensonge **organisé** moderne. De cette manière, Arendt donne toutes les caractéristiques du mensonge, qui seront développées et illustrées par l'exemple des *Pentagon Papers* dans « Du mensonge en politique ».

Dans un dernier temps, Arendt montre les **limites** de ce mensonge, qui laisse toujours resurgir la réalité, mais sape les catégories du mensonge et de la vérité.

- **« Du mensonge en politique »**

Dans la première section de « Du mensonge en politique », Arendt réexpose le fil rouge de « Vérité et politique » (par sa nature, le mensonge est intimement lié à la politique), avant de revenir à l'actualité en décrivant les deux nouveaux **types de mensonges** apparus à l'époque de la guerre du Vietnam : ceux des « spécialistes des relations publiques » et ceux des « spécialistes de la solution des problèmes » (section I, p. 20). La **conséquence** est claire : les élites au pouvoir, trop occupées à soigner l'image de marque des États-Unis, sont totalement **déconnectées** du réel (sections II et III).

Néanmoins, cela ne suffit pas à expliquer le désastre de la guerre du Vietnam : « Comment ont-ils pu ? ». À cette question, Arendt propose dans la section IV trois réponses afin d'expliquer le mécanisme de déconnexion du réel : les décisionnaires ont été victimes d'**autosuggestion**, ce qui a été facilité par leur propension à transformer le réel en pure **théorie**, pour conseiller des hommes politiques habitués à ce genre de méthode et donc tous prêts à les **écouter**. Pour nuancer son propos, Arendt termine par une vision plus positive des *Pentagon Papers* (voir ci-dessus).

C. Le choix des exemples

Dans « Vérité et politique », chapitre plutôt théorique, Arendt a tendance à recourir aux **philosophes** classiques, comme Hobbes, Spinoza ou Kant, pour étayer ses propos. Fort logiquement, les quelques exemples **historiques** présents sont liés à la vérité de fait, comme l'effacement de Trotski de l'histoire soviétique ou l'anecdote de Clémenceau qui ne sait pas comment les générations futures interpréteront le déclenchement de la Première Guerre mondiale mais pense naïvement que les faits eux-mêmes ne pourront être démentis[1]. Lorsqu'elle évoque le mensonge organisé, qui fera ensuite l'objet de « Du mensonge en politique », Arendt utilise à nouveau l'exemple de Trotski pour illustrer son propos, mais aussi les propos tenus par Adenauer et de Gaulle afin de minimiser le rôle de la collaboration pendant la Seconde Guerre mondiale[2]. Cet exemple, moins extrême puisqu'il concerne une démocratie, consolide d'autant plus sa thèse.

Avec « Du mensonge en politique », Arendt propose un cas d'école. Elle s'appuie sur des exemples très précis tirés des ***Pentagon Papers*** et des articles de **presse** en rapport avec ce dossier pour décrire les mécanismes du mensonge organisé (sections II et IV en particulier) et l'isolement des élites (section III). Par conséquent, mieux encore que « Vérité et politique », cet essai correspond à la description de la pensée qu'Arendt donne dans sa préface de *La Crise de la culture* : « ma conviction est que la pensée elle-même naît d'événements de l'expérience vécue et doit leur demeurer liée comme aux seuls guides propres à l'orienter. »

1. *La Crise de la culture*, « Vérité et politique », section II, p. 304.
2. *Op. cit.*, p. 321.

FICHE 18. Thèmes dans « Vérité et politique » et « Du mensonge en politique » d'H. Arendt

1. Espace philosophique, espace politique

A. Deux espaces différents

La sphère politique et la sphère philosophique, ou le mode de « vie du philosophe » et le « mode de vie du citoyen » pour reprendre les termes d'Arendt[1], sont radicalement **différents** par nature.

L'espace philosophique concerne **l'individu** en lui-même et sa **conscience morale**. Il permet le développement d'un **dialogue intérieur** : le philosophe débat avant tout avec lui-même de grandes questions philosophiques. C'est l'espace de la **vérité** de raison, ou tout du moins de sa quête.

L'espace politique, de la *polis*, la cité, est évidemment un espace **collectif**. Il ne pose pas le problème du cas de conscience individuel, mais du **bien commun**. C'est le lieu de **l'opinion** dont on peut débattre à l'infini avec les autres, et le lieu de l'**action**.

B. Le danger de la superposition des espaces

À cause de cette différence de nature, la rencontre et le **mélange** entre ces deux espaces entraînent des conséquences souvent funestes.

C'est d'abord la nature même de l'espace concerné qui s'en trouve modifiée. De fait, au contact de la sphère politique, la vérité philosophique se dégrade en **opinion**. C'est ce que prouve notamment le long exemple de l'égalité entre les hommes – concept philosophique que Jefferson transforme en opinion dans la *Déclaration d'indépendance des États-Unis* – puisqu'il ne s'agit plus d'une vérité indiscutable mais du fruit d'un consentement collectif pour le bien de la société[2].

1. *La Crise de la culture*, « Vérité et politique », section II, p. 296-297.
2. *La Crise de la culture*, « Vérité et politique », section III, p. 314-315.

À l'inverse, sous l'effet de la nature tyrannique de la vérité indiscutable, le régime politique peut devenir **tyrannique** à son tour ; c'est la menace que laisse planer *La République* de Platon. Comme l'explique Corinne Enaudeau à propos de la vérité philosophique dans *Hannah Arendt. Politique, opinion, vérité*, « en imposant une norme absolue, elle a écrasé la pluralité des perspectives qui fait du monde un réseau de relations, c'est-à-dire une affaire "relative" ». Autre cas de figure, si toute la société se met à agir en fonction de préceptes moraux qui relèvent de la sphère philosophique et individuelle, elle peut être **détruite**, comme le rappellent Aristote et Machiavel. Cette société parfaitement morale sera alors anéantie par d'autres sociétés moins regardantes.

Enfin, le « **diseur de vérité** » lui-même est fort mal accueilli par la *polis*. Il est le plus souvent **moqué** pour ses opinions, mais se retrouve parfois en danger de **mort**, comme l'indique la fin de l'allégorie de la caverne de Platon : « S'il leur était possible de mettre la main sur un tel homme… ils le tueraient »[3].

C. Une passerelle entre les deux espaces

Arendt signale dans la dernière partie de « Vérité et politique » qu'il existe toutefois des **institutions** liées à la vérité de raison, et ce au sein même du politique, qui en reconnaît l'existence : « certaines institutions publiques, établies et soutenues par les pouvoirs en place, dans lesquels, contrairement à toutes les règles politiques, la vérité et la bonne foi ont toujours constitué le plus haut critère de la parole et de l'effort »[4]. Ces institutions sont le **judiciaire**, les « **institutions d'enseignement supérieur** », en particulier les classes où l'on enseigne les humanités, ainsi que la **presse**. Plus tard, dans « Du mensonge en politique » Arendt démontrera d'ailleurs bien l'importance de la liberté de la presse, puisque c'est grâce à cette institution que la divulgation des *Pentagon Papers* – dont l'administration ne se préoccupait absolument pas – a eu lieu.

2. L'Histoire malmenée

L'Histoire est par définition l'espace de la **contingence**, pour deux raisons. D'abord, elle est par nature le champ des actions et des événements qui sont le fruit de la **liberté** humaine et sont donc **imprévisibles** tant dans leur réalisation que dans leurs conséquences. Estimer qu'un enchaînement d'événements ne pouvait se dérouler que d'une seule façon possible relève de

3. *La Crise de la culture*, « Vérité et politique », section I, p. 292.
4. *La Crise de la culture*, « Vérité et politique », section V, p. 331.

l'illusion rétrospective. En réalité, tout aurait très bien pu se dérouler différemment. Ensuite, établir la vérité des faits historiques est toujours délicat, car les **documents** et les **témoignages** utilisés par les historiens peuvent être **sujets à caution**. En effet, il n'existe pas d'instance surplombante qui serait capable d'en évaluer avec certitude le degré de vérité. Même la loi du nombre n'est pas une preuve car, même si un grand nombre d'individus propose un récit identique de faits, il est possible que ces individus aient été en fait incités, plus ou moins consciemment, à mentir sous l'influence de la majorité.

Cette nature profondément incertaine de l'Histoire génère deux réactions opposées qu'Arendt évoque dans « Vérité et politique ». L'une concerne les **historiens** (et les philosophes) et l'autre les **hommes politiques** : « Si c'est la tentation presque irrésistible de l'historien professionnel que de tomber dans le piège de la nécessité et de nier implicitement la liberté d'action, c'est la tentation presque autant irrésistible du politicien professionnel que de surestimer les possibilités de cette liberté et de trouver implicitement des excuses à la dénégation mensongère ou au travestissement de faits »[1].

A. Le « piège de la nécessité »

Face à l'angoissante instabilité de l'Histoire et à l'indétermination de l'avenir, la tentation est grande de chercher à **figer** les événements en leur trouvant une **logique** intrinsèque rassurante. Dans ce cas, la contingence disparaît au profit d'une forme de nécessité qui permet d'expliquer l'Histoire. Arendt décrit deux façons différentes d'immobiliser le cours de l'Histoire :

- la nécessité des **philosophes** : des penseurs, comme Marx, avec le matérialisme dialectique, ou comme Hegel, avec l'avènement progressif de l'Esprit dans le monde, ont cherché à doter l'Histoire d'un soubassement qui rende tout son déroulement nécessaire et cohérent. L'objectif est ici de revaloriser l'Histoire et ses aléas, par rapport aux vérités éternelles de la philosophie, et d'en gommer la « désolante contingence », pour reprendre l'expression de Kant[2] ;
- la nécessité des **techniciens spécialisés** : des intellectuels tentent de transformer la réalité historique en vérité mathématique afin de maîtriser les événements et de les rendre soi-disant prédictibles. L'objectif est ici de pouvoir effectuer des choix politiques. Dans « Du mensonge en politique », Arendt décrit parfaitement bien la méthode imaginée par les « spécialistes de la solution des problèmes ». Ils appauvrissent la richesse du réel en proposant, par exemple, pour les problèmes

1. *La Crise de la culture*, « Vérité et politique », section IV, p. 319.
2. *La Crise de la culture*, « Vérité et politique », section III, p. 309.

politiques à résoudre trois solutions possibles : *A*, *B* et *C*, sachant que *A* et *B* sont des solutions extrêmes et opposées, et que *C* est la solution préférable[3]. Or, le nombre réel de possibilités d'actions est infini.

B. Le « travestissement de faits »

À l'inverse, l'individu, et en particulier l'homme politique, peut aussi être tenté de pousser à l'extrême la contingence des faits et d'utiliser leur ductilité à son avantage. Partant du principe que tout peut ou aurait pu se passer autrement, il **trafique** alors l'Histoire à son gré. C'est ce qui se produit avec le **mensonge généralisé** des **totalitarismes**, cette « réécriture de l'histoire contemporaine sous les yeux de ceux qui en ont été les témoins »[4]. Arendt propose même une hypothèse encore plus extrême : l'existence d'un « monopole du pouvoir sur la totalité du monde civilisé », qui permettrait de remanier totalement l'Histoire planétaire[5].

De manière plus atténuée, les **démocraties** peuvent, elles aussi, se livrer à cette déformation de l'Histoire en transformant en simples **opinions** des vérités historiques qui fâchent : « comme si des faits tels que le soutien de Hitler par l'Allemagne ou l'effondrement de la France devant les armées allemandes en 1940, ou la politique du Vatican pendant la Seconde Guerre mondiale, n'étaient pas de l'ordre de l'histoire mais de l'ordre de l'opinion »[6].

Dans ce cadre, les **images** ont une puissance beaucoup plus forte que les discours, car au lieu de s'ajouter aux événements, elles s'y **substituent** et finissent par les faire oublier. À l'ère de la presse et de la télévision (et aujourd'hui d'Internet et de l'intelligence artificielle), la falsification des faits est donc d'une redoutable efficacité.

C. La revanche du réel

a) La violence infligée au réel

La déformation du réel par les philosophes et les hommes politiques est une forme de **violence** et de destruction, qui justifie d'ailleurs le titre du recueil d'Arendt *Du mensonge à la violence.*

La déformation de la vérité de fait **détruit** d'abord la réalité, sans pour autant réussir à la remplacer. Par conséquent, dans les démocraties, et à plus forte raison dans les régimes totalitaires, on assiste à une faillite du sens. Le

3. *Du mensonge à la violence. Essais de politique contemporaine*, « Du mensonge en politique », section I, p. 23-4.
4. *La Crise de la culture*, « Vérité et politique », section IV, p. 321.
5. *La Crise de la culture*, « Vérité et politique », section II, p. 304.
6. *La Crise de la culture*, « Vérité et politique », section II, p. 301

mensonge finit même par **tuer** au sens littéral du terme. Pour illustrer cela, Arendt cite à plusieurs reprises l'exemple de Trotski qui a été effacé de l'Histoire de l'Union soviétique et bel et bien assassiné.

Toutefois, comme le montre Arendt dans « Du mensonge en politique », même les démocraties sont concernées par cette violence découlant de la déformation du réel : la propagande d'État mise en place lors de la guerre du Vietnam a permis à la guerre de se prolonger, et a donc indirectement ravagé le Vietnam, affaibli les États-Unis, et tué nombre de militaires et de civils.

b) Le retour du réel

Néanmoins, la véritable nature de l'Histoire est toujours bel et bien présente, malgré le moule dans lequel on veut la faire entrer, et inflige un **camouflet** aux théories les plus sophistiquées concernant la nécessité de l'Histoire.

Le fait que ce soit le Vietnam – « petit pays arriéré », pour reprendre les termes de McNamara –, qui l'emporte finalement sur la première puissance du monde va contre toute logique et montre bien l'omniprésence de la contingence. Paradoxalement, les grandes théories hors sol échafaudées par les Américains ont même contribué à accroître cette contingence et à faciliter le « triomphe de David sur Goliath »[1].

De même, comme les faits sont têtus, la réalité **resurgit** toujours sous la manipulation des faits, à cause des **contradictions** qui finissent par apparaître au sein du discours de propagande qui change en permanence pour essayer de s'adapter au flux des événements. Ainsi, même les images finissent par laisser transparaître la vérité, malgré leur puissance : « elles ne peuvent jamais rivaliser en stabilité avec ce qui est, simplement parce qu'il se trouve qu'il est ainsi et non autrement ».[2]

En outre, ceux qui transforment l'Histoire ne se rendent pas compte que leur **conception du temps** est **viciée**. En effet, seul l'avenir qui n'existe pas encore peut faire l'objet de mille et une hypothèses et l'imagination peut s'y projeter à son aise. En revanche, ce qui est passé a déjà eu lieu, c'est irrévocable et impossible à modifier. Les individus qui réécrivent l'Histoire confondent donc *passé* et *avenir*. Quant au public, désorienté par ces changements permanents, il finit par ne plus croire en rien. Les **catégories** du réel, du vrai et du faux sont totalement discréditées et **disparaissent**.

1. *Du mensonge à la violence. Essais de politique contemporaine*, « Du mensonge en politique », section IV, p. 51
2. *La Crise de la culture*, « Vérité et politique », section IV, p. 328.

D. Un retour aux sources

L'historien digne de ce nom devrait finalement tenir un juste milieu entre ces deux conduites extrêmes et étudier les faits avec **impartialité**. Paradoxalement, il faudrait donc revenir aux sources **antiques**.

Arendt signale, en effet, qu'Homère et Hérodote sont les pères de cette vision de l'Histoire. Ainsi, dès le premier chapitre de « Vérité et politique », elle fait allusion à Hérodote et à « ce qu'Hérodote fut le premier à entreprendre consciemment – à savoir *λέγειν τὰ ἐόντα*, dire ce qui est »[3]. L'objectif n'est donc pas de mentir et de tout trafiquer, mais d'**organiser** les faits pour leur donner « une signification humainement compréhensible »[4].

Surtout, cette vision de l'Histoire se caractérise par son impartialité : « Homère choisit de chanter les actions des Troyens non moins que celles des Achéens, et de célébrer la gloire d'Hector, l'adversaire et le vaincu, non moins que la gloire d'Achille, le héros de son peuple. Cela ne s'était produit nulle part auparavant ; aucune autre civilisation, quelle que fût sa splendeur, n'avait été capable de considérer d'un œil égal l'ami et l'ennemi, le succès et la défaite »[5].

3. Action, récit et imagination

A. L'imagination, base de l'action politique… et du mensonge

L'action politique implique forcément la **contingence** des faits, car elle serait impuissante face à une nécessité historique qu'il serait impossible de modifier. Elle nécessite aussi de l'**imagination** et de la **créativité** pour trouver des solutions et savoir comment modifier le donné.

Le **mensonge** et l'action politique présentent alors des similitudes troublantes. En effet, le menteur joue précisément sur la nature fluctuante des faits pour **raconter** ce qui l'arrange, récit qui nécessite évidemment d'avoir de l'imagination. Il est par ailleurs capable de s**e projeter** et de se mettre à la place de son auditoire afin de répondre à ses attentes. Paradoxalement, son récit sera donc plus facile à croire que les faits eux-mêmes, qui peuvent être parfaitement incohérents ou surprenants. Le menteur serait donc une version viciée de l'acteur politique. Comme l'explique Corinne Enaudeau : « l'Imagination et la liberté sont donc la source commune de l'action et du mensonge, elles scellent leur affinité ».

3. *La Crise de la culture*, « Vérité et politique », section I, p. 291.
4. *La Crise de la culture*, « Vérité et politique », section V, p. 333.
5. *La Crise de la culture*, « Vérité et politique », section V, p. 335.

À l'inverse, le « diseur de vérité » est dans la **contemplation** solitaire. Comme la vérité est indiscutable et ne peut être prouvée, elle ne relève pas de l'action mais de l'acceptation des faits et réclame donc de s'arracher au champ politique : « Éminents parmi les modes existentiels du dire-la-vérité sont la solitude du philosophe, l'isolement du savant et de l'artiste, l'impartialité de l'historien et du juge, et l'indépendance du découvreur de fait, du témoin et du reporter »[1]. Néanmoins, le « diseur de vérité » entre en action au sein de la sphère politique dans un seul cas de figure : en présence de **mensonge généralisé**, il va essayer de rétablir la vérité au péril de sa vie et d'expliquer que la vérité factuelle est interprétable mais non modifiable.

B. La nécessité de l'imagination dans la faculté de jugement

a) L'exemplarité et l'action individuelle

Le « diseurs de vérité » peut véritablement **influencer** les individus dans un cas particulier.

La vérité, puisqu'elle n'est pas une opinion, est indiscutable, et il est inutile d'argumenter pour essayer de la prouver. Toutefois, le « diseur de vérité » peut la mettre en œuvre en devenant lui-même l'incarnation de cette vérité. C'est par exemple le cas de **Socrate** qui applique personnellement le principe qu'il énonce : « Mieux vaut souffrir le mal que faire le mal ». Plutôt que de fuir le châtiment injuste auquel il a été condamné et de mal se conduire face à la justice qui a prononcé son verdict, Socrate préfère subir cette punition. Cette **exemplarité** peut aussi concerner des personnages **littéraires** ou **mythologiques** qui vont influencer la conduite des hommes frappés par leur comportement spectaculaire[2]. C'est donc en marquant l'imagination des autres que les « diseurs de vérité » pourront influencer leur comportement individuel et leur conscience morale.

b) La « mentalité élargie » et l'action politique

Comme l'action individuelle, l'action politique nécessite elle aussi un **principe** pour s'orienter. Or, il ne peut s'agir d'une vérité qui, comme on l'a vu, relève d'une autre sphère, mais d'une opinion qui fait sujet à débat. Néanmoins, Arendt ne tombe pas dans le **relativisme** : toutes les opinions ne se valent pas. La qualité de l'opinion dépend de son mode d'établissement. Dans « Vérité et politique », Arendt décrit, en s'appuyant sur la *Critique de la faculté de juger* de Kant, ce qu'elle appelle une « **mentalité élargie** »[3]. Cette dernière consiste à envisager la multiplicité des opinions possibles sur le sujet concerné.

1. *La Crise de la culture*, « Vérité et politique », section V, p. 331.
2. *La Crise de la culture*, « Vérité et politique », section IV, p. 315-6.
3. *La Crise de la culture*, « Vérité et politique », section III, p. 307.

Il ne s'agit ni de se rallier à la majorité sans réfléchir, ni de s'identifier totalement à d'autres opinions que la sienne, ce qui condamnerait à rester enfermé dans la subjectivité. En réalité, c'est une capacité à se détacher de la subjectivité propre à l'opinion, la nôtre comme celle des autres, pour l'envisager avec **impartialité**. Cette méthode permet ainsi de réfléchir à la vérité d'une opinion sans pour autant sortir du champ de l'action politique. Une fois effectué ce travail, il reste encore à choisir entre les diverses opinions celle qui permet la **survie** de la sphère politique, et donc du monde. Ainsi, l'égalité entre les hommes, vérité philosophique qui devient une opinion à partir du moment où elle intègre la sphère politique, doit être choisie parce qu'elle assure des rapports harmonieux entre les hommes.

C. L'invasion de l'imaginaire

Dans « Vérité et politique », Arendt distingue deux types de mensonges : le mensonge politique **traditionnel**, qui est ponctuel et vise à tromper l'ennemi, et le mensonge politique **moderne**, qui a une portée beaucoup plus vaste et vise à tromper tout le monde, à tel point que même l'auteur du récit finit par s'y laisser prendre.

On constate une invasion de l'imagination, qu'il s'agisse de la réécriture intégrale de l'Histoire dans les régimes totalitaires ou de la campagne de communication menée par une démocratie, comme cela a été le cas des États-Unis pendant la guerre du Vietnam telle qu'elle est racontée dans « Du mensonge en politique ».

À cela s'opposent non pas tant les faits eux-mêmes que la narration que l'on peut en faire en les agençant de manière logique et impartiale. L'historien ou le romancier « raconte toujours une histoire, et dans cette histoire les faits particuliers perdent leur contingence et acquièrent une signification humainement compréhensible »[4].

4. *La Crise de la culture*, « Vérité et politique », section V, p. 333.

Bibliographie autour des *Liaisons dangereuses* de Choderlos de Laclos

1. Œuvre au programme

Choderlos de Laclos P.-A., *Les Liaisons dangereuses*, dans Œuvres complètes, éd. Laurent Versini, Paris, Gallimard, coll. « Bibliothèque de la Pléiade », 1979.

2. Œuvres biographiques sur Laclos

- **Poisson** G., *Choderlos de Laclos ou l'Obstination*, Paris, Grasset, 1985.
- **Pomeau** R., *Laclos ou le paradoxe*, Paris, Hachette, 1993.

3. Œuvres critiques

- **Baudelaire** C., « Notes sur *Les Liaisons dangereuses* », *Œuvres complètes*, éd. C. Pichois, Paris, Gallimard, coll. « Bibliothèque de la Pléiade », 1976.
- **Bayard** P., *Le Paradoxe du menteur sur Laclos*, Paris, Les Éditions de Minuit, 1993.
- **Daniel** G., *Fatalité du secret et fatalité du bavardage au XVIIIe siècle*, Paris, Nizet, 1966.
- **Delon** M., *P. A Choderlos de Laclos. Les Liaisons dangereuses*, Paris, PUF, 1986.
- **Rousset** J., *Forme et signification. Essais sur les structures littéraires de Corneille à Claudel*, Paris, Corti, 1984, p. 65-103.
- **Seylaz** J.-L., *Les Liaisons dangereuses et la Création romanesque chez Laclos*, Paris, 1965.
- **Sieuzac** L., « Le déshabillé de madame de Tourvel. *Les Liaisons dangereuses*, Laclos », in *Le Charme*, dirs. G. Puccini, Revue Eidolon, PUB, 2018, p. 173-189.
- **Vailland** R., *Les Liaisons dangereuses ou La Vertu des libertins*, Paris, Grasset, coll. « Les Cahiers rouges », 2015.
- **Versini** L., *Laclos et la tradition. Essai sur les sources et la technique des Liaisons dangereuses*, Paris, Klincksieck, 1968.
- **Versini** L., « Le roman le plus intelligent » – *Les Liaisons dangereuses de Laclos*, Paris, Honoré Champion, coll. « Unichamp », 1998.

Bibliographie autour de *Lorenzaccio* de Musset

1. Œuvre au programme

- **Musset** A. de, *Théâtre complet*, éd. Simon Jeune, Paris, Gallimard, coll. « Bibliothèque de la Pléiade », n° 17, 1990.
- **Musset** A. de, *Lorenzaccio*, éd. Anne Ubersfeld, Le Livre de Poche, n° 6 248, 1985.
- **Musset** A. de, *Lorenzaccio*, éd. Florence Naugrette, Flammarion, coll. « GF », n° 1 500, 2023.

2. Œuvres biographiques sur Alfred de Musset

- **Ledda** S. « Alfred de Musset : l'enfant terrible du romantisme », https://webtv.univ-rouen.fr/videos/utlc-musset-par-ledda/
- **Ledda** S., *Alfred de Musset. Les fantaisies d'un enfant du siècle*, Gallimard, coll. « Découvertes Gallimard », n° 560, 2010.

3. Œuvres critiques sur l'œuvre de Musset et *Lorenzaccio*

- **Heyvaert** A., *La transparence et l'indicible dans l'œuvre d'Alfred de Musset*, Paris, Klincksieck, 1994.
- **Masson** B., « Lorenzo ou l'impossible intériorité », in *Musset et son double*, Minard, 1978, p. 142-63.
- **Moser** W., « *Lorenzaccio :* Le carnaval et le cardinal », *Romantisme*, 1978, n° 19. « L'ombre de l'histoire », p. 94-108.
- **Piemme** J.-M., « *Lorenzaccio* : impasse d'une idéologie », *Romantisme*, n° 1-2, 1971.
- **Thomasseau** J.-M., *Alfred de Musset. Lorenzaccio*, Paris, PUF, coll. « Études littéraires », 1986.
- **Ubersfeld** A., « Topique de la cité : *Lorenzaccio* » et « La danse de Lorenzo », in *Le théâtre et la Cité. De Corneille à Kantor*, Aiss Iaspa- Tréteaux, coll. « Tréteaux », 1991, p. 129-42 et p. 155-70.

4. Articles sur les mises en scène de *Lorenzaccio*

- **Dort** B., « Le “détour” du théâtre : *Lorenzaccio* à Prague », *Théâtre réel*, 1971, p. 93-98.
- **Rosa** G., « Sur une représentation de *Lorenzaccio* de part et d'autre du mur », *Lorenzaccio*, Cahiers Textuel, n° 8, février 1991.

Bibliographie autour *Du mensonge à la violence* et *La Crise de la culture* d'H. Arendt

1. Œuvres d'Hannah Arendt

- **Arendt** H., *L'Humaine Condition*, trad. Marie Berrane, Guy Durand, Georges Fradier, éd. Philippe Raynaud, Paris, Gallimard, coll. « Quatro », 2002.
- **Arendt** H., *Les Origines du totalitarisme*, Paris, Gallimard, 2002.
- **Arendt** H., *Eichmann à Jérusalem. Rapport sur la banalité du mal,* trad. A. Guérin, Paris, Gallimard, 1966 ; revue par Michelle-Irène Brudny-de-Launay, Paris, Gallimard, coll. « Folio histoire », 1991.

2. Œuvres biographiques sur Hannah Arendt

- **Adler** L., *Dans les pas de Hannah Arendt*, Paris, Gallimard, 2005.
- **Brudny** M.I., *Hannah Arendt. Essai de biographie intellectuelle*, Paris, Grasset, 2006.
- **Leibovici** M., *Hannah Arendt : la passion de comprendre*, Paris, Desclée de Brouwer, coll. « Biographies », 2000.
- **Young-Bruehl** E., *Hannah Arendt, for love of the world*, Paris, Calmann-Lévy, coll. « Les vies des philosophes », 1999.

3. Œuvres critiques et d'études

- **Enaudeau** C., « Hannah Arendt. Politique, opinion, vérité », *Cause commune*, Éditions du Cerf, 2008.
- **Gerard** V., « Politique et violence selon Hannah Arendt : la violence anti-politique *vs* la politisation violente des rapports humains », in *Violences : Anthropologie, politique, philosophie*, Toulouse, EuroPhilosophie Editions, 2017, https://books.openedition.org/europhilosophie/234?lang=fr
- **Kristeva** J., *Le Génie féminin La vie, la folie, les mots, tome 1. Hannah Arendt*, Paris, Gallimard, coll. « Folio essais », 1999.
- **Noël-Lemaître** Ch., *Arendt*, Paris, Ellipses, coll. « Pas à Pas », 2019.

PARTIE 3

Étude transversale du thème dans les œuvres

FICHE 19. Le monde est un théâtre

Le topos du *theatrum mundi* est la reprise d'un poncif hérité de l'Antiquité qui cherchait à traduire la fragilité de l'existence humaine : le monde est un théâtre, l'homme y joue un rôle éphémère, et sa vie est une représentation. Au XVIe siècle, ce topos est repris par Calderon dans son autosacramental *Le Grand Théâtre du monde*, puis par Shakespeare dont les pièces étaient jouées au théâtre du Globe, qui avait alors pour devise : *Totus mundus agit histrionem* (« Le monde entier est un théâtre »). Cette métaphore est d'ailleurs reprise par Prospero dans *La Tempête* (acte IV, scène 1) lorsqu'il commente une représentation théâtrale donnée par des esprits, et qu'il souligne que la vie humaine est comme cette représentation, évanescente et fragile. Jacques, dans *Comme il vous plaira*, affirme : *All the world's a stage* (acte I, scène 7).

Notre corpus est, lui aussi, régi par le topos du théâtre du monde. Qu'il s'agisse de Florence, de la société du XVIIIe siècle, ou de la scène politique américaine, les hommes y évoluent dans un univers d'illusions et de faux-semblants, portent des masques pour tromper l'autre, et jouent des rôles au risque de se faire démasquer. Le carnaval et le registre carnavalesque défini par Mickaël Bakthine emblématisent cet univers en trompe-l'œil, instable et vertigineux, menacé par le renversement.

1. Un univers d'illusions et de faux-semblants

A. Palais de songes

Dans l'univers carnavalesque de *Lorenzaccio*, l'illusion est reine. Elle chatoie, comme les tissus luxueux du marchand de soieries. Les personnages rêvent, et sont hantés par des songes et des cauchemars. Florence est une cité fantasmagorique au bord de l'Arno, dont le peuple regarde vivre les nobles derrière les vitres illuminées de leurs palais. Le marchand dit d'ailleurs : « on regarde de temps en temps les lumières qui vont et viennent dans le palais » (acte I, scène 2, p. 33). Les jeux d'ombre et de lumière, la lumière tremblée des crépuscules, mais aussi les effets de clair-obscur métamorphosent la ville en une scène de théâtre, éclairée par des lanternes magiques, comme le souligne la première didascalie externe : « *Un jardin. – Clair de lune ; un pavillon dans le fond, un autre sur le devant. Entrent* LE DUC *et* LORENZO, *couverts de leurs manteaux* ; GIOMO, *une lanterne à la main* » (acte I, scène 1, p. 27).

Dans cette atmosphère onirique, tous les personnages rêvent : dans un songe prémonitoire, Maffio voit ainsi sa sœur traverser leur jardin, « tenant une lanterne sourde, et couverte de pierreries [...] Dieu sait que ce n'est qu'une illusion, mais une illusion trop forte pour que le sommeil ne s'enfuie pas devant elle » (acte I, scène 1, p. 29). Marie, la mère de Lorenzo, voit ses rêves se changer en cauchemar : « Ah ! Cattina, pour dormir tranquille, il faut n'avoir jamais fait certains rêves. Cela est trop cruel d'avoir vécu dans un palais de fées, où murmuraient les cantiques des anges, de s'y être endormie, bercée par son fils, et de se réveiller dans une masure ensanglantée, pleine de débris d'orgie et de restes humains, dans les bras d'un spectre hideux qui vous tue en vous appelant encore du nom de mère » (acte I, scène 6, p. 63), Philippe Strozzi se qualifie de « vieux rêveur[s] » (acte II, scène 1, p. 67), tandis que le jeune peintre Tebaldeo poursuit la chimère d'un chef-d'œuvre inaccessible : « Réaliser des rêves, voilà la vie du peintre » (acte II, scène 2, p. 73). La marquise, enfin, cherche à imposer ses rêves à Alexandre qui, lui, ne rêve jamais (acte III, scène 6). Même le fourbe cardinal, personnage réaliste, avoue être animé par des songes (acte IV, scène 4). Néanmoins, Lorenzo reste bien sûr le personnage le plus animé par le rêve : commettre un tyrannicide. Ce rêve s'est imposé à lui lors de l'illumination du Colisée (acte III, scène 3– voir fiche 15, p. 96).

Cependant, les personnages sont impuissants à inscrire leurs rêves dans un monde dont les valeurs se dérobent. Florence est un château de sable. Lorenzo a abandonné l'harmonie rassurante et factice des rêves pour se frotter au réel : « Je me suis réveillé de mes rêves » dit-il à Philippe (acte III, scène 3, p. 130). Et pourtant, le jeune homme apparaît aux yeux du duc comme « un rêveur qui marche nuit et jour sans épée, de peur d'en apercevoir l'ombre à son côté ! » (acte I, scène 4, p. 49).

B. Les parois de la caverne

L'univers onirique de *Lorenzaccio*, les fenêtres illuminées des palais florentins, et les rêves des personnages déphasés du réel, rappellent les parois de la caverne platonicienne évoquée par Arendt dans « Vérité et politique » (section I, p. 292). Lorenzo serait donc comparable aux « diseurs de vérité » et aux philosophes, qui veulent guider les habitants de la caverne – les citoyens de Florence – à ne pas confondre les idées et leurs apparences, les songes et la réalité. Or, comme les habitants de la caverne, les Florentins vivent de l'étoffe de leurs rêves, « paisiblement, simples spectateurs d'images », attentistes, comme Philippe Strozzi.

C. Cabinet des glaces

De leur côté, les libertins des *Liaisons dangereuses* ne rêvent pas. Ils sont dans l'application de leur méthode, de leurs préceptes et de leurs principes. La marquise, habile stratège, calcule, planifie et ne laisse rien au hasard. C'est elle qui orchestre les rêves des autres. Dans le film de Stephen Frears, le spectateur voit le personnage évoluer dans les pièces et les couloirs de son hôtel particulier : « Le palier du premier étage de l'hôtel de Madame de Merteuil est une galerie tapissée de miroirs. Au passage de la marquise et de Valmont, leurs reflets dansent et se multiplient à la lumière des candélabres[1] ». Le scénario précise « Intérieur. Couloir des glaces. Crépuscule. » C'est un cabinet des glaces qui réverbère le narcissisme des deux libertins, « miroirs ennemis » selon l'expression d'Henri Duranton (voir fiche 12, p. 77). Chacun dresse son autoportrait, pierre à l'édifice de leur mythe libertin, dans des lettres-miroirs – les lettres LXXXI et LXXXV pour la Merteuil, les lettres LXXI et CXXV pour Valmont. Ce sont les ingénus, Cécile, Danceny, et Tourvel qui se laissent berner par la duplicité des libertins, piéger par les faux-semblants et trompe-l'œil.

2. Une société de spectacle

A. Des artistes complets

Florence, Paris, Washington, le monde est un théâtre, et la société est une société de spectacle. L'éditeur, dans l'avertissement des *Liaisons dangereuses*, parle de « mettre en scène des personnages », car le théâtre est un lieu emblématique dans le roman de Laclos. Merteuil est une brillante mondaine qui maîtrise les codes sociaux éminemment théâtraux. Elle pense sa vie en termes de théâtre, comme le souligne sa lettre LXXXI. Elle triomphe au théâtre, à l'Opéra et aux Français (l. XXIX, XXXIX, LXXIV), y ourdit ses stratagèmes (l. XXIX, XXXIX, LXXXV), mais est aussi frappée d'infamie, et huée par la bonne société de l'époque à la Comédie-Italienne (l. CLXXIII, p. 506). Sur la scène du microcosme mondain, chacun est épié, et le moindre faux pas peut coûter cher au libertin qui s'attarde à la campagne auprès d'une dévote : « Je crois devoir vous prévenir, Vicomte, qu'on commence à s'occuper de vous à Paris ; qu'on y remarque votre absence, et que déjà on en devine la cause » (l. CXIII, p. 366), écrit Merteuil à Valmont. Le pronom indéfini « on » désigne, ici, la société mondaine, le public.

---

1. Stephen Frears, Christopher Hampton, *Les Liaisons dangereuses*, trad. par E. Kahane, Paris, Jade-Flammarion, 1989, séquence « 24. Int. Couloir des glaces. Crépuscule », p. 61.

Merteuil et Valmont sont, à leur façon, des artistes complets. Le vicomte, au moment de la capitulation de la présidente, se montre un habile metteur en scène, dramaturge et comédien. Il sait feindre la douleur amoureuse tout en surveillant d'un œil les effets de sa partition surjouée sur sa partenaire : « Je me relevai alors ; et gardant un moment le silence, je jetais sur elle, comme au hasard, des regards farouches qui, pour avoir l'air d'être égarés, n'en étaient pas moins clairvoyants et observateurs » (l. CXXV, p. 404). Il fait montre de l'habileté et de la distance critique du comédien diderotien (*Le Paradoxe sur le comédien*, 1830[2]). La Merteuil sait également jouer la comédie du sentiment, « les yeux baissés et la respiration haute » (l. LXXXV, p. 282). Dans sa lettre LXXXI, elle expose la façon dont, au prix d'une ascèse et d'une dénaturation, elle a acquis la capacité de dissocier son être et son paraître, afin de maîtriser au mieux sa partition : « Ressentais-je quelque chagrin, je m'étudiais à prendre l'air de la sérénité, même celui de la joie ; j'ai porté le zèle jusqu'à me causer des douleurs volontaires, pour chercher pendant ce temps l'expression du plaisir » (p. 264).

B. Une pièce dans la pièce

C'est aussi à un jeu de rôles et à une société de spectacles que nous convie Musset dans *Lorenzaccio*. Dans la pièce, Lorenzo se montre le meilleur des comédiens, arborant son masque de débauché pleutre, feignant de s'évanouir à la vue d'une épée, et répétant son rôle avec un reître expérimenté (acte III, scène 1). En acteur consommé, il charge son rôle jusqu'au psychodrame incohérent (acte IV, scène 9), après avoir annoncé le programme à des spectateurs indifférents : « Le duc Alexandre sera tué cette nuit » (acte IV, scène 7, p. 172). La scène de l'assassinat est elliptique, et significativement, Lorenzo demande : « Tire ces rideaux » (acte IV, scène 11, p. 182).

De la même façon, le monde politique est aussi un théâtre dans la pièce de Musset. À l'acte V, l'élection du nouveau duc relève de la farce, mettant en scène les numéros du courtisan flagorneur ou de l'honnête républicain. Le cardinal machiavélique tire les ficelles des Huit, marionnettes qui s'agitent dans ce théâtre d'illusions.

C. Du mauvais théâtre

Le monde politique est aussi théâtre chez Arendt. Elle dénonce ainsi les « mensonges politiques modernes », qui trafiquent la vérité des faits, et proposent « un complet réarrangement de toute la texture factuelle ». Dès lors,

---

2. Rédigé entre 1773 et 1777, et publié à titre posthume en 1830, cet essai sur le jeu de l'acteur soulève le paradoxe selon lequel le meilleur comédien ne joue pas de « sensibilité » mais de sang-froid.

les professionnels du « mensonge politique » fabriquent des scénarios, « une autre réalité », dans laquelle « ils s'emboîteront sans couture, lézarde ni fissure » (« Vérité et politique », section IV, p. 323). L'histoire est donc réécrite par des « fabricateur[s] d'image[s] » (p. 329) qui construisent des fables destinées à tromper l'opinion publique, à l'image de l'édification des villages de Potemkine, ouvrage de la propagande soviétique, qui relève d'« une perfection du trompe-l'œil » (« Vérité et politique », section IV, p. 329). Dans le cas de la guerre du Vietnam, il fallait ne pas ternir l'« image de “la plus grande puissance mondiale” ». Arendt souligne combien les « spécialistes de la solution des problèmes » ont recouru, aux termes de « scénarios » et de « “publics”, empruntés au vocabulaire du théâtre » (« Du mensonge en politique », section II, p. 30). Ils devaient ajuster leurs scénarios en fonction du public, alliés, communistes ou Sud-Vietnamiens, le plus fameux de ces scénarios étant la « théorie des dominos ». Seulement, comme le souligne Arendt, « contrairement à ce qui passe au théâtre » (« Du mensonge en politique », section II, p. 32-3), les scénarios eurent des conséquences graves et imprévisibles, et, en réalité, personne dans l'opinion publique ne crut à ces fabulations. Le public n'a pas été dupe de la machination pauvrement théâtrale, orchestrée pourtant par le Congrès. Les dramaturges et metteurs en scène n'avaient pas prévu et ne voyaient pas « que leur public refusait de se laisser convaincre » (« Du mensonge en politique », section IV, p. 53).

3. Les masques

A. Le carnaval dévoyé

L'esthétique de *Lorenzaccio* est placée sous le signe du carnaval et du jeu, du déguisement et du masque. Le carnavalesque* bouleverse les rapports sociaux, les hiérarchies, et crée un monde à l'envers. Mais dans la pièce de Musset, le carnaval est dégradé. Dans la scène d'ouverture, au clair de lune, Maffio réclame justice tandis que le duc, garant de cette justice et couvert de son manteau, s'apprête à débaucher la sœur de Maffio.

Le bouleversement carnavalesque, ce rire sain qui vient d'en bas, est par ailleurs subverti en cynisme chez Lorenzo. Il ne dit plus un défoulement licite et temporaire, mais il symbolise la réalité d'un monde dévalué. Le masque carnavalesque, ludique, ne fait plus rire. Il brouille les notions de bien et de mal, de vrai et de faux. Il s'est crispé, solidifié, et il colle au visage. « Il menace sans cesse d'absorber le masqué, de l'étouffer » (Heyvaert, *La Transparence et l'indicible dans l'œuvre d'A. de Musset*, 110). « Le vice a été pour moi un vêtement, maintenant il est collé à ma peau », dit Lorenzo (acte III, scène 3, p. 133).

NOTE DE L'AUTEURE : CARNAVALESQUE

Selon Mikhaïl Bakhtine, le carnaval, au Moyen Âge, était l'une des expressions les plus fortes de la culture populaire, en particulier dans sa dimension subversive. C'était l'occasion pour le peuple de renverser, de façon symbolique et pendant une période limitée, toutes les hiérarchies instituées entre le pouvoir et les dominés, entre le noble et le trivial, entre le haut et le bas, entre le sacré et le profane, entre le raffiné et le grossier.

B. Le masque, la statue et l'habit noir[1]

Lorenzo, protégé par son masque d'histrion hamlétien, s'évertue à soulever ceux qui dissimulent les visages et les êtres des autres personnages : « J'avais commencé à dire tout haut que mes vingt années de vertu étaient un masque étouffant – ô Philippe ! j'entrai alors dans la vie, et je vis qu'à mon approche tout le monde en faisait autant que moi ; tous les masques tombaient devant mon regard » (acte III, scène 3, p. 131). Son masque lui permet, tout comme à la Merteuil, d'observer, et d'analyser les autres sans être – le croit-il –, démasqué. Or, si Lorenzo porte le masque du débauché, les fibres de ce masque se sont incrustées dans sa chair. Le jeune homme est devenu masque, à la recherche de son visage, et en quête de sa pureté perdue : le « Vice, comme la robe de Déjanire » s'est « profondément incorporé à [s]es fibres » (acte IV, scène 5, p. 166).

Lorenzo, fasciné par la légèreté, la fluidité, et le mouvement des étoffes, abhorre les statues. Il a été réduit à cet état après l'illumination du Colisée : « Une statue qui descendrait de son piédestal pour marcher parmi les hommes sur la place publique, serait peut-être semblable à ce que j'ai été, le jour où j'ai commencé à vivre avec cette idée : il faut que je sois un Brutus » (acte III, scène 3, p. 127). Après son geste meurtrier, de masque il est devenu statue : « je suis plus creux et plus vide qu'une statue de fer-blanc » (acte V, scène 7, p. 204). Il n'y avait donc personne derrière le masque.

Le drame de Lorenzo est une tragédie du masque et de l'être. Son habit noir symbolise la nuit de ses illusions. En plein carnaval, il rôde « sérieux comme la Mort » (acte III, scène 3, p. 133). La mort d'Alexandre signe la fin du spectacle. Le cardinal déguise la vérité : « Le duc a passé la nuit à une mascarade, et il repose en ce moment » (acte V, scène 1, p. 185). Des domestiques suspendent des dominos aux croisées. Une autre pièce peut commencer.

1. Alain Heyvaert, *La Transparence et l'indicible*, p. 121-3.

C. Les masques libertins

Dans *Les Liaisons dangereuses*, les deux libertins s'adonnent eux aussi au jeu des masques.

Valmont porte celui du libertin repenti pour séduire la présidente de Tourvel. Comme il se sait espionné par la présidente, il orchestre, sous les yeux de son chasseur, une fausse scène de charité. Il joue les agents bienfaiteurs (l. XXI, p. 118). Sa lettre au père Anselme est un pastiche de lettre de contrition (l. CXX, p. 385).

De son côté, la marquise de Merteuil couvre son libertinage du masque de la vertu. Comble d'ironie, elle apparaît comme la plus respectable des femmes, comme celle qui a su résister au vicomte de Valmont – « et enchaîner sa méchanceté » (l. IX, p. 97) écrit Volanges, décidément aveugle et sotte. Après la séduction de Prévan, la Merteuil a tôt fait d'orchestrer la publicité de l'affaire afin d'exhausser sa réputation de femme honnête. Elle relate donc l'épisode à madame de Volanges : « Ce n'est pas qu'assurément j'aie rien à me reprocher : mais il est toujours si pénible pour une femme honnête et qui conserve la modestie convenable à son sexe, de fixer sur elle l'attention publique, que je donnerais tout au monde pour avoir pu éviter cette malheureuse aventure » (l. LXXXVII, p. 290). Telle une metteuse en scène, la Merteuil distribue les rôles : le premier rôle revient à Valmont, qui en demande les « réclames » (l. LIX, p. 203), et le second à Cécile (l. CVI, p. 347). Elle orchestre également la séduction de Belleroche (l. X, p. 98), et prend soin de réunir chez Mme de Rosemonde les trois victimes de Valmont : Cécile, la Tourvel et la Volanges. Une fois son plan exécuté, sa réussite la grise : « L'amour, la haine, vous n'avez qu'à choisir, tout couche sous le même toit » (l. LXXIV, p. 237).

D. Le masque du menteur de sang-froid

Dans « Vérité et politique », Arendt distingue le menteur professionnel, qui peut se laisser abuser par ses propres fabulations, et le menteur de sang-froid « qui se permet de goûter sa farce de l'extérieur » (« Vérité et politique », section IV, p. 324). Elle cite, pour illustrer ses propos, Dostoïevski, et plus précisément le Starets dans *Les Frères Karamazov* : « Surtout, ne vous mentez jamais à vous-même ». Ainsi, si le menteur de sang-froid porte un masque pour berner les autres, il ne se laisse pas duper par ses propres mensonges, contrairement à Lorenzo, qui ne sait plus qui il est. Le menteur de sang-froid, tel le personnage dostoïevskien, « reste au fait de la distinction entre le vrai et le faux » (« Vérité et politique », section IV, p. 324), et maintient son masque sur son visage.

E. Démasquage

Cependant, chez les trois auteurs, les coulisses du théâtre du monde sont dévoilées.

Même si Lorenzo est devenu le meurtrier qu'il ambitionnait d'être, son geste n'a eu aucun impact. Il est assassiné et son corps jeté à la lagune, hors scène. L'incurie du gouvernement américain est dévoilée dans « Du mensonge en politique » après les révélations des *Pentagon Papers*. Enfin, la divulgation des lettres LXXXI et LXXXV démasque la marquise de Merteuil dont le machiavélisme est révélé au public (l. CLXXIII, p. 506).

Le démasquage répond au retour du réel, au refoulé des sentiments et à la revanche de la vérité. Dans la séquence finale du film de Stephen Frears, Merteuil se démaquille, face au miroir, seule. Elle pose alors ses armes et son masque : « À mesure que le fard s'efface, une autre femme apparaît pour la première fois, lasse, fragile, presque vulnérable [...] Une larme solitaire coule lentement sur sa joue, puis peu à peu, son visage se fond dans le noir »[1].

1. Stephen Frears, Christopher Hampton, *Les Liaisons dangereuses*, *op. cit.*, séquence 161, p. 104

FICHE 20. La création artistique

1. L'art pour marquer les consciences

La puissante illusion générée par la **création** artistique plonge le public dans une histoire qui peut être **marquante** au point de **métamorphoser** le comportement de l'individu.

A. L'exemplarité en littérature

a) La littérature didactique

Dans « Vérité et politique », Arendt évoque longuement l'**exemplarité** de Socrate qui va pousser les individus à suivre le même précepte moral que lui : « Il vaut mieux subir le mal que faire le mal » (section III, p. 315). Elle passe ensuite aux figures exemplaires **mythologiques** ou **religieuses**, comme Hercule ou Jésus, avant d'effectuer un glissement vers la **littérature** à travers l'exemple du *Roi Lear* qui doit inspirer la piété filiale. Enfin, elle évoque, de façon plus générale, les exemples tirés « de l'histoire et de la poésie » (section III, p. 316). Selon Arendt, s'il n'exerce aucune influence sur la sphère politique, l'art peut néanmoins **transformer** les consciences individuelles, et transmettre efficacement une vérité **morale** que l'individu mettra en œuvre par la suite dans sa vie personnelle.

La dimension morale des *Liaisons dangereuses* est explicite dès la préface du rédacteur : « Il me semble au moins que c'est rendre un service aux mœurs, que de dévoiler les moyens qu'emploient ceux qui en ont de mauvaises pour corrompre ceux qui en ont de bonnes, et je crois que ces lettres pourront concourir efficacement à ce but » (p. 74-5). Néanmoins, cette remarque relève du lieu commun, le paratexte se révèle **contradictoire** et la volonté didactique est finalement incertaine (voir fiche 11, p. 70). L'exemplarité pourrait même être **inversée**, puisque dans l'œuvre de Laclos, Valmont se présente comme l'incarnation du vice et déclare, à propos de la liaison qu'il envisage avec la Tourvel : « Une fois parvenu à ce triomphe, je dirai à mes rivaux : "Voyez mon ouvrage, et cherchez-en dans le siècle un second exemple !" » (l. CXV, p. 375)

b) La mise en abyme

Cette puissance de l'art qui modèle les consciences est visible au sein même des œuvres. Les **personnages** ont la même attitude que le **lectorat**. Ainsi, dans *Lorenzaccio*, le personnage principal, pétri de culture antique, décide de tuer Alexandre en prenant pour modèle des grands hommes de l'**Antiquité** – les deux Brutus –, et le modèle **mythologique** d'Oreste (voir fiche 15, p. 96). Si l'on s'appuie sur la réflexion d'Arendt, cela pourrait expliquer la solitude de Lorenzo, mais aussi son échec politique. Son meurtre répondrait par ailleurs moins à un motif politique qu'à un cheminement moral sous l'égide d'*exempla* antiques.

De la même façon, les libertins des *Liaisons dangereuses* sont de fins **lettrés**. Ils font allusion à de nombreux personnages et œuvres littéraires, comme l'*Héloïse* (l. XXXIII, p. 144), et citent **parfois** des passages d'œuvres littéraires (*Britannicus* de Racine dans la lettre LXXI, *Héloïse* dans la lettre CX, une poésie et une comédie de Voltaire dans les lettres LXVI et XCIX). De cette manière, ils **s'inspirent** bien souvent de leurs lectures pour agir. La marquise de Merteuil, qui prépare soigneusement la soirée galante qu'elle veut offrir à son cher chevalier de Belleroche écrit ainsi au vicomte : « Je lis un chapitre du *Sopha*, une lettre d'Héloïse et deux contes de La Fontaine, pour recorder les différents tons que je voulais prendre. » (l. X, p. 100). Par ses lectures, la Merteuil oscille donc entre amour tourmenté, avec la *Nouvelle Héloïse,* et ambiance beaucoup plus leste, avec le *Sopha* de Crébillon fils et les contes licencieux de La Fontaine. À l'inverse, Valmont ne semble pas trouver de source d'inspiration à son goût ; il écrit à la marquise de Merteuil à propos de la Tourvel : « je repasse inutilement tous les moyens connus, tous ceux des romans et de mes mémoires secrets ; je n'en trouve aucun qui convienne, ni aux circonstances de l'aventure, ni au caractère de l'héroïne » (l. CX, p. 360).

B. Rester dans les mémoires

a) Devenir un héros

L'art permet aussi de passer à la **postérité** et répond donc à un objectif important des spécialistes dans l'art de « faire croire », dont le Moi est souvent hypertrophié (voir fiche 22, p. 149). En effet, grâce à lui, ils pourraient à leur tour servir d'*exempla*. C'est d'ailleurs bien l'un des objectifs de Lorenzo, qui déclare à Philippe Strozzi : « Que les hommes me comprennent ou non, qu'ils agissent ou n'agissent pas, j'aurai dit tout ce que j'ai à dire ; je leur ferai tailler leurs plumes, si je ne leur fais pas nettoyer leurs piques » (acte III, scène 3, p. 136). Lorenzo se révèle ici proche d'un personnage à qui il fait allusion à l'acte III, scène 3 : Érostrate, qui mit le feu au temple d'Éphèse dans l'unique but de rester dans les mémoires. Alexandre de Médicis, pourtant incarnation de l'aveuglement et de la crédulité, cherche, lui aussi, à passer à la postérité en pratiquant un mécénat traditionnel chez les aristocrates, sans pour autant être sensible à l'art. Ainsi, il demande à Tebaldeo Freccia de faire son portrait et déclare simplement : « Je protège les arts comme un autre, et j'ai chez moi les premiers artistes de l'Italie » (acte I, scène 4, p. 48).

Valmont et Merteuil veulent eux aussi que l'on parle d'eux sur la place publique. Ce ne sera pas une œuvre d'art qui les fera passer à la postérité, mais les conversations mondaines, les médisances et les rumeurs scandaleuses auxquelles ils s'adonnent. Ainsi, dans la lettre LXXI, Valmont raconte l'une de ses frasques à la Merteuil : il a réussi à passer la nuit avec la vicomtesse de M*** tandis que le mari de cette dernière et son amant dormaient non loin de là (« Si vous trouvez cette histoire plaisante, je ne vous en demande pas le secret. À présent que je m'en suis amusé, il est juste que le public ait son tour », p. 233). Il aspire également à la gloire pour être récompensé de son difficile combat contre Tourvel. Ainsi, il déclare : « je leur montrerai ma besogne faite ; ils n'auront plus qu'à admirer et applaudir » (l. XCIX, p. 321). Du reste, si Prévan cherche à séduire la Merteuil, ce n'est que pour pouvoir s'en vanter.

b) Écrire ses Mémoires

Le genre des **Mémoires** permet à l'individu de proposer sa **version** des faits afin de la **transmettre** aux générations futures. Toutefois, Arendt sait bien à quel point la vérité de fait peut être déformée par le récit qu'on en propose ; c'est pourquoi elle évoque, dans « Du mensonge en politique », « les tentatives des protagonistes de dissimuler leur rôle derrière l'écran protecteur du secret (à tout le moins jusqu'à ce qu'ils aient achevé la rédaction de leurs Mémoires – le plus trompeur des genres littéraires que connaisse notre temps) » (section I, p. 21). Ce genre semble donc pour Arendt davantage être un **plaidoyer** *pro domo* et une façon de se justifier, qu'un récit impartial des faits.

Ce genre littéraire apparaît aussi dans *Les Liaisons dangereuses* dès la lettre II, lorsque la marquise de Merteuil écrit à Valmont, à propos de l'une de ses frasques : « ce sera enfin une *rouerie* de plus à mettre dans vos Mémoires : oui, dans vos Mémoires, car je veux qu'ils soient imprimés un jour, et je me charge de les écrire » (l. II, p. 82) Cette phrase est terrible quand on connaît la fin du roman épistolaire, puisque deux des lettres (l. LXXXI et LXXXV, p. 260 et 279) de la correspondance de Valmont et de Merteuil, qui constitue en quelque sorte leurs Mémoires, se retrouvent finalement sur la place publique et causent la **perte** des deux héros.

Dans une autre mesure, et même s'il ne s'agit pas de Mémoires mais d'un monumental recueil de documents, les *Pentagon Papers* ont permis quant à eux de transmettre au public des informations fiables sur la façon dont la crise du Vietnam a été gérée.

2. L'art pour avoir une vision surplombante

A. L'art de la mise en scène

« Faire croire » revient à **imaginer** des scénarios afin de **séduire** et influencer les autres. Par conséquent, les individus se rapprochent assez souvent de **metteurs en scène** qui créent une pièce de théâtre, et **contrôlent** donc l'intrigue et tous les personnages ce qui correspond bien au fantasme de toute-puissance fréquent chez ce genre de profil.

Si le rapprochement avec les « spécialistes des solutions » décrits par Arendt est limité, on peut toutefois noter que ces derniers échafaudent, eux aussi, des « **scenarios** » en fonction du public visé. De son côté, Lorenzo met le meurtre en scène, comme une pièce de théâtre. Ainsi met-il, à la scène 5 de l'acte IV, le **décor** en place grâce à des assistants (« Quand vous aurez placé ces fleurs sur la table, et celles-ci au pied du lit, vous ferez un bon feu », p. 164), **répète**-t-il une dernière fois à la scène 9, en imaginant les dialogues, avant de finalement **jouer**, à la scène 11, la pièce sanglante qu'il a imaginée.

Dans *Les Liaisons dangereuses*, la Merteuil déclare explicitement qu'elle imagine les œuvres dans lesquelles elle se donne un rôle. Ainsi, elle écrit dans son autobiographie de la lettre LXXXI, que pour parvenir à feindre l'amour : « il suffisait de joindre à l'esprit d'un auteur, le talent d'un comédien. Je m'exerçai dans les deux genres, et peut-être avec quelque succès : mais au lieu de rechercher les vains applaudissements du théâtre, je résolus d'employer à mon bonheur ce que tant d'autres sacrifiaient à la vanité » (p. 267). De la même manière, la Merteuil met en scène sa soirée dans le « temple de l'amour » avec le chevalier de Belleroche, qui y est amené par sa femme de chambre déguisée en homme (l. X, p. 100), et crée de toutes pièces la scène de « viol », qui coûtera sa réputation à Prévan (l. LXXXV, p. 279). Lui-même n'est pas en reste, comme le prouve la fameuse histoire des « inséparables » narrée par Valmont : il a réussi à causer la séparation de trois couples d'amis en couchant avec chacune des jeunes femmes, avant de se réconcilier avec les trois amants trompés, et de s'allier avec eux pour perdre les trois femmes de réputation (l. LXXIX, p. 250).

B. Donner du sens au réel

Dans la dernière section de « Vérité et politique », Hannah Arendt explique que le récit permet de donner aux faits une « signification **humainement** compréhensible » (section V, p. 333). Après avoir expliqué que la poésie, beaucoup plus liée aux affects, génère une **catharsis**, c'est-à-dire une libération des passions qui permet ensuite de se lancer dans l'action politique, Arendt passe à la **fonction politique** du **récit**. Selon elle, l'historien et le romancier sont mis sur le même plan, car elle estime qu'un bon roman n'est pas « une simple concoction ni une fiction de pure fantaisie » (section V, p. 334). Il n'est donc pas choquant de voir côte à côte un aède et un historien, Homère et Hérodote. Le récit de faits réels ou fictifs permet de mieux **comprendre** la réalité et de se réconcilier avec elle, autrement dit il enseigne « l'acceptation des choses telles qu'elles sont » (section V, p. 334).

De la même manière, si Alfred de Musset écrit *Lorenzaccio*, c'est aussi pour **s'interroger** sur **l'Histoire** et sur **l'action** politique en général, mais plus particulièrement sur sa propre époque (voir fiche 5, p. 29).

3. L'intellectuel et la compromission

La création elle-même peut avoir un rapport plus ou moins ambigu avec le **politique**, et la frontière entre fiction, mensonge et **propagande** est parfois fragile. Même si ce ne sont pas des artistes, les intellectuels qui ont participé à forger la campagne de communication mensongère des États-Unis au sujet du Vietnam se sont ainsi compromis, parfois d'ailleurs sans en être conscients.

Lorenzaccio met également en scène des intellectuels dont l'art est **corrompu** par le pouvoir. Le premier d'entre eux est le précepteur du petit Salviati, qui discute avec le précepteur du petit Strozzi, personnage secondaire qui fait une seule apparition à la scène 5 de l'acte V. Alors qu'Alexandre vient d'être assassiné et que la situation de Florence est chaotique, la conversation entre les deux collègues paraît déconnectée (p. 201-2) :

> « Le deuxième précepteur
>
> Oh ! si vous aimez l'art, et si vous nous aimez, dites-nous, de grâce votre sonnet. La ville ne s'occupe que de votre sonnet.
>
> Le premier précepteur
>
> Vous serez peut-être étonné que moi, qui ai commencé par chanter la monarchie en quelque sorte, je semble cette fois chanter la république.
>
> […]
>
> Chantons la Liberté, qui refleurit plus âpre
> Sous des soleils plus mûrs et des cieux plus vermeils. »

Les deux hommes, obsédés par leur œuvre, ne s'intéressent absolument pas à la politique, et le précepteur-poète est clairement **opportuniste** ; il suit l'opinion majoritaire, manifestement républicaine puisque le duc a été tué. Il entonne ses vers ronflants et idéalistes au sujet de la liberté, qui sonnent ironiquement au moment où un Médicis en remplace un autre. L'artiste semble donc ici **égocentrique** et prêt à toutes les **compromissions**.

Le peintre Tebaldeo Freccia, qui apparaît à la scène 2 de l'acte II, est plus ambigu. Il se décrit comme un jeune homme pur et honnête. Néanmoins, il n'est pas dénué de **contradictions**. S'il respecte trop son art pour faire le portrait d'une courtisane, il n'en accepte pas moins de travailler pour Alexandre de Médicis. Sa conception de l'art est tout aussi discutable. Elle est inspirée des monarchistes romantiques, comme Joseph de Maistre ou Louis de Bonald, pour qui la société est naturelle et l'art l'expression spontanée de cette société. Freccia reprend la métaphore naturelle en comparant l'imagination de l'artiste à la « sève » et les œuvres aux « fruits » qu'elle permet de faire pousser. Selon cette logique, tout comme le fumier donne les plantes les plus vigoureuses, la souffrance et la corruption vont faire naître des chefs-d'œuvre. Le jeune peintre n'hésite d'ailleurs pas à défendre cette idée auprès de Lorenzo : « Je plains les peuples malheureux, mais je crois en effet qu'ils font les grands artistes. Les champs de bataille font pousser les moissons, les terres corrompues engendrent le blé céleste. » (acte II, scène 2, p. 76)

FICHE 21. La psychologie du menteur, entre illusion et vertige

1. S'adapter à l'autre

A. Répondre à un horizon d'attente

L'individu qui cherche à « faire croire » doit être suffisamment **fin psychologue** pour réussir à **cerner** son interlocuteur et savoir ce qui serait susceptible de lui **plaire** et de le séduire. Arendt insiste sur ce point aussi bien dans « Vérité et politique » (section IV, p. 320), que dans « Du mensonge en politique » dans lequel elle affirme que : « le menteur possède le grand avantage de savoir d'avance ce que le public souhaite entendre ou s'attend à entendre. Sa version a été préparée à l'intention du public, en s'attachant tout particulièrement à la **crédibilité** » (section I, p. 16). Le récit que le menteur propose a, par ailleurs, l'avantage d'être **rassurant** pour l'interlocuteur. En effet, il est le fruit d'une construction intellectuelle et est donc **cohérent** et plausible, par opposition à la **réalité**, qui est par nature contingente, et donc **surprenante** et illogique. Le « **démagogue** » auquel Arendt fait allusion dans « Vérité et politique », joue précisément sur cette technique : il flatte les bas instincts du peuple en lui disant ce qu'il veut entendre.

La marquise de Merteuil applique cette même théorie à la correspondance par lettres. Dans un *post-scriptum* qui doit servir de leçon à Cécile, elle écrit : « Vous voyez bien que, quand vous écrivez à quelqu'un, c'est pour lui et non pas pour vous : vous devez donc moins chercher à lui dire ce que vous pensez, que ce qui lui plaît davantage » (l. CV, p. 347). Ainsi, pour la marquise, l'intérêt d'écrire des lettres n'est pas de tenir un discours de vérité et de sincérité, mais de **séduire** et d'être **vraisemblable** en fonction d'un **horizon d'attente** à respecter.

B. La mise en application de la théorie

Les hommes politiques tiennent également compte de cette théorie. Ainsi, pendant la guerre du Vietnam, les spécialistes de la communication américains ont forgé des « **scenarios** "appropriés à chacun des publics" » (« Du mensonge en politique », section II, p. 32), qu'il s'agisse de l'opinion publique américaine, des alliés ou encore des communistes.

Plus ou moins consciemment, Lorenzo utilise, lui aussi, la même technique. Il montre, en fonction de son interlocuteur, la **facette** de sa personnalité qui est la plus adaptée. Ainsi, face à Alexandre de Médicis, il donne une leçon de débauche dès la première scène, alors qu'il se montre sous l'aspect du justicier malheureux face à Philippe Strozzi. Comme l'explique J.-M. Piemme au sujet des interlocuteurs de Lorenzo, « l'un et l'autre ne voient que ruse dans le personnage qu'ils croient ne pas être le vrai[1] », en dépit des multiples avertissements qu'ils reçoivent. « Ils s'aveuglent parce qu'ils s'identifient à l'aspect de Lorenzo en qui ils se reconnaissent[2] ».

Dans *Les Liaisons dangereuses*, Valmont agit de même, à la fois amoureux éploré de Mme de Tourvel, et roué. Il explique à la marquise de Merteuil qu'il renvoie toujours la même lettre à la Tourvel afin de s'épargner la peine d'écrire, car il sait d'avance qu'elle n'ouvrira pas la missive…

C. La « mentalité élargie »

Le comportement de celui qui cherche à « faire croire » n'a rien à voir avec celui du « diseur de vérité » qui pratique la méthode de la « **mentalité élargie** », pour reprendre l'expression de Kant et d'Arendt (« Vérité et politique », section III, p. 307). Ici, il ne s'agit plus de se mettre à la place de l'autre pour le manipuler, mais d'adopter tous les points de vue, le sien comme celui des autres, de façon extérieure et **impartiale** pour voir ce que l'on peut en retenir de bon. L'objectif sera alors non pas d'atteindre une vérité de raison, qui est extérieure à la sphère du politique, mais d'aboutir à l'**opinion** la plus solide possible.

2. Une projection abusive du Moi sur autrui

A. La projection de soi sur autrui

Paradoxalement, cette fine connaissance de la nature humaine se double d'un **aveuglement** complet au sujet d'autrui. À cause de son Moi **hypertrophié** (voir fiche 22, p. 149), le menteur a tendance à **projeter** sa propre personnalité sur son entourage sans prendre en considération le fait que chacun est **unique**.

Après la fuite de la Tourvel, qui cherche à préserver son honneur et sa vertu, Valmont projette sur elle sa personnalité de libertin cynique, même s'il faut évidemment faire la part du dépit dans cette attitude. Il parle alors d'une

1. Jean-Marie Piemme, « *Lorenzaccio* : impasse d'une idéologie », *Romantisme*, n° 1-2, 1971, p. 122.
2. *Ibid.*

« indigne trahison », et ajoute « Peut-être elle s'applaudit de m'avoir trompé ; et fidèle aux goûts de son sexe, ce plaisir lui paraît le plus doux » (l. C, p. 327). Il pense à tort que la Tourvel jouit de sa ruse, comme une coquette rouée, alors qu'elle est en fait désespérée. De la même façon, dans *Lorenzaccio*, le cardinal Cibo est trop hypocrite et menteur pour imaginer que la marquise Cibo puisse avouer l'adultère qu'elle a commis avec Alexandre à son mari. Lorsqu'elle se jette aux genoux de son époux pour tout lui avouer, une didascalie interne permet de deviner l'attitude du cardinal. Laurent Cibo dit au cardinal : « Eh bien ! vous voilà comme une statue ». Le cardinal, qui n'est d'habitude pas avare de paroles, se contente exceptionnellement de pousser une exclamation avant de quitter précipitamment la scène (acte IV, scène 5, p. 164).

B. La négation du réel

L'attitude des hommes politiques et des spécialistes lors de la guerre du Vietnam est un cas à part. Ainsi, les *Pentagon Papers* ont révélé que les spécialistes projettent leurs idées sur le public, sans même imaginer que le scénario qu'ils ont forgé soit inadapté. Autrement dit, ils sont **coupés du réel** à tel point qu'ils n'essaient même plus de prendre le public en compte. C'est ce que note Arendt dans « Du mensonge en politique » : « Comme de toute façon ils avaient choisi de vivre à l'écart des réalités, il ne leur paraissait pas plus difficile de ne pas prêter attention au fait que leur public refusait de se laisser convaincre que de négliger les autres faits » (section IV, p. 53).

3. Un rapport à soi très complexe

A. La dualité identitaire

a) De la dualité du philosophe à celle du menteur

Dans « Vérité et politique », Arendt ne fait allusion à la **dualité** qu'une seule fois, au sujet du dialogue **philosophique** et non de la sphère politique. Elle reprend l'idée **platonicienne** selon laquelle la philosophie repose sur un **dialogue intérieur** de soi avec soi. Alors que l'être est ***un*** par nature, il est cependant capable de se **diviser** pour instaurer un débat intérieur, tant que ces deux « parties » restent en harmonie. Néanmoins, à partir du moment où l'individu commet un méfait quelconque, les conditions de possibilité du dialogue philosophique, et donc de la pensée, ne sont plus remplies. En effet, l'individu se retrouve en **conflit** moral avec son « partenaire » (« Vérité et politique », section III, p. 312) et il devient alors impossible de dialoguer. « En d'autres termes, puisque l'homme contient en lui-même un partenaire dont il ne peut jamais se libérer, il a intérêt à ne pas vivre en compagnie d'un meurtrier ou d'un menteur » (*ibid.*), explique Arendt. La dualité liée à l'immoralité – par exemple au mensonge –, coupe l'individu de sa nature d'être pensant. Par conséquent, ce n'est pas que l'homme ne ***veut*** pas, mais c'est qu'il ne ***peut*** pas commettre le mal, sous peine de corrompre sa nature et de briser l'unité de son être.

b) Le déchirement identitaire

Dans *Lorenzaccio* et dans *Les Liaisons dangereuses*, les personnages principaux sont aux prises avec un **déchirement identitaire** proche de celui décrit par Arendt.

La dualité de Lorenzo, pris entre Lorenzino et Lorenzaccio, et entre homme et femme (voir fiche 15, p. 96), est évidente, ne serait-ce qu'au niveau de l'onomastique. Comme chez Arendt, c'est le mal – ici la débauche –, qui a déchiré en deux l'intériorité de Lorenzo. La dualité est manifeste dans le rêve de Marie (acte II, scène 4, p. 87), qui explique à Lorenzo qu'elle a vu arriver son double, Lorenzino, jeune écolier tenant un livre sous son bras.

Dans *Les Liaisons dangereuses*, Valmont ressent aussi cette scission intérieure qui est **l'inverse** de celle de Lorenzo : au Valmont débauché vient se greffer un Valmont fou amoureux. Il écrit ainsi à la marquise de Merteuil dans la lettre XCVI, en parlant de la présidente de Tourvel : « Je ne sais quelle puissance m'y attache, m'y ramène sans cesse, même alors que je l'outrage. Écartons sa dangereuse idée ; que je **redevienne moi-même** pour traiter un sujet plus gai. Il s'agit de votre pupille, à présent devenue la mienne » (p. 310). La Tourvel décrit à son tour cette dualité de Valmont à Mme de Volanges qui l'a dépeint comme un homme vil et débauché : « Ce portrait [d'homme aimable] diffère beaucoup sans doute de celui que vous me faites ; et, malgré cela, tous deux peuvent être ressemblants en fixant les époques » (l. XI, p. 103). En réalité, les deux portraits ne sont pas **successifs** mais **simultanés**, et c'est bien là le drame.

B. Une personnalité protéiforme

Bien souvent, à trop vouloir « faire croire », on finit par se **démultiplier**. Il n'y a alors plus dualité, mais **dissolution du Moi** au profit d'une personnalité **protéiforme** aux innombrables facettes.

Ainsi, la marquise de Merteuil représente un sérail à elle seule lorsqu'elle met en scène sa soirée galante avec le chevalier de Belleroche dans sa « petite maison » : « Après le souper, tour à tour enfant et raisonnable, folâtre et sensible, quelquefois même libertine, je me plaisais à le considérer comme un sultan au milieu de son sérail, dont j'étais tour à tour les favorites différentes.

En effet, ses hommages réitérés, quoique toujours reçus par la même femme, le furent toujours par une maîtresse nouvelle » (l. X, p. 101-2). Ici, l'Orient des mille et une nuits, fort à la mode au XVIIIe siècle, lui permet d'exprimer toutes les nuances de sa personnalité.

Chez Lorenzo, cette plasticité du Moi est beaucoup plus négative et provoque même une **perte** d'identité. Dans sa longue discussion avec Philippe Strozzi (acte III, scène 3), puis dans ses monologues, il accumule les figures de style sans cohérence aucune pour parler de lui (« statue », « masques de plâtre », « curiosité monstrueuse apportée d'Amérique », acte III, scène 3, p. 127-8 et 136 ; « statue de fer-blanc », « machine à meurtre », acte V, scène 7, p. 204-5). Toutes ces **réifications** métamorphosent le personnage en un monstre grotesque, fort éloigné d'un Moi harmonieux et cohérent.

C. Retrouver l'unité du Moi ? Le cas Lorenzaccio

Le Moi peut-il alors retrouver son unité originelle ? Dans l'esprit de Lorenzo, le meurtre pourrait être une façon de retrouver une forme de pureté, de mettre fin à la tension permanente entre des identités multiples en prouvant que la débauche n'était qu'apparence. En réalité, c'est un échec, précisément parce que Lorenzo cherche à se trouver une personnalité à travers ce meurtre. Comme l'explique Jean-Marie Piemme dans « *Lorenzaccio* : impasse d'une idéologie », « la participation désespérée, parce que fauss[ée] par un souci excessif du Moi, [est une forme] d'individualisme stérile[1] ». Il ne reste finalement que le néant, et Lorenzo lui-même finit par en prendre conscience lorsqu'il utilise l'expression « l'ombre de moi-même » (acte III, scène 3, p. 135), et explique finalement « Je suis plus creux et plus vide qu'une statue de fer-blanc » (acte V, scène 7, p. 204).

1. Jean-Marie Piemme, « *Lorenzaccio* : impasse d'une idéologie », *Romantisme*, n° 1-2, 1971, p. 127.

FICHE 22. « Faire croire » ou la mise en place d'un rapport de force

1. La soif de supériorité

« Faire croire » revient avant tout à obtenir une **emprise** sur autrui. Cette supériorité est d'abord **intellectuelle** : on sait ce qu'ignorent les autres, et il devient alors possible de les influencer, voire de les **manipuler**.

A. L'hypertrophie du Moi

a) L'hybris

Le menteur est conscient de sa supériorité et peut vivre dans un **fantasme de toute-puissance**. Il fait donc preuve d'***hybris***, terme qui signifie « démesure » en grec. Dans « Du mensonge en politique », Arendt décrit les « spécialistes de la solution des problèmes », qui ont joué un rôle fondamental dans la gestion de la crise au Vietnam, comme des hommes « très sûrs d'eux-mêmes, "qui semblent rarement douter de leur aptitude à s'imposer" » (section I, p. 20).

Cette arrogance peut devenir quasiment pathologique. Ainsi, Valmont et Merteuil se considèrent comme les égaux des **dieux**. Merteuil, enchantée de recevoir simultanément les confidences de Cécile de Volanges et de sa mère, s'exclame : « Me voilà comme la Divinité ; recevant les vœux opposés des aveugles mortels, et ne changeant rien à mes décrets immuables » (l. LXIII, p. 211). Nouveau **démiurge**, Valmont écrit dans la lettre C au sujet de la jeune Cécile : « je veux la travailler à ma fantaisie » (p. 329). Les rapports qu'ils entretiennent avec les autres se métamorphosent alors en **prédation** : « Laissons le braconnier obscur tuer à l'affût le cerf qu'il a surpris ; le vrai chasseur doit le forcer » (l. XXIII, p. 126), explique ainsi Valmont au sujet de la Tourvel.

Lorenzo **méprise** tout autant l'humanité, et déclare fièrement à Philippe : « les hommes comparaîtront devant le tribunal de ma volonté » (acte III, scène 3, p. 136). Quand bien même son meurtre aurait été commandité par une instance supérieure, il serait alors l'**élu**. Dans son monologue de l'acte IV, scène 4, il s'interroge « Suis-je le bras de Dieu ? » (p. 158) et décrit une « nuée », soit un pouvoir mystérieux qui lui aurait confié cette mission.

Il achève par ailleurs son monologue en s'identifiant à saint Michel qui tue le dragon – symbole du diable – : « j'ai peur de tirer l'épée flamboyante de l'archange » (p. 158).

b) Une forme de fragilité

Cette attitude est révélatrice d'une hypertrophie du Moi et d'un **narcissisme** extrême. Néanmoins, dans le cas de Lorenzo, elle témoigne aussi d'une tentative désespérée de retrouver l'**estime de soi** (voir fiche 15, p. 96). De son côté, Mme de Merteuil veut s'arracher au **complexe d'infériorité** propre à son sexe. Elle vit en effet à une époque où les jeunes femmes sont ignorantes et passives, à l'image de la jeune Cécile de Volanges. Par conséquent, « faire croire » relève d'un triomphe et même d'une vengeance contre toute la gent masculine qui asservit les femmes. Aussi écrit-elle : « Si cependant vous m'avez vue, disposant des événements et des opinions, faire de ces hommes si redoutables le jouet de mes caprices ou de mes fantaisies [...], attacher à ma suite ou rejeter loin de moi *Ces tyrans détrônés devenus mes esclaves* ; [...] n'avez-vous pas dû en conclure que, née pour venger mon sexe et maîtriser le vôtre, j'avais su me créer des moyens inconnus jusqu'à moi ? » (l. LXXXI, p. 262)

B. L'ambition politique

a) La sphère politique

Le fait de « faire croire » peut aussi permettre d'obtenir le **pouvoir politique** et de jouer un rôle dans la société. Dans « Vérité et politique », Arendt rappelle la théorie que Hobbes développe dans le *Léviathan* : la société n'accepte que les vérités qui ne contreviennent pas à ses plaisirs et à ses **intérêts** (section I, p. 292). La sphère du politique est donc celle des passions et de l'égoïsme. Même dans les démocraties, Arendt rappelle qu'il existe de « gigantesques organisations d'intérêts » (section IV, p. 325) qui vont influencer la population au nom de la raison d'État, comme le montre notamment l'exemple de la campagne de communication décrite dans « Du mensonge en politique ». Même si elle nuance immédiatement après, Arendt propose dans « Vérité et politique » une description finalement très pessimiste du domaine politique, qui ne serait « rien de plus qu'un champ de bataille pour des intérêts partiaux et adverses, où rien ne compterait que le plaisir et le profit, l'esprit partisan et l'appétit de domination. » (section V, p. 335). Le mot « **démagogue** » est d'ailleurs utilisé à trois reprises dans « Vérité et politique ». Ce terme grec, qui signifie « celui qui guide le peuple », est rapidement devenu péjoratif, et désigne finalement l'homme politique qui manipule le peuple par la rhétorique dans le but d'obtenir le pouvoir.

Loin d'être un démagogue, c'est en **sous-main** que le cardinal Cibo travaille afin d'obtenir le pouvoir dans *Lorenzaccio*. Il sait qu'Alexandre de Médicis courtise la marquise Cibo et qu'ils ont une liaison. Il viole alors le secret de la confession en menaçant la marquise Cibo de tout révéler à son mari si elle refuse de faire ce qu'il lui ordonne. La marquise, qui a compris les intentions du cardinal, clarifie elle-même la situation à la scène 4 de l'acte IV : le cardinal souhaite qu'elle devienne l'amante d'Alexandre afin de pouvoir l'influencer indirectement pour, à terme, devenir pape.

b) Le diseur de vérité

Arendt insiste sur le fait que le « diseur de vérité » n'est **jamais** dans le rapport de force. En effet, qu'il s'agisse de vérité de raison ou de fait, il est en dehors de la sphère politique et sa quête de vérité est **solitaire**. De fait, une république composée essentiellement de philosophes serait inconcevable. Ainsi pourrait donc s'expliquer la solitude des personnages qui sont complètement étrangers aux ambitions politiques et au rapport de force : Mme de Rosemonde, qui vit isolée à la campagne, Philippe Strozzi, que Lorenzo trouve seul assis sur un banc (acte III, scène 3), et, paradoxalement, Lorenzo lui-même, qui serait alors au-delà de l'action politique, dans une quête de soi et d'absolu.

2. Un rapport de force à géométrie variable

Le rapport de force mis en place **évolue** au fil du temps et peut se **renverser** brutalement, comme le montre le cas des personnages purs qui vont se laisser piéger facilement ou vont, au contraire, farouchement résister (voir fiche 26, p. 173).

A. La lutte entre Narcisses

Ceux qui cherchent à obtenir la supériorité par l'illusion se retrouvent rapidement dans une lutte qui devient parfois un **combat à mort**. Dans *Lorenzaccio*, les personnages qui cherchent le pouvoir considèrent Lorenzo comme un **rival** à éliminer. Pierre Strozzi, apparemment patriote et bon citoyen – comme son père Philippe –, cherche avant tout le pouvoir et n'hésite pas à finalement se vendre auprès du roi de France pour faire carrière. Au moment même où il prend cette décision, il s'exclame d'ailleurs : « Maudit soit ce Lorenzaccio, qui s'avise de devenir quelque chose ! » (acte V, scène 4, p. 197). À l'acte IV, scène 10, c'est le cardinal Cibo qui tente de prévenir le duc Alexandre de Médicis que Lorenzo a crié sur tous les toits qu'il allait l'assassiner. La mort du duc de Florence le forcerait en effet à revoir tous ses plans. Comme on le sait, Alexandre reste cependant sourd à ces avertissements.

Dans *Les Liaisons dangereuses*, la violence devient **réciproque** entre Valmont et Merteuil. Après une longue période de coexistence pacifique, la tension monte entre les deux protagonistes à partir du moment où Merteuil promet à Valmont de se donner à lui s'il lui prouve qu'il a eu une liaison avec la présidente de Tourvel. Valmont, qui veut sa récompense, en vient finalement à lancer un ultimatum : « je serai ou votre amant ou votre ennemi », et ajoute que si Merteuil ne se donne pas à lui comme elle l'a promis, ce sera une « véritable déclaration de guerre » (l. CLIII, p. 471-2). La réponse de la marquise est frappante par sa concision qui contraste avec le reste des lettres du recueil : « Hé bien ! la guerre » (l. CLIV, p. 472).

B. Le cas du chef de l'État

On pourrait penser que le rapport de force est à **l'avantage** du chef de l'État, qui surplombe la société et qui possède un pouvoir de décision et d'action considérable. En réalité, il n'en est rien. Comme l'explique Arendt dans « Du mensonge en politique », le chef de l'État est le plus facile à duper de tous. En effet, il est entouré d'un grand nombre de conseillers qui **filtrent** la réalité et **orientent** sa perception des choses à leur gré. Arendt écrit donc à juste titre : « Si bizarre que cela paraisse, le Président des États-Unis est la seule personne qui soit susceptible d'être la victime idéale d'une intoxication totale » (section I, p. 19). Les mauvaises décisions prises lors de la guerre du Vietnam en fonction des « spécialistes de la solution des problèmes » en sont d'ailleurs la preuve.

Dans *Lorenzaccio*, le duc Alexandre de Médicis est davantage préoccupé par son propre plaisir que par la vie de la cité. Néanmoins, en dehors de la marquise Cibo, qui tente en vain de lui rappeler l'existence de la politique, ses principaux conseillers sont des débauchés, qui flattent exclusivement son penchant pour les femmes et la fête, et le coupent radicalement du politique. Lorenzo est présenté comme son entremetteur dès la première scène, il signale à propos de Julien Salviati : « Alexandre a un pied dans le lit de cet homme » (acte III, scène 3, p. 123), et il utilise finalement les penchants du duc pour pouvoir le tuer.

C. L'importance du nombre

Dans le cadre de la politique toujours, obtenir la supériorité dans le rapport de force nécessite d'avoir la **majorité** de son côté. Arendt se contente de reprendre la réflexion de Madison à ce sujet : « "Tous les gouvernements reposent sur l'opinion", dit James Madison, et même le plus autocratique des souverains ou des tyrans ne pourrait jamais accéder au pouvoir – la question de la conservation du pouvoir mise à part – sans l'appui de ceux qui sont du même avis. » (« Vérité et politique », section II, p. 296). La politique est la sphère de l'opinion, et celui qui gouverne doit donc jouir d'une **opinion favorable**.

De fait, Arendt signale dès le début de « Du mensonge en politique » que les *Pentagon Papers* sont le symbole de dix ans de crise politique américaine, car les hommes au pouvoir ont fini par se décrédibiliser complètement aux yeux de l'opinion publique. De même, Lorenzo échoue et finit jeté dans la lagune par le peuple qu'il n'a pas réussi à mettre de son côté, alors qu'avec le vote de pacotille qu'il organise à l'acte V, scène 1, le cardinal Cibo a réussi à s'allier les grandes familles florentines qui influencent la politique dans la ville.

L'importance capitale du nombre est aussi visible à l'échelle **individuelle**. En effet, si la marquise de Merteuil réussit à maintenir si longtemps sa réputation, c'est parce qu'elle a l'opinion de son côté. Ainsi, elle explique, dans sa lettre autobiographique (l. LXXXI, p. 260), qu'elle a flatté à la fois les prudes et les hommes pour avoir les suffrages de tous : « au moindre propos qu'on se permettait sur moi, tout le parti prude criait au scandale et à l'injure. [...] Cependant ma conduite précédente avait ramené les amants ; et pour me ménager entre eux et mes infidèles protectrices, je me montrai comme une femme sensible, mais difficile » (p. 267-8). La révélation dans tout Paris des frasques de la Merteuil sonne le glas de sa toute-puissance, l'opinion s'est finalement **retournée** contre elle.

3. Le dupeur dupé : le cas de l'autosuggestion

A. L'autosuggestion

Finalement, celui qui cherche à « faire croire » se retrouve **pris à son propre piège** quand il adhère à ses propres inventions : c'est le phénomène d'**autosuggestion**. Arendt explique dans « Vérité et politique » que le mensonge politique traditionnel est le fait d'une **minorité** de politiciens et de diplomates tout à fait **conscients** de déformer un événement précis, afin de tromper l'ennemi. En revanche, le mensonge **généralisé** moderne concerne toute la société et nécessite l'autosuggestion : les politiciens, auteurs du mensonge, finissent par y croire eux-mêmes. Pour illustrer son propos, Arendt cite dans ses deux essais l'anecdote de la sentinelle qui, par mauvaise plaisanterie, fait croire à la ville que l'ennemi attaque et qui se retrouve le premier à courir pour défendre la population contre l'ennemi (« Vérité et politique », section IV, p. 323 et « Du mensonge en politique », section IV, p. 51). L'explication du mécanisme d'autosuggestion qu'elle propose est paradoxale : « plus un menteur réussit, plus il est vraisemblable qu'il sera victime de ses propres inventions. Du reste, le plaisantin pris à son propre mensonge, qui se révèle embarqué dans le même bateau que ses victimes, paraîtra infiniment plus digne de confiance que le menteur de sang-froid qui se permet de goûter sa farce de l'extérieur. » (« Vérité et politique », section IV, p. 323-4). Paradoxalement, c'est le fait d'être cru, et donc d'atteindre l'objectif recherché, qui se retourne contre le menteur. Il finit par croire à l'image qu'il renvoie, et, **plus il croit, plus il est efficace :** c'est un cercle vicieux.

C'est précisément ce qui arrive à Lorenzo et Valmont. Le premier personnage, en jouant de mieux en mieux son rôle de débauché pour tromper Alexandre, finit par croire à cette image que lui renvoient les autres : Alexandre fait de lui son entremetteur, tandis que sire Maurice et Pierre Strozzi le méprisent et l'insultent. Le vice devient finalement pour lui la « robe de Déjanire[1] » (acte IV, scène 5, p. 166). Par autosuggestion, le rôle de débauché finit littéralement par coller à la peau de Lorenzo. De son côté, Valmont suit la même évolution. Il voit la Tourvel succomber peu à peu à un amour qu'elle pense sincère et lit les lettres de la Merteuil qui ne cesse de marteler qu'il est amoureux de la présidente de Tourvel. Il finit par être troublé, puis par tomber amoureux – autant qu'un libertin en est capable –, et écrit : « Je ne sais quelle puissance m'y attache, m'y ramène sans cesse, même alors que je l'outrage » (l. XCVI, p. 310), ou encore « Mais quelle fatalité m'attache à cette femme ? » (l. C, p. 328)

B. Le cas des *Pentagon Papers*

Les *Pentagon Papers* constituent un cas à part, puisque le mécanisme d'autosuggestion est littéralement « **inversé** », pour reprendre le terme d'Arendt (« Du mensonge en politique », section IV, p. 53). Normalement, c'est en voyant la réaction des autres que le menteur finit par croire à ce qu'il dit. Or, les hommes politiques qui ont géré la crise du Vietnam étaient complètement **coupés du réel**. Par conséquent, « ils ont *anticipé*, et sur la conviction généralisée, et sur la victoire dans cette bataille dont l'opinion publique était l'enjeu » (« Du mensonge en politique », section IV, p. 53). Ils se sont donc mis à croire en leur propre mensonge en fantasmant la réaction qu'allait avoir le public, qui n'a du reste pas été dupe de leur campagne de communication. Ici, l'autosuggestion est double, et l'échec est d'autant plus critique.

1. Poussée par la jalousie, Déjanire, l'épouse d'Héraclès, fait revêtir à son mari une tunique censée empêcher l'infidélité. Il s'agit en réalité d'un vêtement empoisonné qui se colle au corps d'Héraclès et le brûle atrocement, au point qu'il finit par se coucher sur un bûcher pour mettre fin à ses souffrances.

FICHE 23. « Faire croire » et agir

1. Le menteur, un homme d'action

A. Le lien entre mensonge et action politique

Agir est une preuve de **liberté**, puisque cela implique une capacité à s'extraire des événements pour les **analyser** avant de prendre une décision. Il en va de même du mensonge : il prouve que l'individu n'est pas **englué** dans la factualité pure, mais qu'il est capable de créer un **décalage** entre une vérité de fait et le discours qu'il tient à son sujet. Hannah Arendt écrit par conséquent : « [le menteur] est acteur par nature ; il dit ce qui n'est pas parce qu'il veut que les choses soient différentes de ce qu'elles sont – c'est-à-dire qu'il veut changer le monde » (« Vérité et politique », section IV, p. 319). Or, la sphère du politique est celle de la liberté d'action par excellence. Il y a donc une **similitude** de nature entre **mensonge** et **politique**.

Le **lien** étroit entre mensonge et action politique est tout aussi visible dans *Lorenzaccio*. Si Lorenzo a revêtu le masque de la débauche, ce n'est que pour pouvoir approcher Alexandre de Médicis et commettre un tyrannicide. De la même façon, le cardinal Cibo manipule la marquise par ambition politique, dans le seul but d'obtenir le pouvoir.

B. Le cas extrême du mensonge généralisé : de l'action à la destruction

Néanmoins, lorsque le mensonge est **généralisé**, il ne génère plus d'action réfléchie et cohérente, mais une forme d'emballement qui devient incontrôlable : au lieu de **modifier** le réel, il finit par le **détruire**. Dans « Vérité et politique », Arendt fait une distinction claire entre le mensonge politique traditionnel, qui cache certains faits ciblés, et le mensonge politique moderne, qui détruit la réalité. De fait, Arendt explique que le totalitarisme est si radical qu'il finit même par **tuer** au sens propre du terme : « Quand Trotski a appris qu'il n'avait jamais joué un rôle dans la Révolution russe, il a dû savoir que son arrêt de mort avait été signé » (section IV, p. 322). Effectivement, l'homme politique russe a été assassiné en 1940, sur ordre de Staline, alors qu'il s'était exilé au Mexique.

Dans *Lorenzaccio* et dans *Les Liaisons dangereuses*, l'univers dans lequel évoluent les protagonistes est rongé par le mensonge qui finit par rayer de la carte certains personnages, comme s'ils n'avaient jamais existé. Ce sont souvent les individus les plus purs qui sont incompatibles avec ce monde : Cécile de Volanges sort de son couvent au début de l'histoire pour finalement y retourner à la fin du roman, broyée par les mensonges de Valmont (l. CLXX, p. 500) ; Louise Strozzi fait une brève apparition à la fin de l'acte II, scène 1 où Salviati l'insulte, avant de mourir empoisonnée (acte III, scène 7).

2. Le « diseur de vérité » passif

A. La contemplation et l'acceptation

Par opposition à la sphère politique, la sphère **philosophique** est plutôt liée à la **réflexion solitaire**, donc à une attitude **passive**, sur le modèle du philosophe platonicien qui **contemple** les idées. En ce qui concerne la **vérité de fait**, qui est pourtant de même nature que le politique, puisque les faits sont aussi contingents et fragiles que les opinions, en proposer un **récit** le plus objectif possible conduit, comme l'explique Hannah Arendt, à l'**acceptation** des faits. L'individu ne fera donc aucun effort pour changer le monde. Les historiens, quant à eux, auront bien au contraire tendance à vouloir prouver la **nécessité** du déroulement des événements.

Dans *Lorenzaccio* et dans *Les Liaisons dangereuses*, les figures de **sages** correspondent précisément au profil décrit par Arendt. Philippe Strozzi est très respecté et considéré comme un « diseur de vérité » que les grandes familles florentines et les bannis seraient prêts à suivre pour se retourner contre Alexandre de Médicis. Très symboliquement, il est **enfermé** dans son palais au début, puis **exilé** à Venise loin de Florence à la fin. À l'acte III, scène 3, il est dans les rues de Florence, mais la didascalie indique de façon symbolique : *seul, s'asseyant sur un banc.* Il est donc passif et systématiquement associé au rêve : « J'ai rêvé pour ma patrie ce que j'admirais dans l'antiquité », acte II, scène 5, p. 99 ; « Et nous autres vieux rêveurs [...] depuis quatre ou cinq mille ans que nous jaunissons avec nos livres » (acte II, scène 1, p. 67). De la même façon, Mme de Rosemonde, qui essaie de soutenir la présidente de Tourvel par sa bienveillance et son bon sens, vit **retirée** à la campagne et, très symboliquement, n'est quasiment plus capable d'écrire une lettre à la fin du livre. Même si elle explique qu'elle a le bras presque paralysé par la vieillesse (l. CXII, CXIX, CXXVI), on peut aussi y voir un symbole de passivité. Philippe et Rosemonde sont finalement surtout dans la **déploration** : Philippe se lamente sur le sort des bannis (acte II, scènes 1 et 4), tandis que Rosemonde est infiniment touchée par le sort de la Tourvel. Ils ont tous les deux une conscience aiguë des événements qu'ils analysent parfaitement bien, sans toutefois pouvoir rien y faire.

B. Quand la vérité devient action

Il existe deux cas particuliers où la vérité **modifie** le réel et devient donc synonyme d'action.

a) L'exemplarité morale

S'il est impossible de prouver une vérité de fait, il est en revanche possible de **matérialiser** une vérité morale en en devenant soi-même l'**incarnation** pour frapper les esprits. Arendt cite le cas de Socrate, qui est devenu l'exemple du précepte qu'il énonce : « Il vaut mieux subir le mal que faire le mal » (« Vérité et politique », section III, p. 315). Plutôt que de s'enfuir pour échapper à la sentence injuste qui a été prononcée contre lui et donc mal se comporter à l'égard de la justice, le philosophe grec a préféré subir la condamnation à mort. Ce comportement très spectaculaire n'exercera aucune influence sur l'action politique, qui a pour objectif le bien commun et la préservation de la société, mais pourra en revanche influencer les **individus** et transformer leur attitude et leur conscience. C'est ce qui se produit chez Lorenzo, qui décide d'agir pour rétablir la justice à Florence, parce qu'il a été frappé par les *exempla* des deux Brutus et d'Oreste (voir fiche 15, p. 96).

b) Se battre contre le mensonge généralisé

Le « diseur de vérité » devient aussi un homme d'action dans le cas d'une société qui subit un **mensonge généralisé**. Essayer de rétablir les faits va alors totalement à contre-courant et modifie la réalité donnée de la société. Comme l'explique Arendt : « Où tout le monde ment sur tout ce qui est important, le diseur de vérité, qu'il le sache ou non, a commencé d'agir ; lui aussi s'est engagé dans le travail politique, car, dans le cas improbable où il survit, il a fait un premier pas vers le changement du monde » (« Vérité et politique », section IV, p. 320).

C'est notamment le cas des journalistes qui ont publié les *Pentagon Papers* dans la presse contre l'avis du gouvernement fédéral américain : ils ont pris des risques pour mettre fin au mensonge généralisé de la propagande au sujet du Vietnam, et révéler le véritable motif que poursuivaient les politiciens à l'époque : soigner l'image de marque des États-Unis. L'attitude de la marquise Cibo dans *Lorenzaccio* repose sur le même principe. Alors qu'elle est de plus en plus engluée dans la toile de mensonges que tisse le cardinal Cibo, elle réussit à rétablir brutalement les faits et à mettre fin à ses manigances. En effet, pour avoir de l'emprise sur elle, le cardinal la menaçait de révéler à son mari sa liaison avec le duc. À l'acte IV, scène 4, la marquise se jette aux pieds de son mari pour tout lui avouer, et neutralise ainsi totalement l'influence que le cardinal avait sur elle. Même s'il n'y a pas de dimension politique à proprement parler dans *Les Liaisons dangereuses*, Merteuil et Valmont ont eux aussi réussi à créer un microcosme totalement mensonger au sein duquel évoluent de nombreux personnages. La révélation fracassante de deux de leurs lettres par Danceny à la fin du roman détruit ce tissu de mensonges et rétablit les faits (l. CLXVIII, p. 494).

3. Parole et action

A. L'efficace de la parole

a) La parole performative

J. L. Austin a théorisé la **performativité** de la parole dans son livre *Quand dire, c'est faire* en 1962. Selon lui, une parole performative ne fait pas un constat empirique et n'exprime pas non plus les affects d'un individu. Elle est l'équivalent d'une action et exerce donc une **influence** sur le monde qu'elle modifie. Les **promesses** et les **serments** sont de l'ordre du performatif : la parole de l'individu implique automatiquement un engagement dans l'action. Lorsqu'il prête son fameux serment du Colisée à l'acte III, scène 3 (voir fiche 15, p. 96), Lorenzo s'engage à commettre un tyrannicide et tiendra sa promesse malgré les obstacles. Comme il n'a pas réussi à tuer le pape Clément VII, il s'attaque à Alexandre de Médicis. Même s'il ne s'agit pas d'un serment à proprement parler, Mme de Tourvel déclare quant à elle à Rosemonde, dans la lettre CXXIX : « C'est donc à votre neveu que je me suis consacrée » (p. 413). Ici, il faut entendre le verbe au sens religieux du terme : la consécration consiste, pour un religieux ou un laïque, à consacrer sa vie à Dieu à tout jamais. Tourvel sacrifie donc tout pour Valmont sans déroger, jusqu'à en devenir folle et à en mourir.

b) Le pouvoir du verbe dégradé

Malheureusement, certains personnages **corrompent** cette parole performative. Elle perd alors sa valeur et n'est plus synonyme d'action. Les premiers à discréditer la performativité de la parole sont évidemment Merteuil et Valmont, qui n'hésitent pas à promettre pour mieux tromper les autres. Valmont explique, par exemple, à Merteuil que même les serments qu'ils ont échangés n'ont aucune signification : « Que me parlez-vous d'éternelle rupture ? J'abjure ce serment, prononcé dans le délire : nous n'aurions pas été dignes de le faire, si nous eussions dû le garder. » (l. XV, p. 108). De même, le serment que prononce Côme à la fin de *Lorenzaccio* est une pure **mascarade**. Il est arrivé au pouvoir grâce à un vote qui n'a aucune légitimité, et se contente ensuite de prêter très rapidement serment sur l'Évangile en disant « Je le jure à Dieu – et à vous, cardinal » (acte V, scène 8, p. 208), les mettant ainsi tous deux sur le même plan. Il ne s'agit pas ici d'une véritable parole performative, mais du triomphe du cardinal Cibo, qui a fait de Côme son pantin.

B. Une parole vide de sens

a) Une parole détachée de l'action

C'est finalement la valeur de la parole en général qui est remise en question. Elle peut se transformer en discours creux, qui devient dès lors un **substitut** à une véritable action sur le terrain. C'est particulièrement le cas dans *Lorenzaccio* où tout le monde bavarde sans rien faire. Philippe Strozzi critique ainsi les vains discours des républicains : « Vous parlez de tout cela en faisant des armes et en buvant un verre de vin d'Espagne » (acte III, scène 2, p. 114), Côme n'est qu'un « beau dévideur de paroles » (acte V, scène 5, p. 199), et plus largement encore, Lorenzo s'exclame : « J'en ai assez d'entendre brailler en plein vent le bavardage humain » (acte III, scène 3, p. 136).

Mais la parole creuse peut aussi servir à **cacher** des actions **inavouables**. On pense immédiatement aux discours amoureux de Valmont ou vertueux de Merteuil, qui voilent tous les méfaits qu'ils commettent. Cette dernière écrit d'ailleurs très clairement : « Il est si commode d'être rigoriste dans ses discours ! cela ne nuit jamais qu'aux autres, et ne nous gêne aucunement… » (l. CVI, p. 350). Dans « Du mensonge en politique », Arendt explique que la propagande américaine vise à cacher les décisions catastrophiques qui ont été prises lors de la guerre du Vietnam.

b) Une éloquence qui sonne creux

Par conséquent, la parole ne véhicule plus de contenu valable et devient purement **formelle**. Lorenzo et le cardinal Cibo sont parfaitement conscients de ce discrédit de la parole et leurs répliques se ressemblent de façon troublante : le cardinal dit : « Des mots, des mots et rien de plus » (acte III, scène 6, p. 140) et Lorenzo s'exclame : « Ah ! les mots, les mots, les éternelles paroles ! » (acte IV, scène 9, p. 175). Face aux républicains Bindo et Venturi, qui n'hésitent pas à se compromettre pour obtenir les faveurs d'Alexandre, Lorenzo décrit d'ailleurs à merveille les mécanismes de l'éloquence creuse : « On tourne une grande période autour d'un beau petit mot, pas trop court ni trop long, et rond comme une toupie. On rejette son bras gauche en arrière […] ; on lâche sa période qui se déroule comme une corde ronflante » (acte II, scène 4, p. 91). Hannah Arendt elle-même montre les rouages des discours vains forgés par les « spécialistes des relations publiques » et les « spécialistes de la solution des problèmes » dans « Du mensonge en politique ».

C. L'action vide de sens

a) Catastrophe et répétition

En fin de compte, corrompue par le mensonge et l'illusion, l'**action** elle-même finit par devenir complètement **dérisoire** et constitue un immense **gâchis**.

De fait, dans « Du mensonge en politique », Arendt explique de quelle manière les États-Unis ont couru à la catastrophe – et à une défaite en réalité tout à fait prévisible –, à cause de spécialistes isolés dans leur tour d'ivoire. Il en va de même dans *Les Liaisons dangereuses*, où l'accumulation de mensonges finit par se retourner contre Valmont et Merteuil.

J.-M. Piemme [1] distingue, dans *Lorenzaccio*, plusieurs modes de relations à l'Histoire : le premier est le **retrait** de l'Histoire, par la non-participation d'Alexandre, plongé dans la débauche, et de l'idéaliste Philippe. Comme chez Arendt, l'Histoire les rattrape : l'un est assassiné, l'autre subit une mort symbolique. Le second mode est la **compromission** ; elle concerne le cardinal Cibo, qui ne travaille que pour ses intérêts personnels et ne fait finalement pas progresser les événements, malgré son triomphe apparent : un Médicis en remplace un autre, rien n'a changé.

Enfin, Lorenzo et Valmont sont de plus en plus conscients de la **vanité** de toute action. Le premier commet son tyrannicide en sachant pertinemment qu'il ne sera pas suivi d'effets. Quant à Valmont, il éprouve une certaine lassitude face aux stratégies de séduction finalement répétitives du libertinage, qui conduisent à posséder une femme puis à la quitter : « toujours des femmes à avoir ou à perdre, et souvent tous les deux » (l. LXXVI, p. 242). La Tourvel vient l'arracher un moment à cette routine du libertin.

b) Le pari

Certains vont aussi se jeter dans l'action sans réfléchir, prendre tous les **risques** et parfois le payer cher. Hannah Arendt et Musset utilisent, pour analyser cela, la métaphore du **pari**. Dans « Du mensonge en politique », les spécialistes sont comparés au parieur qui « ferait bien d'envisager sérieusement ce que peut signifier, dans la poursuite de sa vie quotidienne, le fait de gagner ou de perdre. » (section IV, p. 55). Lorenzo s'exclame, quant à lui : « je jette la nature humaine à pile ou face sur la tombe d'Alexandre » (acte III, scène 3, p. 136). C'est le dernier mode de relation à l'Histoire, que Piemme appelle la « **participation désespérée** ». Lorenzo parie sur un soulèvement du peuple, qui va en réalité finir par l'assassiner. L'**ultimatum** que Valmont lance à la Merteuil dans la lettre CLIII est tout aussi risqué, et va finalement coûter fort cher aux deux belligérants.

1. Jean-Marie Piemme, « *Lorenzaccio* : impasse d'une idéologie », *Romantisme* n°1-2, 1971.

FICHE 24. Les techniques de manipulation

1. La manipulation mentale

A. Stratégie d'enveloppement

Le trompeur va exercer une pression en continu sur sa victime. Ainsi, Valmont, par une stratégie d'enveloppement – tant par sa présence que par ses discours et ses lettres –, piège la Tourvel, qui se retrouve pressée de toutes parts : « Rentrée au salon, si je fais un pas, je vous trouve à côté de moi ; si je dis une parole, c'est toujours vous qui me répondez » (l. LXXVIII, p. 249) ; « Vos lettres, qui devaient être rares, se succèdent avec rapidité. Elles devaient être sages et vous ne m'y parlez que de votre fol amour. Vous m'entourez de votre idée, plus que vous ne le faisiez de votre personne. Ecarté sous une forme, vous vous reproduisez sous une autre » (l. LVI, p. 198-9). En effet, une fois que la présidente a accepté que le vicomte lui parle de son amour, ce dernier ne va cesser de marteler le terme dans ses lettres en une scansion obsédante et dangereuse, aussi bien pour sa destinataire que pour lui-même. Ainsi, la lettre LVIII (p. 224-5) tourne essentiellement autour du verbe « aimer », décliné sous toutes ses formes en une expolition hypnotique : « un amour malheureux », « mon amour », « un homme qui vous respecte encore plus qu'il ne vous aime », « à quel point je vous aime », « je n'existe plus que pour l'amour ». De cette façon, la destinataire de Valmont est cernée, aussi bien par le mot que par le sentiment.

B. Le caméléon

Le manipulateur, tels Valmont ou Lorenzo, est caméléon. Il se fond dans le décor, s'adapte aux circonstances, et s'ajuste aux désirs de sa victime (« Il est glissant comme une anguille ; il se fourre partout et me dit tout », dit le duc à propos de Lorenzo, acte I, scène 4, p. 49). Lorenzo confesse lui-même son apologie de l'insinuation et de la duplicité : « étudier, ensemencer, infiltrer paternellement le filon mystérieux du vice dans un conseil d'ami, dans une caresse au menton – tout dire et ne rien dire, selon le caractère des parents » (acte I, scène 1, p. 28). Il s'est fait le compagnon de débauche du duc, tout en étant le fidèle ami et fils de cœur de Philippe, le républicain idéaliste. Alors qu'il prémédite son meurtre, il joue le pleutre à la vue d'une épée, bernant ainsi le duc qui s'écrie : « Quand je vous le disais ! personne ne le sait mieux que moi ; la seule vue d'une épée le fait trouver mal. Allons chère Lorenzetta, fais-toi emporter chez ta mère » (acte I, scène 4, p. 52). La duplicité et le double jeu de Lorenzo sont tellement verrouillés qu'il se permet même de dire, en face du duc : « Bon ! Si vous saviez comme cela est aisé de mentir impudemment au nez d'un butor » (acte II, scène 4, p. 95). Le propos du protagoniste est ici à double entente, adressé en double énonciation au public externe. Lorenzo sait se plier à la représentation que le duc a de lui. Une autre interprétation possible est que le duc se doute du double jeu de Lorenzo, mais ne le pense pas capable de le trahir.

C. Jeu de rôle

Valmont sait aussi camper un personnage d'amant chevaleresque qui répond à l'idéal de la Tourvel. Et pour cause, il ne faut pas effaroucher la présidente, mais la mettre en confiance et lui faire croire qu'il aspire à devenir vertueux depuis qu'il la connaît. Il projette pour cela une image de lui qui coïncide avec le vœu secret de la présidente. Valmont joue le chevalier servant, le galant respectueux, fou d'amour de sa « belle dame sans merci » : « L'inconcevable empire que vous avez sur moi vous rend maîtresse absolue de mes sentiments » (l. XXXV, p. 149). La note passionnelle, irrésistible, fait chavirer le cœur de la présidente. Son coup de force est de retourner contre elle son argument de défense : sa vertu. Plus elle fera preuve de vertu, plus elle le charmera ; c'est elle la cruelle qui le fait souffrir : « Dans l'état cruel où vous m'avez réduit, je passe les jours à déguiser mes peines et les nuits à m'y livrer » (fausse lettre de Dijon, l. XXXVI, p. 153). Il cherche ainsi à culpabiliser Mme de Tourvel.

D. Protée

La manipulation mentale est aussi présente dans les textes d'Arendt. Dans « Vérité et politique », la philosophe affirme que le menteur sait agir sur la nature fluctuante des faits pour produire la version des faits qui l'arrange. Il accommode les faits à son bénéfice, à son plaisir, « ou même aux simples espérances de **son** public » (section IV, p. 320) – on notera ici le déterminant possessif, utilisé par Arendt. De fait, le menteur est un comédien qui adapte son rôle en fonction de son public, ajuste son masque, et arrange son texte. Il se projette et anticipe sur l'horizon d'attente de son public. Son talent de manipulateur des consciences s'appuie sur la notion de « vraisemblable ». En effet, il propose au public une version plus vraisemblable que la réalité des faits, ce qui relève de la technique de la « désinformation ». Ce prestidigitateur fait disparaître la surprise des événements réels, lisse leur incongruité et présente *a contrario* sa version des faits comme logique alors qu'elle est une réinterpration abusive de la réalité (section IV, p. 320). « il y a fort à parier qu'il sera plus convaincant que le diseur de vérité ». (*Ibid.*)

E. Tartuffe

La marquise de Merteuil est qualifiée de « Tartuffe femelle[1] » par Baudelaire. L'antonomase, se référant au personnage de Molière, nous rappelle qu'étymologiquement, « tartuffe » signifie « hypocrite », « comédien ». Et, en effet, la palme de l'hypocrisie revient à la marquise, artiste consommée en matière de duplicité. Elle se fait la confidente de Cécile alors qu'elle a programmé sa corruption (l. II, p. 81) : elle la trahit auprès de sa mère en révélant la correspondance de la jeune fille avec Danceny (l. LXIII, p. 208) ; quand Mme de Volanges, alarmée par la mine abattue de Cécile (l. XCVII, p. 314), pense à la marier avec le chevalier, elle l'en dissuade (l. CIV, p. 338), alors qu'elle conseille à Cécile de prendre Valmont pour amant (l. CV, p. 343). Mais la Merteuil joue également un double jeu avec Valmont. Éloignée de Paris en raison de son procès, elle reste évasive envers celui qui la presse de revenir afin de reprendre leur liaison : « Je ne peux pas vous dire positivement le jour ; mais vous ne doutez pas que, dès que je serai arrivée, vous n'en soyez le premier informé » (l. CXLV, p. 453). Malgré cette promesse faite à son complice de toujours, le premier averti de son retour est en réalité son nouvel amant, Danceny, à qui elle écrit : « je me fais une vraie fête de vous revoir » (l. CXLVI, p. 454). La duplicité, doublée de trahison, de la Merteuil n'échappe pas au vicomte, qui lui écrit alors : « Vous êtes à Paris depuis quatre jours ; et chaque jour, vous avez vu Danceny, et vous n'avez vu que lui seul » (l. CLI, p. 466-7).

2. La manipulation verbale

A. La plume et le masque

Chez Laclos, la manipulation mentale se fait verbale en adoptant le mode épistolaire. La rotation des points de vue et les séries permettent d'apprécier le double jeu des libertins, qu'il s'agisse de la fausse scène de charité (l. XXI, XXII, XXIII), du viol de Cécile (l. XCV, XCVI, XCVII), ou de la rencontre à l'Opéra entre la Tourvel et Émilie (l. CXXXV, CXXXVI, CXXXVII). Chez les libertins, la lettre relève d'un art de la tromperie et de la dissimulation. Pour la Merteuil et pour Valmont, il s'agit d'adapter son discours et son style en

1. Charles Baudelaire, « Notes sur *Les Liaisons dangereuses* », *Œuvres complètes*, tome II, éd. C. Pichois, Paris, Gallimard, coll. « Bibliothèque de la Pléiade », 1976, p. 71.

fonction du destinataire, d'ajuster la plume et le masque. Ainsi, la marquise sait parfaitement prendre le masque et le style de la femme « sentimentaire » avec Danceny (l. CXLVI, p. 453), prude et honnête avec Mme de Volanges (l. LXXXVII, p. 290), et mutine avec Valmont (l. X, p. 98). Elle donne d'ailleurs à Cécile une leçon de style : « Voyez donc à soigner davantage votre style. Vous écrivez toujours comme un enfant. Je vois bien d'où cela vient ; c'est que vous dites tout ce que vous pensez, et rien de ce que vous ne pensez pas [...] Vous voyez bien que, quand vous écrivez à quelqu'un, c'est pour lui et non par pour vous : vous devez donc moins chercher à lui dire ce que vous pensez, que ce qui lui plaît davantage » (l. CV, p. 347).

B. Perversion du langage

Chez les trois auteurs, nous assistons à une dévaluation du langage et à une perversion des genres de discours où la transparence, l'honnêteté et l'authenticité sont originairement requises. Ainsi, les serments sont de faux serments de repentir et de contrition (l. CXX, p. 385, de Valmont au père Anselme), et les confidences sincères de Cécile sont exploitées contre elle par la marquise. Dans *Lorenzaccio*, les confessions sont matière à chantage : tel un personnage laclosien, le cardinal se permet de lire la missive du duc à la marquise Cibo. Il tente ensuite, au deuxième acte, de lui soutirer des informations lors du rite de la confession, qui prend alors l'allure d'un interrogatoire : « Ne me cachez-vous rien ? Ne s'est-il rien passé entre vous et la personne dont il s'agit, que vous hésitiez à me confier ? » (acte II, scène 3, p. 82) Tandis que le cardinal se fait de plus en plus pressant, la marquise refuse de livrer le nom du duc (« Est-ce pour le répéter à mon mari que vous tenez si fort à l'entendre ? », *Ibid.* p. 83). La scène se répète à la scène 4 de l'acte IV (p. 163) où le cardinal exerce un véritable chantage sur la marquise, sa belle-sœur :

> LE CARDINAL
>
> Ton mari saura tout !
>
> LA MARQUISE
>
> Faites-le, faites-le, je me tuerai.

Ironie de la situation : c'est finalement la marquise qui piège le cardinal en révélant à son mari sa liaison avec le duc. Elle dénonce par la même occasion les agissements de son beau-frère : « [...] je me suis livrée, sachant qui il était, et quel rôle misérable j'allais jouer. Mais voilà un prêtre qui veut m'en faire jouer un plus vil encore ; il me propose des horreurs pour m'assurer le titre de maîtresse du duc, et le tourner à son profit ». Le cardinal en est statufié.

C. Une arme de pointe

Le langage peut ainsi dénoncer, nuire, voire détruire tel le billet-refrain que dicte la Merteuil à Valmont pour blesser à mort sa rivale Tourvel. Le refrain cinglant « ce n'est pas ma faute » (l. CXLI, p. 443) a eu six occurrences précédentes dans le roman. Il a été employé quatre fois par Cécile (l. XXX, LXXXII, XCIV, CXVII), deux fois par la marquise (l. CVI et CLXI), et une fois par Valmont qui, ironie du sort, suggère son texte à la Merteuil : « non, je ne suis point amoureux ; et ce n'est pas ma faute, si les circonstances me forcent d'en jouer le rôle » (l. CXXXVIII, p. 437). Plus le roman s'achemine vers la fin, plus le laconisme gagne la marquise, qui déclare « Hé bien ! la guerre » (l. CLIII, p. 472).

Dans *Lorenzaccio*, le langage se pare d'artifices, revêt ses habits de lumière pour illusionner son auditoire. Il costume la pensée. Or, comme le dit la marquise à propos de l'habit de religieuse dont s'est affublé Lorenzo : « Ceux qui mettent les mots sur leur enclume, et qui les tordent avec un marteau et une lime, ne réfléchissent pas toujours que ces mots représentent des pensées, et ces pensées des actions » (acte I, scène 3, p. 44). Le problème est que le langage, le plus grand des illusionnistes, paralyse l'action. Ainsi, le cardinal, qui pèse le poids de chaque mot dans son art de la manipulation, dit à la marquise : « Agissez d'abord, je parlerai après » (acte IV, scène 4, p. 162). De la même manière, le meurtre de Lorenzo a plusieurs visées : restaurer sa pureté, purger la ville de Florence de son bouc-émissaire – butor et ruffian à la solde de l'empereur –, mais aussi redonner du sens au langage, en vidant la baudruche, le « sac à paroles » : « Ô bavardage humain ! ô grand tueur de corps morts ! grand défonceur de portes ouvertes ! » (p. 175) dit-il dans son monologue délirant dans la scène 9 de l'acte IV. C'est également la raison pour laquelle il tue presque en silence le duc (acte IV, scène 11, p. 181) :

LORENZO

Dormez-vous, seigneur ?

Il le frappe.

LE DUC

C'est toi, Renzo ?

LORENZO

Seigneur, n'en doutez pas.

Il le frappe de nouveau.

Ironie du sort : après son geste, la logomachie reprend de plus belle, critiquée par le marchand : « un vacarme de paroles dans la ville, comme je n'en ai jamais entendu même par ouï-dire » (acte V, scène 5, p. 199). En point d'orgue dérisoire, Côme débite son serment en langue de bois qui sonne aussi creux que la statue de Lorenzo (acte V, scène 8).

D. Mystification

Sur la scène politique, dont les ressorts sont déconstruits par Arendt, la vérité est aussi sapée. La vérité des faits, parce que fluctuante, contingente, événementielle, est soumise à une torsion. La réalité historique est, elle, déformée dans le cadre des totalitarismes, cette « réécriture de l'histoire contemporaine sous les yeux de ceux qui en ont été les témoins » (« Vérité et politique », section IV, p. 321). Selon Arendt, les démocraties peuvent aussi se livrer à la désinformation de l'Histoire en transformant en opinions des vérités historiques qui dérangent, « comme si des faits tels que le soutien de Hitler par l'Allemagne ou l'effondrement de la France devant les armées allemandes en 1940, ou la politique du Vatican pendant la Seconde Guerre mondiale n'étaient pas de l'ordre de l'histoire, mais de l'ordre de l'opinion » (« Vérité et politique », section II, p. 301). Ainsi, les médias, la société du spectacle et des images, amplifient la désinformation. Les images se substituent dangereusement aux discours, qui, eux-mêmes, ont maquillé la réalité des faits. De la même façon, dans le cadre de la guerre du Vietnam, une campagne de communication avait été orchestrée, visant à dissimuler l'incurie du gouvernement. La défaite paraissait ainsi moins redoutable « que la reconnaissance de la défaite » (« Du mensonge en politique », section IV, p. 53). Dans cette optique furent donc élaborées « les déclarations inexactes à propos de la désastreuse offensive du Têt et de l'invasion du Cambodge » (« Du mensonge en politique », section IV, p. 53). Il valait en effet mieux « dissimuler la vérité », afin d'éviter que le président en exercice « soit "le premier Président des États-Unis à perdre une guerre" » (*Ibid.*). L'image des États-Unis prévalait sur la vérité. Plus qu'un mensonge, il s'agit ici d'une mystification : la combinaison de scenarios par des organes spécialisés, à des fins de propagande sous un régime démocratique.

FICHE 25. Le secret

À l'époque médiévale, le sens du mot « secret » renvoie au mystère, à l'occulte, ou encore à l'action de Dieu ou du diable. En politique, « le secret » dérive de ce sens mystique : est secret ce qui est réservé à un petit nombre d'élus. De fait, le secret renvoie à l'art de se taire et d'installer une relation de confiance.

1. Les arcanes du pouvoir

Le terme « arcanes » désigne étymologiquement, les archives où sont conservés les papiers des princes, en principe cachés et voués à le demeurer.

A. Vérité et politique

Arendt, dans « Du mensonge en politique », pose le postulat suivant : « Le secret – ce qu'on appelle diplomatiquement la "discrétion", ou encore *arcana imperii*, les mystères du pouvoir —, la tromperie, la falsification délibérée et le mensonge pur et simple employés comme moyens légitimes de parvenir à la réalisation d'objectifs politiques font partie de l'histoire aussi loin qu'on remonte dans le passé » (section I, p. 13). Elle reprend ainsi la thèse qu'elle avait avancée quelques années plus tôt dans « Vérité et politique », à savoir que la politique et la vérité sont incompatibles. Elle disait alors que « Les mensonges ont toujours été considérés comme des outils nécessaires et légitimes, non seulement du métier de politicien ou démagogue, mais aussi de celui d'homme d'État » (section I, p. 289). Cette thèse soulève plusieurs questionnements : est-il « de l'essence même du pouvoir d'être trompeur » (« Vérité et politique », section I, p. 290) ? Est-il de la nature du domaine politique de « nier ou de pervertir toute espèce de vérité » (*Ibid.*, section II, p. 302) ? Le mensonge est-il nécessaire en politique ? légitime ? Pour répondre à ces questionnements, Arendt s'appuie sur les réflexions de Hobbes et de Kant. Si le premier estime que la conservation de la société – dans la situation, par exemple où la patrie est en danger –, doit primer sur la vérité, le second considère que c'est au contraire la justice qui doit primer, comme le souligne le vieil adage « Que justice soit faite, le monde dût-il en périr ».

B. Secrets d'État

Dans « Vérité et politique », Arendt distingue deux types de mensonge concernant le domaine politique. Le mensonge politique traditionnel, qui concerne un « secret d'État », c'est-à-dire « des données qui n'avaient jamais été rendues publiques » (section IV, p. 321) et pour lequel politiciens et diplomates reconfigurent un élément précis au sein du récit historique, et le mensonge politique moderne, qui traite, lui, « de choses qui ne sont aucunement des secrets mais sont connues pratiquement de tout le monde » (*Ibid.*). De cette façon, Arendt nous démontre que l'Histoire contemporaine est réécrite, et que des non-faits sont substitués à la « vérité de faits ». Cette réécriture recèle une part de « violence ». Dans un régime démocratique, ils occultent ou cachent la « vérité des faits » ; dans un régime totalitaire, la vérité dérangeante est éliminée, comme ce fut le cas de Trotski, qui apprit « qu'il n'avait jamais joué un rôle dans la Révolution russe » (*Ibid.*, section IV, p. 322).

C. Le complotisme

La guerre du Vietnam a pour toile de fond la guerre froide (voir fiche 8, p. 48) et la menace d'un complot généralisé des pays de l'Est contre les pays de l'Ouest, de la Russie stalinienne contre les États-Unis. La théorie des dominos, l'hypothèse d'un soutien apporté aux rebelles du Vietnam du Sud par le Vietnam du Nord, ou d'une coalition sino-soviétique ne correspondaient pas à la réalité des faits, mais ont été les instruments de la propagande destinée à manipuler l'opinion et le Congrès.

La pièce de Musset a, elle aussi pour toile de fond une atmosphère de complot, exacerbée par l'agitation et le désordre du carnaval, et par le défilé des masques et des scènes nocturnes ou crépusculaires. Rappelons que trois complots sont menés contre le duc (voir fiche 14, p. 91) : l'intrigue des républicains autour de Philippe Strozzi et de ses fils Thomas et Pierre (ce dernier se désolidarisant pour se tourner finalement vers le roi de France), l'intrigue de la marquise de Cibo et du cardinal, et enfin celle de Lorenzo. Les deux premières échouent, la dernière est inopérante. Philippe est un idéaliste qui croit « à la vertu, à la pudeur et à la liberté » (acte III, scène 3, p. 130). C'est un penseur, mais coupé de la réalité, tout comme « les spécialistes de la solution » critiqués dans « Vérité et politique » par Arendt. Attentiste, il se perd dans un idéalisme improductif. Son fils, Pierre, incarne quant à lui l'activisme irresponsable. Animée par sa vertu républicaine, la marquise veut de son côté séduire le duc, même s'il faut pour cela sacrifier son honneur. Idéaliste, elle voudrait changer la nature du duc. Enfin, Lorenzo n'agit que pour lui, par narcissisme et par orgueil (« mon orgueil restait solitaire au milieu de tous mes rêves philanthropiques » (acte III, scène 3, p. 127). Dès l'illumination du Colisée, il a l'idée de tuer un tyran et non de lutter contre la tyrannie. Il œuvre par individualisme, ni pour le peuple qu'il méprise, ni pour des idéaux auxquels il ne croit plus.

NOTE DE L'AUTEURE : SECRET ET INTERACTION SOCIALE

Georg Simmel, dans *Secret et sociétés secrètes* (1991), montre que l'interaction sociale repose sur cinq critères : la vérité, l'erreur, le mensonge, le secret et la confiance. Selon lui, le mensonge consiste en la divulgation préméditée de connaissances biaisées ou faussées, avec l'idée d'introduire un rapport de hiérarchie. Ainsi, le menteur détient des informations sur l'autre. Simmel définit le secret « comme un facteur de différenciation entre les individus » et un « élément de l'individualisation ». Le secret permet à l'individu de se dérober au contrôle social des autres. Il préserve la liberté du sujet. Enfin, il détient une valeur intrinsèque, moins par son contenu que par son potentiel de partage et de confidence, ou à l'inverse, par la possibilité de la trahison.

2. Fatalité du secret

A. Dans « le secret des dieux »

Dans *Les Liaisons dangereuses*, le genre épistolaire permet au secret d'être confié. Ainsi, la lettre est le creuset des confidences ; celles de Cécile, avouant à la marquise son amour pour Danceny ou sa détresse au lendemain de son viol (l. XCVI, p. 308), ou encore celles de la Tourvel, qui change de confidente quand elle ne peut plus se cacher son amour pour Valmont et écrit à Rosemonde plutôt qu'à Volanges.

Nous n'avons que quelques indices sur la correspondance secrète entre Merteuil et Valmont depuis les origines de leur liaison, sur leur « compte ouvert », mentionné dans la note de la lettre II et dans la lettre CLXIX. Valmont a adressé ces lettres à Danceny, qui les confie à son tour à Rosemonde, dépositaire de toutes les lettres qui constituent *Les Liaisons dangereuses*. C'est de cette façon que Danceny et Rosemonde prennent connaissance de tous les secrets des personnages, à l'instar des deux libertins autrefois. Rédacteur, éditeur et lecteur sont aussi en position surplombante et omnisciente, dans le « secret des dieux ».

B. La toile libertine

Dans *Les Liaisons dangereuses*, la maîtrise libertine repose sur le secret. Ainsi, Merteuil régit son univers parce qu'elle connaît les secrets de chacun, ce qui lui permet de tenir tous les personnages. Elle écrit dans la lettre LXXXI : « […] il n'est personne qui n'y conserve un secret qu'il lui importe qui ne soit point dévoilé […]. Nouvelle Dalila, j'ai toujours, comme elle, employé ma puissance à surprendre ce secret important » (p. 268-9). Elle avoue par ailleurs dans cette missive qu'elle tient ainsi en son pouvoir sa femme de chambre. On comprend en effet que la désespérée, qui a commis un infanticide, a été sauvée par la Merteuil en échange de quoi elle ne doit rien révéler des secrets de la marquise. Mais cette dernière tient également Valmont par un secret qui lui coûterait un exil hors de France (l. CLII, p. 468). Merteuil est comme au centre d'une toile, le réseau épistolaire. Elle recueille les confidences de Valmont, de Cécile, de Volanges, de Danceny, et, indirectement, de Tourvel. Or, la faille de la marquise, c'est son orgueil. Dans un moment d'*hybris* (voir fiche 22, p. 149), elle rédige la fameuse lettre LXXI, dans laquelle elle confie ses secrets à Valmont pour l'écraser de sa supériorité. À ce moment-là du récit, leur complicité est scellée et elle n'a pas envisagé la dissolution de leur pacte : « À la vérité, je vous ai depuis livré tous mes secrets : mais vous savez quels intérêts nous unissent, et si de nous deux, c'est moi qu'on doit taxer d'imprudence » (p. 269).

C. Le secret de Lorenzo

Le secret est également au cœur de *Lorenzaccio*. Lorenzo est d'abord le confident de deux pôles ennemis : celui du duc Alexandre, et celui de Philippe Strozzi. Toutefois, le jeune homme s'avère très rapidement être lui-même homme du secret. Habillé de noir, il rôde dans les rues et dans les palais de Florence. Il dévoile les masques de ses contemporains, et décrypte leurs secrets. Mais lui-même ne révèle son dessein qu'à Philippe : devenir le nouveau Brutus, et tuer Alexandre (acte III, scène 3). Il garde toutefois pour lui son vœu intime : recouvrer sa pureté perdue.

L'autre personnage dans l'ombre, le cardinal Cibo, éminence grise, a percé la duplicité de Lorenzo. Ainsi, il essaie, par deux fois, de prévenir le duc : « Si je craignais cet homme, ce ne serait pas pour votre cour, ni pour Florence, mais pour vous, duc » (acte I, scène 4, p. 49). Or, Lorenzo, homme du masque et du secret, parle beaucoup, mais ne dit finalement rien sur son dessein secret, excepté à l'acte IV où il annonce deux fois qu'il va tuer Alexandre. Ce sont des paroles de diversion. Lorenzo, en réalité, abhorre le bavardage vain : « Ô bavardage humain ! ô grand tueur de corps morts ! grand défonceur de portes ouvertes ! » (p. 175) dit-il dans son psychodrame de la scène 9 de l'acte IV.

3. Bavardage et divulgation

A. Blablas et cancans

Dans *Lorenzaccio*, le langage costume la pensée. C'est une parade de signes qui tournoient dans le vide. Les mots participent de l'esthétique du carnaval, du jeu et du déguisement. « Les mots de la religion sont réduits à leur vibration sonore : mots décoratifs et inoffensifs[1] ». Le langage est dévalué, les mots sont désémantisés, et la parole n'est plus crédible, même si Philippe veut croire encore en quelques mots et valeurs : « la république, il nous faut ce mot-là. Et quand ce ne serait qu'un mot, c'est quelque chose, puisque les peuples se lèvent quand il traverse l'air… » (acte II, scène 1, p. 68).

Dans *Les Liaisons dangereuses*, les personnages qui bavardent sont les plus vulnérables, à l'image de Cécile et de son « petit bavardage » ou de sa mère, chambre d'écho aux cancans de la ville. Dans la lettre CLXXIII, de nombreuses expressions soulignent combien la Volanges est sensible à la rumeur et aux médisances, aux paroles rapportées. Ainsi peut-on relever dans cette lettre les expressions suivantes : « un homme de ma connaissance est venu me voir, et m'a raconté » (p. 508) ; « La même personne qui m'a fait ce détail m'a dit » (p. 509) ; « On dit encore » (p. 509). Dans la lettre CLXXV, elle écrit : « Le marquis de ***, qui ne perd pas l'occasion de dire une méchanceté, disait hier, en parlant d'elle » (p. 511), ou encore : « Ses gens disent aujourd'hui » (p. 512).

B. Rumeurs et calomnies

Du temps de leur splendeur libertine, Merteuil et Valmont savent orchestrer la divulgation d'un secret pour perdre un ennemi – Prévan pour la Merteuil, et un certain Vressac pour Valmont –, le couvrir de honte, et le ridiculiser : « Si vous trouvez cette histoire plaisante, je ne vous en demande pas le secret. A présent que je m'en suis amusé, il est juste que le public ait son tour », écrit Valmont (l. LXXI, p. 233).

Or, par ironie, ces deux mêmes libertins sont finalement piégés par la révélation de leurs propres secrets : les lettres LXXXI et LXXV sont divulguées dans tout Paris par Danceny (lettres CLXVIII, p. 494). La marquise de Merteuil ne soupçonnait pas que le jeune chevalier se révélerait sa statue du commandeur. Elle est huée à la Comédie-Italienne tandis que le public fait de Prévan le héros de la fête. Ceci souligne d'ailleurs la versatilité du jugement du public, ainsi que la puissance de la calomnie : « À la sortie, elle entra, suivant son usage, au petit salon, qui était déjà rempli de monde ; sur-le-champ il s'éleva une rumeur, mais dont apparemment elle ne se crut pas l'objet. Elle aperçut une place vide sur l'une des banquettes, et elle alla s'y asseoir ; mais aussitôt toutes les femmes qui y étaient déjà, se levèrent comme de concert, et l'y laissèrent absolument seule. Ce mouvement marqué d'indignation générale fut applaudi de tous les hommes, et fit redoubler les murmures, qui, dit-on, allèrent jusqu'aux huées » (l. CLXXIII, p. 508). La bonne société a tôt fait

1. J.-M. Thomasseau, p. 92

de retourner sa veste, sans doute vexée d'avoir été la dupe de Merteuil. Frappés par la honte, certains personnages font même un vœu de retraite et de silence : Tourvel fuit au couvent, Cécile prend l'habit de religieuse, et Danceny se retire dans l'ordre de Malte.

Quant à la divulgation des *Pentagon Papers*, ce fut un premier scandale d'État avant l'affaire du Watergate. Cependant, l'incurie du gouvernement n'était pas un secret pour l'opinion publique : « les documents du Pentagone n'ont guère apporté de révélations inédites ou significatives au lecteur habituel des quotidiens et des hebdomadaires » (« Du mensonge et politique », section V, p. 65). Il s'agissait en effet d'un « secret de Polichinelle ». Il n'est pas un argument qui n'ait été discuté publiquement dans les médias ou dans les journaux. Seules étaient ignorées « les vues divergentes des services de renseignements ». Arendt souligne par cette occasion, la vertu salutaire de la presse, qui a permis au public d'avoir connaissance de « ce que le gouvernement s'efforçait vainement de lui dissimuler » (*Ibid.*). Finalement, l'affaire a témoigné de « l'intégrité et des pouvoirs de la presse » plus qu'elle n'a été une révélation sur des secrets d'État. La presse a ainsi démontré qu'elle était un véritable quatrième pouvoir, et qu'il était important pour la démocratie de garantir sa liberté.

FICHE 26. La transparence

1. La transparence voilée

A. La pureté originelle

Dans *Lorenzaccio,* la pureté renvoie au monde de l'enfance, à l'origine, mais sur le mode du regret. La pureté de Lorenzo est un paradis perdu et son souvenir est une morsure lancinante qui étreint le cœur de sa mère, Marie : « Cela est trop cruel d'avoir vécu dans un palais des fées, où murmuraient les cantiques des anges » (acte I, scène 6, p. 63). Enfant béni des fées à sa naissance, Lorenzo était promis au trône. Son enfance fut heureuse et studieuse, placée sous le signe de Plutarque et des modèles vertueux de l'Antiquité. Le « saint amour de la vérité brillait sur ses lèvres », mais la débauche, cette mauvaise mère, l'a pris dans ses bras et l'a étreint avec force. Sa mère, Marie, ne reconnaît plus son fils : « comme une fumée malfaisante, la souillure de son cœur lui est montée au visage » (*Ibid.*). Elle voit, entre rêve et réalité, le spectre de Lorenzo enfant – son « Lorenzino » –, comme une consolation (acte II, scène 4). Ce dernier idéalise d'ailleurs son enfance et sa jeunesse comme un moment absolu de pureté.

Dans la pièce, deux autres personnages symbolisent cette pureté originelle : Louise Strozzi, et Catherine Ginori, la tante de Lorenzo. Leurs noms figurent d'ailleurs symboliquement en dernier dans la distribution, comme si la pureté n'avait plus lieu d'être. Louise est empoisonnée (acte III, scène 7) durant une réunion des républicains, et son enterrement est gâché par la dispute entre son père et son frère (acte IV, scène 6). Quant à Catherine, modèle de vertu, Lorenzo s'apprête à la livrer à la débauche du duc. Il tente en effet de la corrompre, avec la quasi-certitude de réussir en ce monde où plus rien n'a de valeur : « Catherine n'est-elle pas vertueuse, irréprochable ? Combien faudrait-il pourtant de paroles, pour faire de cette colombe ignorante la proie de ce gladiateur aux poils roux ? » (acte IV, scène 5, p. 166).

B. La femme naturelle

Le terme « proie » permet de rapprocher Catherine Ginori et la présidente de Tourvel, la proie convoitée par le vicomte de Valmont, qui, dans sa lettre XXIII, file la métaphore de la chasse pour parler de sa victime : « Laissons le braconnier obscur tuer à l'affût le cerf qu'il a surpris ; le vrai chasseur doit le forcer » (p. 126). La présidente de Tourvel incarne la femme naturelle dont Laclos dresse un portrait dans le chapitre IV de son traité *Des femmes et de leur éducation* : « […] elle ne sait pas minauder, mais elle sait encore moins se contraindre, son âme se peint sur son visage, et, s'il exprime avec force la colère ou la terreur, le désir ou la volupté ne s'y peignent pas avec moins d'énergie[1] ». De fait, Mme de Tourvel est une héroïne de la transparence : « je ne sais ni dissimuler ni combattre les impressions que j'éprouve » (l. XXVI, p. 131). Elle est sensible et émotive, elle réagit spontanément, et ses mouvements d'humeur se lisent sur son visage, comme le souligne d'ailleurs Valmont : « Il faut voir, surtout au moindre mot d'éloge ou de cajolerie, se peindre, sur sa figure céleste, ce touchant embarras d'une modestie qui n'est point jouée !... » (l. VI, p. 90). Elle ne feint jamais : ni lors de sa lecture de la fausse lettre de Dijon (l. XL, p. 159), ni lors du retour-surprise de Valmont (l. LXVII, p. 221).

C. La crédulité

De son côté, la jeune Cécile apparaît comme la petite sœur de la Tourvel. Leurs destinées sont parallèles, mais Cécile n'a pas les faveurs de la tragédie. Elle incarne au départ l'ingénuité, puis la naïveté et la crédulité. À travers ce personnage, et celui de la Tourvel, éduquée elle aussi au couvent, Laclos fait ainsi le procès de l'éducation conventuelle. Cécile, élevée par des femmes retirées du monde, ne sait rien des codes sociaux. Plus grave, elle n'a aucune conscience morale. Paradoxalement, elle sort du couvent et n'a en réalité bénéficié d'aucune formation morale. De plus, sa mère la laisse en déshérence. C'est pourquoi, elle se tourne finalement vers la Merteuil, qu'elle croit la plus honnête des protectrices : « C'est pourtant bien extraordinaire qu'une femme qui ne m'est presque pas parente prenne plus de soin de moi que ma mère ! c'est bien heureux pour moi de l'avoir connue ! » (l. XXIX, p. 137). De fait, elle s'est jetée « dans la gueule du loup », comme son chevalier Danceny qui, tout aussi crédule, prend la Merteuil pour une femme angélique : « Amie sensible, tendre amante, pourquoi le souvenir de ta douleur vient-il troubler le charme que j'éprouve ? » (l. CXLVIII, p. 458). Ce dernier, abusé par la comédie de la Merteuil, s'imagine toutefois, et par autosuggestion (voir fiche 22, p. 149), en nouveau Saint-Preux. En effet, il se croit un amant sensible, alors qu'il trompe Cécile et verse dans le libertinage.

D. Le diseur de vérité

Lorenzo jeune, Louise Strozzi, Catherine Ginori, Tourvel, Cécile, Danceny : les purs sont sacrifiés sur l'autel de la société. Mais chez Arendt aussi, les « diseurs de vérité » sont menacés. Ce sont des vigies dont la mission est d'exprimer l'essence des choses, la permanence, et la vérité. Or, ils

1. Pierre Ambroise Choderlos de Laclos, *Œuvres complètes*, éd. Laurent Versini, Paris, Gallimard, coll. « Bibliothèque de la Pléiade », 1979, p. 403.

encourent des risques : au mieux d'être ridiculisés, au pire d'être tués : « celui qui forçait ses concitoyens à le prendre au sérieux en essayant de les délivrer de la fausseté et de l'illusion, celui-ci risquait sa vie » (« Vérité et politique », section I, p. 292). Seules les vérités qui n'engagent pas les intérêts individuels sont acceptées. Pour le reste, le pur arendtien est seul. Il se compromet et entache sa pureté – à l'image de Lorenzo –, s'il entre dans la sphère du politique, intervient dans les affaires humaines, et parle « le langage de la persuasion ou de la violence », (*Ibid.*, section V, p. 330).

2. Vers l'opacité ?

A. La souillure

En réalité, même les personnages purs ou ingénus sont gagnés par l'impureté et le libertinage : tout comme Lorenzo s'est acquis à la débauche, la marquise Cibo s'adonne à l'adultère, et Tebaldeo accepte de peindre le duc nu, en dépit de son idéal artistique absolu. Même Cécile, l'ingénue, se livre au plaisir des sens, guidée par Valmont qui lui enseigne « [le] catéchisme de débauche » (l. CX, p. 363). La marquise de Merteuil se désintéresse totalement de la jeune fille, qu'elle dénigre violemment dans la lettre CVI : « [...] je ne connais rien de si plat que cette facilité de bêtise, qui se rend sans savoir ni comment ni pourquoi, uniquement parce qu'on l'attaque et qu'elle ne sait pas résister. Ces sortes de femmes ne sont absolument que des machines à plaisir » (p. 319). La jeune fille, qui n'a notion ni du bien ni du mal, mène deux intrigues : une sensuelle avec Valmont, une sentimentale avec Danceny. Ce dernier, de la même façon, fait également preuve de duplicité ; il connaît les plaisirs de la chair avec Merteuil, tout en l'érigeant en femme angélique, et en pensant à sa « chère Cécile ».

B. La fraude de la vérité

Ce questionnement nous amène à réfléchir avec Arendt sur la transparence en régime démocratique. Est-elle enviable ? Le citoyen doit-il tout savoir ? Faut-il préserver des secrets d'État ?

C'est justement les questions que pose l'affaire des *Pentagon Papers* : fallait-il taire l'incurie du gouvernement américain ? ou au contraire l'avouer, au risque de décrédibiliser le président ainsi que son ministère et son armée ? Était-il légitime de mentir aux citoyens américains en manipulant les informations qui concernaient la guerre au Vietnam ? Fallait-il dissimuler la vérité, à savoir que, pour la première fois, le président des États-Unis allait perdre une guerre pour laquelle les motivations étaient de plus en plus hasardeuses ?

En réalité, Arendt souligne que si « des moyens aussi importants et coûteux en vies humaines et en ressources matérielles ont pu être consacrés à des fins dépourvues de tout sens politique », c'est que le gouvernement était dans l'« incapacité de comprendre que le pouvoir, même celui d'une très grande puissance, comporte toujours des *limites* » (« Du mensonge en politique », section IV, p. 56). Ce qui était en jeu, c'était le mythe de la suprématie américaine, « le mythe périlleux de l'omnipotence » *(Ibid.)* qui se fracassait contre la « vérité des faits ». Ainsi, la vérité était certes violente pour le mythe américain, mais elle était préférable à la désinformation frauduleuse.

C. Le naufrage du monde

Les trois auteurs partagent un même constat amer quant à la dévaluation du monde et à la perte des valeurs : la transparence est un leurre, un drapeau que l'on agite, et les croyances sont mortes. Ainsi, la religion est par exemple parodiée par les libertins Valmont et Merteuil, et moquée par le débauché Lorenzo. De même, le pèlerinage de Montolivet est une foire (acte I, scène 5), et les offices religieux un spectacle (acte II, scène 2).

L'amour est une anti-valeur pour les libertins. La politique est une mascarade dans *Lorenzaccio*, et le règne du mensonge chez Arendt. Ainsi, les purs se compromettent au nom de leurs idéaux, à l'image de la marquise Cibo. Mais alors, qui croire ? que croire ? les valeurs marchandes ? les scénarios inventés par « les spécialistes de la solution des problèmes », qui transforment en vérité scientifique des vérités humaines ? les mensonges des « spécialistes des relations publiques », qui s'inspirent du marketing et vendent des opinions (« Vérité et politique », section IV, p. 324-5) ? Quels sont les nouveaux objets du culte moderne ? la débauche ? le libertinage ? l'argent ? le mensonge ? La défiance règne et les illusions elles-mêmes sont trompeuses au royaume des menteurs. La conséquence du mensonge organisé, comme le souligne Arendt, est l'effondrement de tout sens stable, et il n'est donc pas étonnant que le costume de nonne qu'arbore Lorenzo traîne dans le sable. Tout se délite. Tout tournoie dans le bal des signes et des valeurs qu'emblématise le carnaval florentin.

D. Le grain de l'ironie

Chez les trois auteurs, nous retrouvons un grain d'ironie, qui décape les apparences. Elle est levain de vérité et le contrepoison du « faire croire ».

Arendt est caustique envers le gouvernement américain et ses mensonges frauduleux pour « faire croire » à la pérennité de la suprématie américaine et à la légitimité des coûts engagés dans la guerre du Vietnam, ou envers le maquillage de faits historiques dérangeants : « Quand Trotski a appris qu'il n'avait jamais joué un rôle dans la Révolution russe, il a dû savoir que son arrêt de mort avait été signé » (« Vérité et politique », section I, p. 322).

Chez Musset, c'est avec ironie que le personnage de Lorenzo regarde ses contemporains, soulève leurs masques, et décrypte leur bavardage. Comme le souligne Alain Heyvaert[1], le personnage *est* ironie. Il y a en effet un hiatus entre les discours de Lorenzo, ses comportements (sa feinte lâcheté, acte I, scène 4), et son action, qu'il mène secrètement par idéalisme et dans l'espoir de restaurer sa pureté perdue.

« Roman essentiellement ironique, *Les Liaisons dangereuses*, peuvent être comprises finalement comme le roman de l'ironie » écrit Jean Fabre dans « *Les Liaisons dangereuses*, roman de l'ironie » (p. 146). En effet, au degré zéro, l'ironie est l'arme des libertins, et ses cibles sont les naïfs - Cécile ou Danceny, qui introduit Valmont auprès d'elle comme « un ange tutélaire » (l. LXV, p. 219) - et les aveugles - Mme de Volanges, qui confie sa fille au mauvais génie qui a prémédité sa perte (l. II, p. 81), et le père Anselme, qui joue à son insu les entremetteurs (l. CXXIII, p. 392). Mais l'ironie s'exerce aussi contre les libertins, piégés par leur orgueil, et contre Laclos lui-même. La note morale du roman reste toutefois indécidable lorsque Mme de Volanges écrit : « Je vois bien dans tout cela les méchants punis ; mais je n'y trouve nulle consolation pour leurs malheureuses victimes » (l. CLXXIII, p. 509).

1. Alain Heyvaert, *La transparence et l'indicible dans l'œuvre d'Alfred de Musset*, Paris, Klincksieck, 1994.

FICHE 27. Le mal

1. Le champ du mal

A. La peste

Tout comme dans *Œdipe roi* de Sophocle ou dans *Hamlet* de Shakespeare, il y a « quelque chose de pourri» dans la ville des protagonistes des trois œuvres étudiées ; c'est le cas à Florence pour *Lorenzaccio*, à Paris pour *Les Liaisons dangereuses*, et à Washington pour « Du mensonge en politique ». Une maladie symbolique s'abat sur la ville de Thèbes ou d'ailleurs. Un usurpateur est en place et il faut le déloger afin de purger la ville, ramener l'ordre, et restaurer la pureté. Dans *Lorenzaccio,* cet imposteur est le duc, et c'est Lorenzo qui se fait le nouveau justicier, le nouveau Brutus. Philippe lui dit alors : « […] alors tu jetteras ce déguisement hideux qui te défigure, et tu deviendras d'un métal aussi pur que les statues de bronze d'Harmodius et d'Aristogiton […]. Toutes les maladies se guérissent, et le vice est aussi une maladie » (acte III, scène 3, p. 133). Mais rien ne se passe comme dans les fables et les mythes. Les fibres du masque se sont imprégnées dans la chair de Lorenzo, et les stigmates sont indélébiles, comme la marque de l'anneau du duc : « Regarde, il m'a mordu au doigt. Je garderai jusqu'à la mort cette bague sanglante, inestimable diamant » (acte IV, scène 9, p. 181). Tout est rongé par la lèpre ; Lorenzo (acte II, scène 5), les visages des statues, les alcôves des palais florentins, les autels des églises, la salle du trône. Tout est carnaval, désordre, corruption et conspiration dans l'univers campé par Musset, auteur romantique, rompu au « mal du siècle ». Le meurtre de Lorenzo ne sert d'ailleurs à rien puisqu'aucune croyance ne relaie la mort du duc. Aucune espérance.

B. La vérole

Dans *Les Liaisons dangereuses*, la marquise est frappée par la vérole, maladie sexuelle qui touchait alors toutes les classes sociales mais qui restait toutefois une maladie symptomatique du libertinage. Il n'est donc pas étonnant que Laclos l'inflige à son personnage : les marques de la vérole sont autant de stigmates du libertinage de la marquise et la marque de son infâmie : « J'avais bien raison de dire que ce serait peut-être un bonheur pour elle de mourir de sa petite vérole. Elle en est revenue, il est vrai, mais affreusement défigurée ; et elle y a particulièrement perdu un œil. Vous jugez bien que je ne l'ai pas revue ; mais on m'a dit qu'elle était vraiment hideuse. Le marquis de ***, qui ne perd pas l'occasion de dire une méchanceté, disait hier, en parlant d'elle, que la maladie l'avait retournée, et qu'à présent son âme était sur sa figure » (l. CLXXV, p. 511), écrit, non sans satisfaction médisante, la Volanges.

C. La lèpre

La lèpre, maladie de la peau et du système nerveux, est tout aussi chargée de symbole que la peste et la vérole. À l'acte II, scène V, Pierre Strozzi qualifie Lorenzo de « lèpre ». L'image métaphorise la duplicité répulsive de Lorenzo qui porte le masque du débauché mais aspire à recouvrer sa pureté. Or, telle la lèpre, le vice a corrodé les chairs de Lorenzo, piégé par son propre jeu : « Le Vice, comme la robe de Déjanire, s'est-il si profondément incorporé à mes fibres [...] » (acte IV, scène 5, p. 166). Dans « Du mensonge en politique », le menteur de sang-froid est gagné, comme Lorenzo, par un mal psychique qui s'appelle l'autosuggestion (voir fiche 22, p. 149). Arendt y explique en effet que le menteur, qui croit en ses mensonges, s'illusionne en un procédé qui nous rappelle l'ironie – régente des *Liaisons dangereuses* – : « On peut en conclure que plus un trompeur est convaincant et réussit à convaincre, plus il a de chance de croire lui-même à ses propres mensonges » (section IV, p. 51). Elle souligne par ailleurs que « Dans le domaine de la politique, où le secret et la tromperie délibérée ont toujours un rôle significatif, l'autosuggestion représente le plus grand danger : le dupeur qui se dupe lui-même perd tout contact, non seulement avec son public, mais avec le monde réel » (section V, p. 54). Dès lors, les menteurs de sang-froid comme Lorenzo, la Merteuil ou Valmont, sont campés sur leur propre personnage qui les fascine. Or, la lèpre, comme la vérole, ronge les masques des libertins et des débauché, et met à nu les visages.

2. « Mal que le Ciel en sa fureur/ Inventa pour punir les crimes de la terre[1] » ...

A. La méchanceté méthodique

Dans les trois œuvres, le mal n'est pas une punition de Dieu à l'égard des hommes. Il est bien social, comme le souligne Arendt dans « Du mensonge en politique » : « Il faut ainsi nous souvenir, quand nous parlons de mensonge, et particulièrement du mensonge chez les hommes d'action, que celui-ci ne se n'est pas introduit dans la politique à la suite de quelque accident dû à l'humanité pécheresse » (section I, p. 15).

Dans *Les Liaisons dangereuses*, le mal se manifeste surtout par la méchanceté méthodique des deux libertins, par leur jubilation à dégrader l'innocence de Cécile et à souiller la vertu de la Tourvel. C'est un poison sécrété par la société. Pour Laclos, comme pour Rousseau sous l'égide duquel se place le recueil, le mal n'est pas de nature ontologique. Il est d'origine et de nature sociales. Surtout, il s'incarne dans le mensonge. Tous les personnages mentent, même par omission. Ainsi, la

1. Jean de La Fontaine, « Les Animaux malades de la peste », v. 2-3.

présidente de Tourvel n'avoue pas qu'elle fait surveiller Valmont, Cécile ment à sa mère, mais aussi à Danceny quand elle devient la maîtresse de Valmont. À son tour, Danceny ment à Cécile quand il devient l'amant de Merteuil. Valmont ment quant à lui à Tourvel lorsqu'il se prétend un libertin repenti, mais aussi à Cécile et à Danceny quand il se prétend leur auxiliaire zélé, et enfin à la Merteuil quand il se défend d'aimer la Tourvel. Mais dans le roman de Laclos, la championne de la duplicité est bien évidemment la marquise. Sous le masque de la vertu, elle se fait ainsi la confidente de Cécile et de sa mère, pour finalement les trahir simultanément toutes les deux (l. CIV et CV), elle se présente « pure et sans tache » auprès de Danceny (l. CXIII, p. 372), et assure à Valmont qu'elle ignore la date de son retour à Paris alors qu'elle la confie à Danceny, le même jour (l. CXLV et CXLVI).

B. Pacte satanique ?

Mais ce règne du mensonge, de l'hypocrisie et de la duplicité signifie-t-il que les libertins sont diaboliques ? En effet, leur méchanceté méthodique s'applique à instrumentaliser leurs victimes, à nuire à leurs rivaux (Prévan), et même à les détruire (Tourvel blessée à mort par le billet-refrain, l. CXLIV, p. 448). Ils parodient également le vocabulaire de la religion, qu'ils détournent (l. IV, p. 84). Ils jubilent de leur noirceur, de leur vengeance et de leur trahison – Baudelaire qualifie d'ailleurs la Merteuil de « démon femelle ». Ils participent du démon par leur orgueil hybrique, l'ivresse de leur intelligence, et leur esprit négateur, qui ne croit ni en l'amour, ni en la vertu, ni en l'honneur. Mais, contrairement à Don Juan qui défie la statue du commandeur, le ciel et Dieu, les libertins laclosiens ne sont pas animés d'une volonté blasphématoire. Le ciel est vide. Si les libertins sont taxés de diabolisme, c'est donc uniquement dans un sens humain.

C. Des masques et des monstres

Dans *Lorenzaccio,* il est également question de débauche, de libertinage et d'immoralité. Tout comme dans *Les Liaisons dangereuses*, le mal est ici social. C'est la société qui a corrompu Lorenzo, comme il le montre dans la scène 3, de l'acte III. La confession du jeune homme fait d'ailleurs écho à la lettre autobiographique de la Merteuil : « l'Humanité souleva sa robe, et me montra, comme à un adepte digne d'elle, sa monstrueuse nudité » (p. 131). Le carnaval emblématise par ailleurs la mascarade générale. La corruption et la conspiration fleurissent à chaque pas. La pourriture s'est glissée sous les masques. La vérité s'est absentée. Philippe a beau dire que « Le mal existe, mais non pas sans le bien, comme l'ombre existe, mais non sans la lumière » (acte III, scène 3, p. 132), l'honneur, l'honnêteté, et la droiture n'ont, elles, aucune utilité.

La religion, enfin, est elle aussi une mascarade. L'Église se compromet avec le politique. Le cardinal Cibo est le champion de la duplicité ; il fait même l'apologie de la prostitution (acte IV, scène 4). Le peuple florentin ne se démarque pas par sa piété. La superstition a pris la place de la foi. Le marchand voit dans le chiffre 6 la clef politique de l'avènement du nouveau duc (acte V, scène 1). Les institutions politiques sont aussi démasquées. Alexandre est le fantoche du pape et de l'empereur et l'élection de Côme est une farce.

D. Mensonge et violence

Dans « Vérité et politique » et « Du mensonge en politique », la première victime n'est autre que la vérité. Ainsi, Arendt y souligne que les « diseurs de vérité » sont ridiculisés, quand ils ne sont pas tués, comme Socrate l'a été pour s'être compromis dans la sphère politique. Elle démontre que le mensonge semble l'essence de la politique et une arme, notamment quand la réputation d'un chef d'État et le mythe de la suprématie américaine – dans le cadre de l'affaire des *Pentagon Papers* –, sont en jeu. Qu'il s'agisse du mensonge politique traditionnel, qui modifie un élément dans un récit historique, ou du mensonge politique moderne, qui substitue à la vérité des faits un scénario, il y a manipulation des esprits et distorsion du schéma réel des événements. Car, en effet, une autre histoire est proposée, si ce n'est imposée par les « spécialistes des relations publiques » ou par les « spécialistes de la solution des problèmes ». La richesse du réel est amputée. Le mensonge ou la manipulation font violence à la vérité et peuvent même devenir instruments de mort, comme ce fût le cas pour Trotski, qui a été rayé de l'histoire de la révolution russe. Arendt utilise, pour illustrer son propos, la métaphore du sol qui se dérobe pour rendre compte de l'instabilité et du délitement des valeurs quand le mensonge est globalisé. Rien n'a de sens ni de créance puisque, comme les faits sont changeants, leur falsification l'est aussi (« Vérité et politique », section IV, p. 328).

3. La consolation

A. L'absence de morale

Au final, les menteurs, les malfaisants, et les duplices sont punis tout autant que les purs, qui, eux, sont sacrifiés, telle Louise Strozzi dans *Lorenzaccio.* Ainsi, le mal, incarné par les deux libertins dans *Les Liaisons dangereuses* semble puni à la fin du roman : les catastrophes s'accumulent sur la tête de la marquise, qui prend la fuite avec ses diamants. Mais la morale n'en est pas moins restaurée. Comme l'écrit Mme de Volanges, à la fin de la lettre CLXXIII, « Je vois bien dans tout cela les méchants punis ; mais je n'y trouve nulle consolation pour leurs malheureuses victimes » (p. 509).

Lorenzo qui, à la genèse de son projet se prenait pour un Brutus moderne, se sent après son geste, « plus creux et plus vide qu'une statue de fer-blanc » (acte V, scène 7, p. 204). Par conséquent, son geste n'a finalement servi à rien, et le peuple, qu'il méprisait, jette son corps mutilé dans la lagune. Un corps mutilé qui rappelle d'ailleurs les statues décapitées du début de la pièce. Lorenzo devait mourir. N'est-ce pas ce qu'il recherchait ? N'était-il pas las de son rôle ? Ne portait-il pas dans son habit noir son propre deuil ?

Arendt, dans « Vérité et politique », souligne, quant à elle, l'absence de morale en politique à travers la notion de réversibilité : les mensonges sont acceptés comme vérités, et la vérité diffamée comme mensonge (section IV, p. 327).

B. La revanche du réel

Face à cette réversibilité du vrai et du faux, Arendt croit cependant en la revanche du réel. La réalité surgit malgré la désinformation et la manipulation de la vérité du fait. Parce que des contradictions apparaissent au sein des discours de propagande, parce que les images finissent par transpercer les habits du mensonge (« Vérité et politique », section IV, p. 328). Les diseurs de vérité ne doivent pas renoncer face à la propagande, à la manipulation, et au mensonge. Ils sont des phares qui projettent leur lumière, des vigies, au même titre que l'institution judiciaire, l'université et la presse. Le rôle de la presse, quatrième pouvoir, fut en effet déterminant dans le cadre de la campagne de communication autour de la guerre du Vietnam. Sans « le droit à une information véridique et non manipulée », « la liberté d'opinion n'est plus qu'une cruelle mystification ». (« Du mensonge en politique », section V, p. 66)

C. La revanche du sentiment

Dans *Les Liaisons dangereuses*, la présidente de Tourvel meurt de douleur, de la douleur d'aimer. Sa mort atteste qu'il existe encore des valeurs en lesquelles il faut croire. Elle apprend sa rupture le 27 novembre, et rentre au couvent le 28 novembre : « Le voile est déchiré, Madame, sur lequel était peinte l'illusion de mon bonheur. La funeste vérité m'éclaire, et ne me laisse voir qu'une mort assurée et prochaine, dont la route m'est tracée entre la honte et le remords. Je la suivrai... je chérirai mes tourments s'ils abrègent mon existence [...]. Rien ne peut plus me convenir, que la nuit profonde où je vais ensevelir ma honte », écrit-elle à Rosemonde (l. CXLIII, p. 447-8). Un autre chapitre du roman de la Tourvel commence alors ; il bascule dans l'étrangeté, avec la folie de la présidente. Le roman du libertinage accueille la tragédie de la passion. C'est la dernière surprise de l'ironie laclosienne. La Tourvel serait-elle la femme messianique qui aurait *véritablement* converti Valmont à l'amour ? La question se pose lorsque le vicomte écrit à Danceny : « Ce que j'ajoute encore, c'est que je regrette madame de Tourvel ; c'est que je suis au désespoir d'être séparé d'elle ; c'est que je paierais de la moitié de ma vie le bonheur de lui consacrer l'autre. Ah ! *croyez-moi*, on n'est heureux que par l'amour » (l. CLV, p. 476 - italique ajouté par les auteures).

FICHE 28. L'incapacité à « faire croire »

Dans la lettre LXXXVIII des *Liaisons dangereuses*, Cécile de Volanges refuse de donner la clé de sa chambre à Valmont pour qu'il en fasse un double et puisse ainsi plus facilement faire passer du courrier. Elle écrit à ce propos : « cette clef que vous voulez que je mette à la place de l'autre lui ressemble bien assez à la vérité : mais pourtant, il ne laisse pas d'y avoir encore de la différence, et maman regarde à tout, et s'aperçoit de tout » (p. 295). Cet objet symbolique est la preuve qu'il est impossible de « faire croire » absolument et parfaitement. Il existera toujours un **décalage avec la réalité** et certains ne seront pas dupes.

1. La lucidité de l'interlocuteur

L'individu qui cherche à faire croire est bien souvent, en dépit de son talent, **percé à jour** au moins par une minorité de personnes.

A. L'anticipation

Le cas le plus simple concerne les individus qui **savent à l'avance** qu'on va essayer de les tromper et qui ne vont donc pas se laisser piéger. Arendt présente une situation bien particulière, puisqu'elle explique dans « Du mensonge en politique » que seule la minorité qui se trouve à la tête de l'État est engluée dans le mensonge au sujet de la guerre du Vietnam, alors que l'opinion publique n'est manifestement pas dupe. C'est notamment la raison pour laquelle le public américain n'a finalement pas été surpris par la déclassification des *Pentagon Papers*. Paradoxalement, il en savait davantage sur la question que l'administration déconnectée du réel, grâce aux médias. La liberté de la presse permet donc d'éviter un « mensonge organisé », pour reprendre l'expression d'Arendt, qui n'aura plus aucune limite dans le cadre d'un totalitarisme.

Dans *Les Liaisons dangereuses*, on retrouve la même situation à l'échelle individuelle. Dans la Lettre LXX, Valmont raconte à la marquise de Merteuil que, lors d'une soirée mondaine, Prévan a déclaré devant tout un auditoire qu'il allait tenter de la séduire. La Merteuil perce donc immédiatement à jour le petit manège de Prévan qui se met à la courtiser, et elle déclare à Valmont : « Mais votre marche réglée se devine si facilement ! L'arrivée, le maintien, le ton, les discours, je savais tout dès la veille » (l. LXXXV, p. 283). Elle utilise dans cette lettre un « vous » général qui met en accusation Valmont, mais aussi toute la gent masculine dont elle serait capable de percer à jour l'hypocrisie.

B. La finesse psychologique

De fait, la marquise a, tout comme Valmont, une grande **expérience** du libertinage et des mécanismes psychologiques qu'ils impliquent. De façon générale, les personnages les plus **âgés**, et donc les plus sages et les plus **expérimentés**, sont souvent ceux qui voient au-delà des apparences. Ainsi, la vieille Rosemonde explique à la présidente de Tourvel qui vient de lui avouer qu'elle est amoureuse de Valmont après avoir gardé le secret pendant des semaines : « [...] une longue expérience, et l'intérêt que vous inspirez, avaient suffi pour m'éclairer sur l'état de votre cœur ; et s'il faut tout dire, vous ne m'avez rien ou presque rien appris par votre lettre » (l. CIII, p. 336). Il en va de même pour le personnage de Philippe Strozzi dans *Lorenzaccio* ; il continue de recevoir Lorenzo chez lui malgré sa réputation de débauché, parce qu'il sent confusément que le jeune homme n'est pas aussi corrompu qu'on le croit. Dans les deux cas, c'est aussi un attachement profond qui pousse Rosemonde et Philippe à tenter de mieux connaître leur interlocuteur.

C. Repérer des anomalies

D'autres sont tout simplement capables de **déceler des anomalies** dans le comportement de celui qui cherche à faire illusion ; c'est précisément le cas du cardinal Cibo et de Giomo dans *Lorenzaccio.* À l'acte I, scène 5, Valori vient annoncer à Alexandre de Médicis que le pape réclame la tête de Lorenzo. Pour prouver qu'il ne présente aucun danger, Alexandre le force alors à se battre en duel et lui présente une épée devant laquelle Lorenzo s'évanouit de terreur. Pourtant, le cardinal Cibo, qui a assisté à la scène, trouve ce comportement extrême, d'autant qu'il est en contradiction avec l'anecdote longuement évoquée dans cette scène selon laquelle Lorenzo a décapité des statues de pierre à coups d'épée alors qu'il se trouvait à Rome. « C'est bien fort, c'est bien fort » (p. 53), finit par marmonner le cardinal, qui éveille par la même occasion les soupçons du spectateur. La même situation se reproduit à l'acte II, scène 6 avec Giomo. Il est le seul à avoir aperçu par hasard Lorenzo penché au-dessus du puits qui se trouve dans le jardin juste au moment où la cotte de mailles d'Alexandre a disparu. Il déclare alors : « Quitter la compagnie pour aller cracher dans le puits, cela n'est pas naturel. Je voudrais retrouver cette cotte de mailles, pour m'ôter de la tête une vieille idée qui se rouille de temps en temps. Bah ! un Lorenzaccio ! La cotte est sous quelque fauteuil » (acte II, scène 6, p. 106). Dans son cas, il s'agit d'un vague soupçon, bien vite dissipé.

2. Le retour du réel

Dans tous les cas, la réalité finit toujours par **transparaître** à travers tout ce que l'on cherche à faire croire, et met donc en **échec** toute tentative de travestir le réel.

A. L'existence de preuves

L'élément majeur de destruction de l'illusion est l'existence d'une **preuve** qui dévoile la vérité. Ainsi, même s'il n'aura malheureusement aucune conséquence politique majeure, le meurtre d'Alexandre par Lorenzo est bien la preuve que le jeune homme n'est pas complètement lâche et débauché, mais qu'il est capable de courage et d'action, comme le soupçonnaient Philippe, Giomo ou Cibo. Dans *Les Liaisons dangereuses*, ce sont les lettres, qu'ils avaient jusqu'ici réussi à cacher, qui font apparaître au grand jour la corruption de Valmont et de Merteuil. En effet, Mme de Volanges révèle à Mme de Rosemonde, dans la lettre CLXVIII, que Valmont a confié à Danceny « une foule de lettres, formant une correspondance régulière » (p. 495) où la Merteuil « raconte sur elle-même, et dans le style le plus libre, les anecdotes les plus scandaleuses » (p. 495). Danceny en a fait circuler deux (l. LXXXI et LXXXV), et à présent « elles courent Paris » (p. 495). Chez Hannah Arendt, la preuve est évidemment constituée par les extraits des *Pentagon Papers*, qui sont publiés dans la presse.

Néanmoins, on peut **remettre en question** tous les éléments qui permettent d'établir la vérité. Comme l'explique Arendt : « L'évidence factuelle [...] est établie grâce au témoignage de témoins oculaires – sujets à caution comme on sait – et grâce à des archives, des documents et des monuments – qu'on peut tous soupçonner d'être faux » (« Vérité et politique », section III, p. 310). De fait, Valmont, qui veut prendre sa revanche sur Mme de Volanges, déclare au sujet des lettres que Cécile a échangé avec Danceny : « En choisissant bien dans cette correspondance, et n'en produisant qu'une partie, la petite Volanges paraîtrait avoir fait toutes les premières démarches, et s'être absolument jetée à la tête. Quelques-unes des lettres pourraient même compromettre la mère » (l. LXVI, p. 221). La manipulation de preuves est ici évidente.

B. La présence de contradictions

C'est aussi la présence d'anomalies et de **contradictions** entre ce que l'on veut faire **croire** et les **faits avérés** qui permettent de prendre conscience du mensonge. Dans « Du mensonge en politique », Arendt donne, dans la troisième section, toute une série d'exemples précis pour étayer la thèse qu'elle annonce en début de section : « Il y a finalement une disparité totale entre les faits, tels qu'ils étaient établis par les services de renseignements et parfois par les responsables des décisions eux-mêmes [...] et souvent connus du public informé, et les prémisses, les théories et les hypothèses qui servirent finalement de base aux décisions » (section III, p. 38). Par exemple, en 1961, les informations qui remontent du terrain sont les suivantes : « 80 à 90 % des effectifs vietcong, estimés approximativement à 17 000 hommes, venaient du recrutement local et [il] y avait peu d'indices permettant de croire qu'ils comptaient sur des ravitaillements extérieurs » ; en 1964 : « la source première de la force communiste au Sud-Vietnam est autochtone » (section III, p. 39-40). De fait, il était évident que le Vietnam du Nord n'était manifestement pas prêt à soutenir les Vietcongs du Sud, pourtant, les Américains se mirent tout de même à bombarder cette zone, comme si tel était le cas.

Dans *Les Liaisons dangereuses*, c'est la polyphonie des lettres qui permet de voir apparaître des contradictions entre des versions différentes de la même histoire (voir fiche 12, p. 77). Le cas le plus extrême reste néanmoins celui du totalitarisme tel que le décrit Arendt : l'histoire est réécrite en permanence, et le nombre d'incohérences est tel qu'on finit par sombrer dans une **instabilité** qui détruit les catégories du vrai et du faux : c'est « l'expérience d'un mouvement tremblant et d'un vacillement de tout ce sur quoi nous faisons fond pour notre sens de l'orientation et de la réalité » (« Vérité et politique », section IV, p. 328-9).

3. L'impossibilité ontologique du mensonge parfait

Finalement, c'est la **nature** même de l'être humain et de la réalité qui rend impossible la création d'un **mensonge parfait**.

A. Le facteur humain

La première difficulté vient de l'individu lui-même, qui ne peut pas « devenir quelqu'un d'autre » au sens littéral du terme, et **changer totalement d'identité**. Ainsi, Merteuil signale à Valmont qu'en dépit de toute sa bonne volonté, il ne réussit pas à imiter le ton de l'amour enflammé dans les lettres qu'il envoie à la Tourvel. Il est incapable d'imiter par calcul le style chaotique de la passion tourmentée : « [...] il n'y a rien de si difficile en amour, que d'écrire ce qu'on ne sent pas. Je dis écrire d'une façon vraisemblable : ce n'est pas qu'on ne se serve des mêmes mots ; mais on ne les arrange pas de même, ou plutôt on les arrange, et cela suffit. Relisez votre lettre : il y règne un ordre qui vous décèle à chaque phrase » (p. 144). Merteuil ajoute au passage que le même problème se pose en littérature, et, qu'en dehors de l'*Héloïse*, elle ne connaît pas de bon roman d'amour (l. XXXIII, p. 143). De même, Lorenzo a du mal, tout au moins au début, à se couler dans son rôle de débauché, comme il le raconte à Philippe : « je marchais dans mes habits neufs de la grande confrérie du vice, comme un enfant de dix ans dans l'armure d'un géant de la fable » (acte III, scène 3, p. 131). Jouer un rôle à la perfection semble donc extrêmement compliqué.

Il existe également une catégorie d'individus dont la **personnalité franche** est incompatible avec toute forme de mensonge. C'est notamment le cas de toute une catégorie de personnages purs de *Lorenzaccio*, en particulier Marie Soderini, Catherine Ginori, ou encore Philippe Strozzi. Dans *Les Liaisons dangereuses*, l'incarnation par excellence de ce profil est la présidente de Tourvel, comme en témoigne d'ailleurs Valmont : « Non, sans doute, elle n'a point, comme nos femmes coquettes, ce regard menteur qui séduit quelquefois et nous trompe toujours. Elle ne sait pas couvrir le vide d'une phrase par un sourire étudié ; et quoiqu'elle ait les plus belles dents du monde, elle ne rit que de ce qui l'amuse. Mais il faut voir comme, dans les folâtres jeux, elle offre l'image d'une gaieté naïve et franche ! » (l. VI, p. 90). Cette absolue transparence trouble profondément Valmont, habitué à la rouerie des coquettes.

B. La contingence mouvante

Arendt insiste sur la nature **contingente** de la vérité de fait et sur la **liberté** totale de l'être humain qu'implique l'action politique. Par conséquent, lorsque quelqu'un tente de « faire croire » quelque chose, il sera incapable de faire **coïncider** parfaitement ses dires avec le réel, par définition imprédictible. De cette façon, Valmont est plusieurs fois déstabilisé par les agissements d'autrui qui ne correspondent pas au scénario qu'il avait échafaudé. C'est en particulier la résistance de la Tourvel qui le perturbe, et plus encore sa fuite inattendue qui le met en rage : « Mon amie, je suis joué, trahi, perdu ; je suis au désespoir : madame de Tourvel est partie. Elle est partie, et je ne l'ai pas su ! » (l. C, p. 327). Valmont arrivera tout de même à ses fins.

En revanche, la contingence invalide totalement l'action de Lorenzo. Il pense au départ commettre un tyrannicide pour délivrer Florence, et explique à Philippe : « Je travaillais pour l'humanité » (acte III, scène 3, p. 127). Mais, il se rend compte assez rapidement que les hommes, contrairement à ce qu'il avait imaginé, n'agiront pas : « J'ai vu les hommes tels qu'ils sont, et je me suis dit : Pour qui est-ce donc que je travaille ? » (acte III, scène 3, p. 131-2). Le cas le plus spectaculaire reste évidemment celui des *Pentagon Papers*. Ici, c'est un mensonge organisé au plus haut sommet de l'État qui est invalidé par la victoire du Vietnam contre les États-Unis, ou le « triomphe de David sur Goliath » (« Du mensonge en politique », section IV, p. 51). Pour tenter de suivre l'évolution des événements, les États-Unis changent en permanence d'objectif apparent : d'abord « veiller à ce que le peuple sud-vietnamien puisse librement déterminer son avenir », puis « "contenir" la Chine », et enfin « préserver la réputation de l'Amérique » (section II, p. 26). Les totalitarismes se livrent massivement à cette course folle en réécrivant sans cesse l'Histoire.

C. Un passé irrévocable

C'est enfin la nature du **passé** qui invalide le mensonge. Ainsi, la vérité de fait a déjà eu lieu, et c'est **irrévocable**. Chercher à la **modifier**, c'est confondre le passé avec le **futur**, seule temporalité dans laquelle l'imagination peut se projeter, et c'est donc courir à l'échec. Comme l'explique Arendt : « Si le passé et le présent sont traités comme des catégories du futur – c'est-à-dire ramenés à leur état antérieur de potentialité – le domaine politique est privé non seulement de sa principale force stabilisatrice, mais du point de départ à partir duquel changer, commencer quelque chose de neuf. » (« Vérité et politique », section IV, p. 329). Lorenzo incarne très bien cette confusion temporelle. Il pense naïvement pouvoir mettre et enlever le masque de la débauche à volonté, sans prendre en compte l'ontologie du temps : ce qui est passé a irrévocablement disparu. Il s'en rend tout de même compte à partir du moment où il parle de Lorenzino au passé : « J'ai été honnête » (acte III, scène 3, p. 133), et du débauché au présent : « J'aime encore le vin et les femmes » (acte V, scène 7, p. 205).

PARTIE 4

Méthodologie et sujets corrigés

FICHE 29. Méthode du résumé de texte

1. Présentation de l'épreuve

Le résumé de texte consiste à retenir l'essentiel d'un texte portant sur le thème au programme.

	Longueur du texte	Longueur du résumé	Nombre de points attribué au résumé	Temps conseillé pour le résumé	Temps total de l'épreuve
CCINP	600 à 700 mots	100 mots (+/– 10 %)	10 points sur 30 au total	1 h 15	4 heures
CentraleSupélec	2 000 mots	200 mots (+/– 10 %)	10 points sur 20 au total	1 h 30	4 heures
Filière ATS	700 à 800 mots	120 mots (+/– 10 %)	10 points sur 20 au total	1 h 15	4 heures

2. Critères de réussite

Pour réussir cet exercice, quatre critères doivent être respectés.

Critère 1 : La concision

Il faut **reproduire les idées essentielles** d'une manière **brève** et **précise en respectant le nombre de mots** indiqués dans le libellé du sujet sous peine de pénalités (– 1 point par dizaine de mots).

Critère 2 : L'objectivité

Le candidat doit adopter une **attitude impartiale** par rapport au contenu du texte et se contenter de reproduire les idées de l'auteur de manière **neutre en respectant scrupuleusement l'ordre** dans lequel elles apparaissent.

Critère 3 : La fidélité

Il s'agit de rendre la pensée de l'auteur sans la déformer, en faisant apparaître clairement **la structure** du texte grâce à l'utilisation de **connecteurs logiques** et à une division claire en paragraphes (de 2 à 4 au maximum). **L'absence de**

paragraphes, leur trop grand nombre ou une structure incohérente sont pénalisés (jusqu'à – 3 points). Le candidat doit faire « comme s'il était l'auteur » et adopter la même **posture énonciative** que celui-ci. Il est donc strictement interdit de proposer un résumé comportant des formules telles que « l'auteur affirme que… » ou d'utiliser le nom de l'auteur. Dans ce cas, l'exercice n'est pas compris et le candidat obtient une note très faible.

Critère 4 : La reformulation

Le candidat doit chercher à reproduire les idées principales du texte en s'éloignant le plus possible de l'expression de l'auteur. Il convient donc de faire **un effort de reformulation** en recherchant des expressions équivalentes et en modifiant la structure des phrases. **À l'exception des mots-clés, il est interdit de citer le texte**, c'est-à-dire de reprendre des mots, des phrases ou des parties entières de phrases du texte, sous peine d'obtenir une note très faible.

3. Méthode par étapes

Étape 1 - Première lecture

Lire le texte une première fois, écrire au brouillon le **thème** du texte (le sujet du texte) et sa **thèse** (l'opinion de l'auteur), ainsi que le type **d'énonciation** (neutre ou subjective : « je »).

Étape 2 - Deuxième lecture

Lire le texte une seconde fois pour repérer la **structure** du texte : les grandes parties, les arguments qui les constituent et les exemples. Distinguer les exemples **illustratifs** à éliminer et les exemples **argumentatifs** à conserver en faisant le test suivant : lire le texte en omettant l'exemple en question, si le texte reste compréhensible, il est illustratif ; s'il manque un élément du raisonnement, l'exemple est argumentatif et doit être intégré au résumé. Le repérage de la structure peut se faire en annotant directement le texte ou au brouillon.

> **NOTE DE L'AUTEURE**
>
> Les paragraphes du texte ne correspondent pas forcément aux grandes parties du plan. En revanche, chaque grande partie du plan correspondra à un paragraphe du résumé.

Étape 3 - Rédiger le résumé

Rédiger les idées essentielles dans l'ordre en les reliant par des connecteurs logiques et en les reformulant au maximum. Reprendre le résumé pour qu'il corresponde au nombre de mots demandés, éliminer les fautes d'orthographe et recopier au propre.

NOTE DE L'AUTEURE

Ne pas oublier d'indiquer le décompte des mots exact à la fin du résumé (– 1 point en cas d'absence), et les décomptes intermédiaires par une barre verticale tous les 20 ou 50 mots en fonction de ce qu'indique la consigne (– 1 point en cas d'absence).

4. Le décompte de mots

Est un mot toute unité typographique précédée et suivie d'une espace, d'une apostrophe ou d'un tiret et qui a un sens en elle-même.

Donc sont considérés comme mots les substantifs, mais aussi les pronoms, les articles ou les prépositions.

Exemple : c'est-à-dire = 4 mots ; j'espère = 2 mots ; je l'ai vu = 4 mots.

Pour les mots composés : lorsque les 2 mots font sens à eux seuls, le mot composé compte pour 2 mots, lorsque les 2 mots ne font pas sens pris séparément, le mot composé compte pour 1 mot.

Exemple : porte-parole = 2 mots, mais aujourd'hui = 1 mot ; socio-économique = 1 mot.

Attention : un pourcentage (20 %), une date (1884), un sigle (OTAN) = 1 mot.

RAPPORT DE JURY 2019 DU CONCOURS CCINP

« Le résumé est une épreuve de compréhension et d'expression, l'exactitude ou la justesse de la seconde confirmant la solidité de la première : il s'agit de saisir la thèse et le raisonnement d'un texte – en s'appuyant sur ses liens logiques (et pas seulement sur sa chronologie) afin de mieux appréhender la pensée de l'auteur – et de restituer de manière fidèle l'essentiel de son argumentation dans une langue correcte.

Le candidat ne doit pas simplifier les contenus de l'extrait mais tenter d'en rendre les nuances. Il lui appartient néanmoins de savoir distinguer l'important – et d'abord l'indispensable – de l'accessoire et surtout d'expliciter de façon neuve – sans reprise littérale, montage de citations, traduction synonymique ou démarquage syntaxique – les idées principales et leur enchaînement.

Le résumé étant une contraction, la concision de la formulation est une exigence impérieuse, pourvu que l'économie de mots soit au service de la clarté. »

Sujet de résumé de texte corrigé (type CCINP)

1. Sujet

Extrait : Jean-Noël Kapferer, *Rumeurs. Le plus vieux média du monde*, éd. Seuil, coll. « Points Essais », 2009 (1re édition, 1987), conclusion, p. 310-312, DR.

Jusqu'à ce jour, l'étude des rumeurs a été gouvernée par une conception négative : la rumeur serait nécessairement fausse, fantaisiste ou irrationnelle. Aussi a-t-on toujours déploré les rumeurs, traitées comme un égarement passager, une parenthèse de folie. D'aucuns ont même vu en la montée des mass médias l'occasion d'en finir avec les rumeurs : la télévision, la radio et la presse supprimeraient la raison d'être des rumeurs.

Nous avons montré que cette conception négative est intenable. D'une part, elle a mené la compréhension des rumeurs à une impasse : la plupart des facettes du phénomène restaient inexpliquées et qualifiées de pathologiques. D'autre part, cette conception semble surtout mue par un souci moralisateur et des partis pris dogmatiques. En effet, il n'existe qu'une seule façon de prévenir les rumeurs : en interdisant aux gens de parler. Le souci apparemment légitime de ne voir circuler que des informations fiables mène droit au contrôle de l'information, puis à celui de la parole : les médias deviendraient la seule source d'informations autorisée. Alors il n'existerait plus que des informations officielles.

Nous sommes là au cœur de la raison d'être des rumeurs. La rumeur n'est pas nécessairement « fausse » : en revanche, elle est nécessairement non officielle. En marge et parfois en opposition, elle conteste la réalité officielle en proposant d'autres réalités. C'est pourquoi les mass medias ne l'ont pas supprimée.

Pendant longtemps, on a cru que la rumeur était un ersatz : faute de médias fiables et contrôlés, il fallait bien trouver un média de substitution, un pis-aller. La coexistence des mass médias et des rumeurs démontre l'inverse : celles-ci sont un média complémentaire, celui d'une autre réalité. C'est logique : les mass médias s'inscrivent toujours dans une logique de communication descendante, de haut en bas, de ceux qui savent à ceux qui ne savent pas. Le public ne reçoit donc que ce qu'on veut bien lui dire. La rumeur est une information parallèle, donc non contrôlée.

Pour l'ingénieur, le technicien, le journaliste, cette absence de contrôle évoque le spectre d'une défaillance sur l'autel de la fiabilité de l'information, il faut donc la supprimer. Pour l'homme politique, le citoyen, absence de contrôle signifie absence de censure, la levée du secret et l'accès à une réalité cachée. Il faut donc la préserver.

La conception négative associant rumeur et fausseté est d'ordre technologique : il n'est de bonne communication que contrôlée. La rumeur oppose une autre valeur : il n'est de bonne communication que libre, même si la fiabilité devrait en souffrir. En d'autres termes, les « fausses » rumeurs sont le prix à payer pour les rumeurs fondées.

Sur un plan épistémologique, l'étude des rumeurs jette une lumière acide sur un point fondamental : pourquoi croyons-nous ce que nous croyons ? En effet, nous vivons tous avec un bagage d'idées, d'opinions, d'images et de croyances sur le monde qui nous entoure. Or, celles-ci ont souvent été acquises par le bouche-à-oreille, par ouï-dire. Nous n'avons pas conscience de ce processus d'acquisition : il est lent, occasionnel et imperceptible. La rumeur fournit une occasion extraordinaire : elle recrée ce processus lent et invisible, mais de façon accélérée. Il devient enfin observable.

Or, que constatons-nous ? Des informations totalement infondées peuvent traverser la société aussi facilement que des informations fondées et déclencher les mêmes effets mobilisateurs. Les brefs moments de lucidité que procure l'étude de la rumeur débouchent sur le constat de la fragilité du savoir. Peut-être une grande partie de nos connaissances n'ont-elles aucun fondement, sans que nous en ayons conscience.

Les rumeurs nous rappellent l'évidence : nous ne croyons pas nos connaissances parce qu'elles sont vraies, fondées ou prouvées. Toute proportion gardée, c'est l'inverse : elles sont vraies parce que nous y croyons. La rumeur redémontre, si nécessaire, que toutes les certitudes sont sociales : est vrai ce que le groupe auquel nous appartenons considère comme vrai. Le savoir social repose sur la foi et non la preuve. Cela ne saurait nous surprendre : le plus bel exemple de rumeur n'est-il pas la religion ? N'est-elle pas la propagation d'une parole attribuée à un Grand Témoin initial ? Il est significatif que dans le christianisme cette source originelle s'appelle le Verbe. Comme la rumeur, la religion est une foi contagieuse : on attend du fidèle qu'il croie sur parole, qu'il adhère à la vérité révélée. Ce n'est pas la preuve de l'existence de Dieu qui crée la foi, mais l'inverse. Ainsi les intimes convictions qui déplacent les peuples ne partent-elles souvent que de mots.

Consigne : résumer en **100 mots** ce texte de 693 mots. Un **écart de 10 %** en plus ou en moins sera accepté. Indiquer par une **barre** bien nette chaque **vingtaine** de mots, puis, à la fin du résumé, le **total** exact.

2. Travail préparatoire

Thème : Les aspects positifs de la rumeur.

Thèse : La rumeur est paradoxalement un vecteur de savoir.

Plan du texte

I. Un réquisitoire néfaste contre la rumeur

L. 1-6 : On a toujours considéré la rumeur comme un mensonge, susceptible d'être éradiqué par les médias.

L. 7-16 : Ce réquisitoire empêche d'analyser sa nature en profondeur, et conduit **surtout** à interdire la liberté d'expression et à instaurer un contrôle étatique de l'information. (1)

II. La rumeur, vecteur paradoxal de liberté et de vérité

L. 17-20 : **En réalité**, la rumeur n'est pas toujours mensongère et propose une alternative, parfois contestataire, aux sources d'informations classiques. (2)

L. 21-28 : Elle ne remplace pas des canaux d'informations plus traditionnels qui seraient défaillants, mais complète le contenu déjà filtré qu'ils proposent. (3)

L. 29-38 : Peu crédible aux yeux du professionnel qui traque les faits erronés, elle permet **au contraire** au non-spécialiste de découvrir ce qu'on lui cache, et prouve l'existence de la liberté d'expression, quand bien même elle serait fausse. (4)

III. La rumeur, vecteur d'une remise en question de nos croyances

L. 39-46 : La rumeur rend **aussi** plus tangible le processus d'acquisition du savoir.

L. 47-52 : Elle permet **donc** de prendre conscience que notre savoir n'a bien souvent aucune base solide. (5)

L. 53-65 : La rumeur prouve que c'est la croyance et la loi du nombre qui fondent la vérité, comme dans le cas de la religion. (6)

3. Corrigé

Résumé en 100 mots +/-10%

(1) Condamner la rumeur empêche son analyse, et interdit la liberté d'expression et d'information.

(2) **En réalité**, la rumeur propose / une version alternative des faits. (3) **Loin de** se substituer aux sources d'informations traditionnelles, elle expose ce qu'elles nous / cachent parfois.

(4) Peu crédible pour le professionnel impartial, elle révèle la vérité à la population et prouve l'existence de / la liberté d'expression.

(5) La rumeur rend **aussi** plus tangible le processus d'acquisition du savoir, qui n'a souvent / aucune base solide. (6) **En effet**, c'est la croyance et la loi du nombre qui fondent la vérité, **comme** le / prouvent la rumeur **mais aussi** la religion.

Nombre de mots : 107

Fiche 30. Méthode de la dissertation

1. Présentation de l'épreuve : caractéristiques générales

Le sujet se présente toujours sous forme d'une **citation**, courte ou longue, d'apparence évidente, paradoxale ou provocatrice suivie d'une brève consigne qui peut demander de **développer ou de discuter** le jugement de l'auteur ou encore **d'éclairer** la citation à la lumière des œuvres au programme.

La dissertation est un exercice d'argumentation. Il convient d'abord de dégager les présupposés, implicites et sous-entendus dans le sujet : c'est l'**analyse du sujet**. Il faut ensuite proposer une **problématique** à laquelle on va répondre dans le développement. Les hypothèses permettant de discuter le sujet doivent être organisées selon un **plan** logique et conduire à une **réponse conclusive** à la problématique énoncée dans l'introduction.

Concours	Durée	Barème
CCINP	Environ 2 h 45 sur 4 heures au total	20 points sur 30
CentraleSupélec	Environ 2 h 30 sur 4 heures au total	10 points sur 20
ENS Polytechnique	4 heures	20 points sur 20
Mines-Ponts	3 heures	20 points sur 20
Filière ATS	Environ 2 h 45 sur 4 heures au total	10 points sur 20

Dans les épreuves qui associent résumé et dissertation (concours CentraleSupélec, CCINP et ATS), la citation est obligatoirement tirée du texte à résumer. « La contraction constitue une propédeutique à l'argumentation ultérieure tant il est vrai que la citation dont il faudra débattre s'éclaire tout naturellement de l'ensemble du texte à réduire » (rapport de jury 2019 du concours CCINP).

Au concours CentraleSupélec, la consigne comporte toujours la phrase suivante : « Votre copie ne pourra pas excéder 1 200 mots. Un décompte exact n'est pas exigé, mais tout abus sera sanctionné ». Mille deux cents mots sont l'équivalent d'environ une copie double, un peu plus en cas d'écriture large. Donc écrire trois ou quatre copies doubles sera sanctionné. Aucune indication n'est donnée pour les concours CCINP et ATS, mais dans le temps imparti, il est difficile de faire plus d'une copie double, deux au maximum.

Pour les autres concours, aucune indication de longueur n'est donnée. Une copie double serait évidemment insuffisante, mais il ne s'agit pas pour autant de se répéter simplement pour faire un devoir plus long.

2. Méthode par étapes

Étape 1 - Analyse du sujet et problématique

A. L'analyse du sujet

L'analyse du sujet (20 minutes au minimum) doit expliquer la citation. Il convient de s'intéresser :

- **à l'auteur :** l'époque à laquelle il a vécu, son appartenance à tel ou tel courant philosophique, littéraire ou politique, le contexte historique dans lequel il a écrit son œuvre peuvent donner de précieux renseignements ;
- **aux mots de la citation :** même si la citation vous rappelle un sujet de dissertation fait pendant l'année, il ne faut pas « plaquer » le plan vu en cours. **Il faut encadrer et définir les mots-clés, repérer les connecteurs logiques**. L'objectif est de montrer les rapports que les mots-clés entretiennent les uns avec les autres (opposition, cause et conséquence, similitude...) et de trouver les présupposés sur lesquels repose la citation ;
- **éventuellement, à la forme de la citation :** y a-t-il des figures de style importantes (allégorie, oxymore...) ? S'agit-il d'une phrase très longue ou très courte ? L'auteur s'adresse-t-il à nous ? Le ton est-il ironique, agressif ?

Cette analyse du sujet doit impérativement figurer dans votre introduction. Elle permet de reformuler le sujet puis de dégager une problématique.

B. La problématique

L'analyse du sujet doit obligatoirement déboucher sur une problématique. La problématique est la question que le candidat décide de poser à partir du sujet qui lui est proposé, en se fondant sur son analyse. Cette question apparaît dans l'introduction et sert de fil conducteur à la dissertation qui doit y répondre en proposant plusieurs hypothèses. La question doit généralement être formulée de façon à induire une réponse du type : « Oui... jusqu'à un certain point ». Il vaut donc mieux éviter les questions commençant par « Quels sont les moyens, causes ou conséquences... ? Pourquoi ou comment... ? » qui induisent une réponse sous forme de catalogue de moyens, de causes ou de conséquences...

NOTE DE L'AUTEURE

En cas de question directe, il y a inversion du verbe et du sujet et la présence d'un point d'interrogation : « Le mensonge peut-il être salvateur ? »
En cas de question indirecte, il y a la présence d'un verbe introducteur, et ni d'inversion du sujet, ni de point d'interrogation : « On se demandera si le mensonge peut être salvateur. »

Étape 2 – L'élaboration du plan

La citation doit être **discutée**. L'objectif n'est donc pas de défendre ou de réfuter sans nuance la thèse de l'auteur mais de **peser le pour et le contre**, de montrer en quoi l'auteur a raison et en quoi il a tort, ce qui conduit à une réflexion **dialectique**.

Le plan en **deux parties,** composées chacune de trois paragraphes, est accepté au concours. Néanmoins, il présente une réflexion très tranchée :

I. Thèse	**II. Antithèse**
A. Argument 1	A. Argument 1
B. Argument 2	B. Argument 2
C. Argument 3	C. Argument 3

Le plan en **trois parties** composées de deux paragraphes chacune est plus nuancé mais aussi plus compliqué à mettre en œuvre :

I. Thèse	**II. Antithèse**	**III. Synthèse**
A. Argument 1	A. Argument 1	A. Argument 1
B. Argument 2	B. Argument 2	B. Argument 2

NOTE DE L'AUTEURE

Il est possible de proposer **trois paragraphes** dans une ou plusieurs des trois grandes parties lors d'une dissertation en 3 ou 4 heures comme à Mines-Ponts ou ENS X.

Les grandes parties doivent être équilibrées en termes de longueur :

- **partie I, la thèse :** elle doit **obligatoirement** donner des arguments en faveur de l'opinion de l'auteur ;
- **partie II, l'antithèse :** elle doit nuancer l'opinion de l'auteur. Il ne s'agit pas de se contredire en expliquant le contraire de ce que l'on a dit dans la partie I mais de montrer les limites de la thèse de l'auteur ;

- **partie III, la synthèse :** c'est la partie la plus délicate ! Elle consiste à dépasser les deux premières parties en proposant une nouvelle perspective.

Étape 3 - Rédaction de l'introduction et de la conclusion générale

Il est conseillé de rédiger **simultanément** l'introduction et la conclusion au brouillon après avoir trouvé l'analyse, la problématique et le plan.

A. Introduction

En six points :

1. **rédiger un préambule :** il faut amener le sujet par une citation, une idée générale, un exemple historique ou un exemple littéraire ou artistique (ne pas utiliser ici les œuvres au programme). Il s'agit de faire une présentation générale du sujet qui s'oriente déjà vers le problème que l'on va traiter (bannir les formules du style « Depuis la nuit des temps, depuis l'Antiquité... ») ;
2. **citer intégralement le sujet :** faire apparaître le nom de l'auteur de la citation et le titre de l'œuvre dont elle est tirée ;
3. **analyser le sujet** et définir les termes qui le demandent ;
4. **dégager la problématique** sous forme de question directe ou indirecte ;
5. **présenter les œuvres au programme :** titres **soulignés**, auteurs avec leurs **dates**, par ordre chronologique ou en distinguant l'œuvre philosophique et les œuvres littéraires ;
6. **annoncer le plan :** seulement les grandes parties I, II et III, pas les paragraphes, de manière claire. Il est conseillé de rédiger une phrase élégante par partie (éviter les formules très lourdes comme « Dans un premier temps, nous verrons que »).

B. Conclusion

En deux ou trois points, environ 10 lignes :

- rappeler la problématique et récapituler le raisonnement ;
- donner une réponse claire apportée à la problématique ;
- élargir (facultatif).

Étape 4 - La rédaction de la copie

A. Le paragraphe

Un paragraphe est toujours signalé par un **alinéa. L'argument** défendu doit être développé en quelques lignes et accompagné obligatoirement **d'exemples** analysés tirés **exclusivement** des œuvres au programme. Le paragraphe s'achève par un bref bilan.

Il faut utiliser **les trois œuvres** dans chaque paragraphe de manière équilibrée (il n'est pas question de parler majoritairement, voire exclusivement d'un auteur parce qu'on maîtrise mieux sa pensée et encore moins de proposer un paragraphe par œuvre). L'objectif est de donner un exemple tiré de chaque œuvre au programme afin de **comparer** les différents auteurs, de montrer les similitudes, les différences et les nuances de leur pensée. Les exemples peuvent se présenter sous forme de **citations** commentées ou de passages **résumés** et brièvement analysés, et sont obligatoirement reliés entre eux par des connecteurs logiques permettant de les comparer. Toute **juxtaposition** d'exemples sans lien entre eux est donc à proscrire.
Les différents paragraphes doivent être hiérarchisés selon un ordre logique au sein de la grande partie : du plus évident au plus complexe, au plus inattendu ; en fonction de leur rapport logique (cause et conséquence ; objectif et moyen(s) pour l'atteindre)…

NOTE DE L'AUTEURE

Il ne faut pas hésiter à reprendre les termes du sujet au sein de l'argument pour s'y « accrocher » et éviter le hors sujet.
Il faut obligatoirement se restreindre au corpus d'œuvres au programme. Un devoir, même brillant, qui proposerait des exemples issus d'autres œuvres, de l'actualité ou de l'histoire aurait une note très faible, car il ne s'agit pas d'une dissertation de culture générale.
Il est nécessaire d'apprendre quelques citations par cœur. À cette fin, reportez-vous au répertoire de citations proposé à la fin de l'ouvrage, p. 211.

RAPPORT DE JURY 2019 DU CONCOURS CCINP

« L'exemple, c'est un élément qui permet de chercher à dire quelque chose sur l'œuvre et pas quelque chose qui est dit dans l'œuvre.
L'exemple réalise l'argument et ne se contente pas de l'illustrer de façon ornementale. Un exemple est une bonne raison de souscrire à l'argument. Un argument est une bonne raison d'adhérer à la thèse. »

B. La « grande partie »

Chaque grande partie doit suivre la mise en page suivante :
[Saut de ligne]
[Alinéa] Phrase d'introduction de la grande partie.
[Alinéa] Paragraphe 1 : argument 1 + exemples.
[Alinéa] Paragraphe 2 : argument 2 + exemples.

[Alinéa] Paragraphe 3 : argument 3 + exemples, dans le cas d'un plan en deux parties.

[Alinéa] Phrase de bilan et de transition.

[Saut de ligne]

C. La forme

Toute copie illisible, sale, comportant des fautes d'orthographe ou de syntaxe en grand nombre ou proposant un plan peu clair (absence de sauts de lignes entre deux grandes parties, absence d'alinéas…) sera pénalisée (en général deux points).

RAPPORT DU JURY 2019 DU CONCOURS CENTRALESUPÉLEC

« S'exercer régulièrement au résumé et à la dissertation, entretenir une vraie familiarité avec les textes du programme, travailler à améliorer son expression écrite : on ne saurait mieux faire pour réussir cette épreuve. »

Sujet de dissertation corrigé

1. Sujet

« La manipulation, par exemple, recouvre un ensemble de techniques qui ont en commun de priver l'auditoire de sa liberté de réception et de l'enfermer dans l'espace d'un seul choix possible, celui que l'on propose, celui qu'on lui impose ».

Philippe Breton, *Éloge de la parole*, Paris, éd. La Découverte, coll. « La Découverte Poche/Essais, n° 256, 2007, p. 88.

Discutez cette affirmation de Philippe Breton à la lumière des œuvres au programme.

2. Analyse du sujet

- **Auteur**

Professeur à l'Université de Strasbourg, spécialiste en sciences de l'information et de la communication, Philippe Breton, né le 29 janvier 1951, enseigne aussi à la clinique psychiatrique de la Faculté de médecine de Strasbourg. Après avoir centré ses études sur l'anthropologie de la parole, sur les pratiques de l'argumentation et sur les effets de la manipulation sur les comportements psychologiques, il a porté ses recherches sur les comportements homicides et les crimes de masse, ainsi que sur les impacts de la violence sociale et des catastrophes sur la santé mentale. Il est l'auteur de nombreux ouvrages consacrés à la communication, dont *La parole manipulée* (1997), *Éloge de la parole* (2003), réédité en 2007, *Le silence et la parole contre les excès de la communication* (2009), ou encore *Une brève histoire de la violence* (2015).

La citation du sujet de dissertation est extraite du chapitre 5, « Une alternative à la violence », d'*Éloge de la parole*. Il Breton souligne d'abord le rapport ambigu de la parole à la violence : « la parole contient la possibilité de la violence, mais elle est aussi le moyen, si on le souhaite, de s'en extraire et de former une parole plus juste » (p. 81). Il s'intéresse, dans ce cadre, à la parole violente, qui peut se déployer dans la manipulation ou le harcèlement. La manipulation est violence : elle peut détruire une identité. Breton écrit à ce propos : « La désinformation est une parole truquée, dont l'objectif est de pousser celui qui s'y fie à adopter un comportement en général contraire à ses intérêts. Utilisée comme arme de guerre, la désinformation peut provoquer plus de victimes chez l'adversaire que l'emploi d'armes matérielles » (p. 89).

- **Analyse des mots-clés du sujet**

« La **manipulation**, par exemple, recouvre un ensemble de **techniques** qui ont en commun de priver l'auditoire de sa **liberté** de réception et de l'enfermer dans l'espace d'un seul **choix** possible, celui que l'on propose, celui qu'on lui **impose** ».

Chaque terme du sujet est important dans le cadre de notre thème « Faire croire ».

D'abord, le terme de « manipulation » induit une relation de domination et de subjugation s'appuyant sur des « techniques », des savoir-faire rodés. La manipulation est psychique, mentale, et morale. Au fur et à mesure que le manipulateur agit sur sa victime, l'espace de débat intérieur, de libre-arbitre, est restreint. La victime est comme piégée et détournée (voir l'étymologie de du mot « séduire » : *seducere*) de ses choix et de ses valeurs. Son esprit critique est comme anesthésié. Il est comme hypnotisé, prêt à accueillir et à faire sien le « choix » que le manipulateur lui impose. Car, là est le prodige du manipulateur : imposer une idée, un raisonnement, ou une posture en faisant croire à sa victime que c'est le meilleur choix, le seul, légitime, et le sien propre. La formule de Breton obéit à une progression croissante, et à une dramatisation. Le public est privé de droit de réponse. Petit à petit, le manipulateur, exerçant une violence sur son récepteur, le contraint à adopter un choix qu'il « propose », puis « impose ». La liberté de décision de l'auditoire est restreinte, et son libre-arbitre empêché. Par ailleurs, on note que la formule joue implicitement sur les notions antagonistes de « violence » et de « liberté ». Le danger est aussi dans l'unicité du point de vue imposé qui est contraire à l'esprit démocratique, dont l'un des fondements est le débat, selon Arendt.

De fait, il faudra examiner, à l'appui de nos œuvres, les modalités de la manipulation et ses conséquences sur un plan individuel et social.

- **Problématique**

En quoi la manipulation est-elle une forme de violence qui porte atteinte à la liberté et à la vérité de l'individu et de la société ?

3. Plan de l'argumentation

I. La manipulation est une forme de violence qui porte atteinte à l'identité, à l'intégrité, et au libre-arbitre de l'individu

A. Les techniques de persuasion

B. La victime est piégée

II. Cependant, la manipulation n'est pas toujours opératoire
A. La riposte de la victime
B. Les failles du manipulateur
III. Violence et vérité
A. Crise de valeurs et impuissance de la vérité ?
B. Comment déjouer la manipulation et sauver la vérité ?

4. Corrigé

Dans la célèbre dystopie de George Orwell, *1984*, le héros, Winston Smith, travaille au ministère de la Vérité qui s'occupe des divertissements, de l'information, de l'éducation et des beaux-arts. Son travail consiste à réécrire l'Histoire de façon à ce qu'elle corresponde aux prédictions de Big Brother : « L'Histoire tout entière était un palimpseste gratté et réécrit aussi souvent que c'était nécessaire » (George Orwell, *1984*, première partie, chapitre 4, Gallimard, Coll. Folio, 1972, p. 58). Winston manipule alors le passé afin qu'il concorde avec le présent, ce qui produit de la désinformation. La première victime de cette désinformation est le public, auquel le manipulateur fait croire de fausses vérités, tandis que la deuxième est la vérité elle-même, à laquelle on fait violence. C'est ce que soulève Philippe Breton, spécialiste de l'information et de la communication, dans le chapitre consacré au rapport ambigu de la parole et de la violence dans *Éloge de la parole* (2007). Il souligne en effet que : « La manipulation, par exemple, recouvre un ensemble de techniques qui ont en commun de priver l'auditoire de sa liberté de réception et de l'enfermer dans l'espace d'un seul choix possible, celui que l'on propose, celui qu'on lui impose » (p. 88). D'abord, le terme de « manipulation » employé par Breton induit une relation de domination et de subjugation s'appuyant sur des « techniques » et des savoir-faire rodés. Au fur et à mesure que le manipulateur agit sur sa victime, l'espace de débat intérieur, du libre-arbitre chez le récepteur se restreint. La victime est donc piégée, détournée de ses choix et de ses valeurs. Son esprit critique est prêt à accueillir et à faire sien le « choix » que le manipulateur lui « impose ». Là est son coup de force : imposer une idée, un raisonnement, une posture en faisant croire à son public qu'il en est l'auteur. En quoi la manipulation est-elle une forme de violence qui porte atteinte à l'identité, l'intégrité, la liberté de l'individu et à la vérité ? C'est la question à laquelle nous allons répondre à travers l'étude des trois œuvres de notre corpus : le roman épistolaire de Choderlos de Laclos, *Les Liaisons dangereuses (*1782), le drame romantique *Lorenzaccio* (1834) d'Alfred de Musset, et les chapitres « Vérité et politique » (*La Crise de* *la culture,* 1954) et « Du mensonge en politique » (*Du mensonge à la violence,* 1969) de la philosophe et politologue Hannah Arendt. Nous verrons ainsi comment différentes techniques de manipulation piègent la victime et lui font croire à de fausses vérités, ou semi-vérités. Cependant, nous verrons aussi que ces techniques ne sont pas toutes opératoires, car la victime peut épouser une ligne de fuite, tout comme le manipulateur peut échapper à ses propres prédictions. En réalité, il conviendra de s'interroger sur les modalités de détournement et de retournement de la manipulation, individuelle et sociale, afin de préserver la vérité sur un plan individuel et social.

La manipulation exerce un régime de violence qui restreint le libre-arbitre de sa victime.

Elle s'appuie sur différentes techniques dont la visée commune est de piéger sa victime, de la priver de sa faculté critique et de la détourner de la vérité. Tout d'abord, nous avons les deux libertins, Valmont et Merteuil, dans *Les Liaisons dangereuses*, mais également Lorenzo et le cardinal Cibo dans *Lorenzaccio* qui avancent masqués dans *Lorenzaccio.* Duplices, ces quatre personnages s'insinuent dans la pensée de l'autre et se plient à son horizon d'attente. La Merteuil, par exemple, porte le masque de la femme honnête et vertueuse auprès de la Volanges, celui de la confidente auprès de la fille de cette dernière, Cécile, et celui de la femme tendre et « sentimentaire » auprès de Danceny. Protéiforme, elle s'adapte, tout comme Lorenzo, qui se montre pleutre auprès du duc et tremble à la vue d'une épée (acte I, scène 4), alors qu'il prémédite le meurtre d'Alexandre, et expose son projet à Philippe (acte III, scène 3). De fait, leur manipulation ressort alors de leur hypocrisie. Mais le menteur, « acteur par nature » (« Vérité et politique », section IV, p. 319) et autre sorte de manipulateur, sait aussi adapter les faits en fonction des attentes du public ; c'est notamment ce que révèle Arendt dans « Vérité et politique ». Ainsi, la philosophe souligne que le manipulateur peut déformer la réalité des faits. Dans le cas du mensonge politique traditionnel, par exemple, politiciens et diplomates déforment un élément dans un récit historique dans le but d'occulter un secret d'État. Dans le cas d'un mensonge politique moderne, comme dans l'affaire des *Pentagon Papers*, la vérité historique est tout simplement modifiée. De fait, les manipulateurs de l'information proposent des scénarios et des images qui falsifient la « vérité de fait ».

Il s'avère que, bien souvent, comme le souligne Breton, un seul choix est proposé et imposé au récepteur, si bien que sa faculté critique en est lésée. Son point de vue est trompé, et sa liberté de pensée escamotée. Lorenzo, dans *Lorenzaccio*, a su imposer l'image d'un homme pleutre et débauché, vil et libertin. Personne ne pourrait le croire digne d'un acte de courage. Même sa mère le croit avili et regrette le Lorenzo pur de son enfance : « Ah ! Catherine, il n'est même plus beau ; comme une fumée malfaisante, la souillure de son cœur lui est montée au visage » (acte I, scène 6, p. 63). Et en effet, ce sont les personnages les plus purs et les plus naïfs qui se laissent abuser par les apparences. Ainsi, Mme de Tourvel s'est laissée tromper par le scénario de Valmont qui a orchestré une fausse scène de charité afin de berner l'espion de la Tourvel (l. XXI). Elle croit à un repentir du libertin :« À présent, dites-moi, ma respectable amie, si M. de Valmont est en effet un libertin sans retour ? » (l. XXII, p. 122). Cécile est tout aussi abusée par la Merteuil, qui, pourtant, a prémédité sa corruption, et Danceny voit en Valmont son « ange tutélaire » (l. LXV, p. 219). Les candides ne voient ainsi qu'une facette des manipulateurs, celle qui satisfait à leur attente et que projettent les personnages machiavéliques. Dans le cadre de la guerre du Vietnam, les stratégies de communication avaient tout intérêt à imposer une image des États-Unis forts et conquérants afin de masquer la réalité du terrain. Il fallait sauver les apparences auprès du public et du Congrès, et « imposer » l'idée que l'engagement américain au Vietnam était légitime et l'hégémonie des États-Unis intacte.

Les techniques de communication employées pour manipuler relèvent donc d'un même objectif : occulter la vérité afin d'imposer une autre interprétation. Seulement, la manipulation n'est pas toujours couronnée de succès.

Il n'est pas toujours si aisé d'imposer sa vérité et de manipuler l'auditoire.

La victime peut aussi cacher son jeu et feindre de croire au scénario concocté par le manipulateur. Pire, le menteur peut voir sa technique échouer. Ainsi, dans le cadre des *Pentagon Papers*, le public était mieux informé que les décisionnaires et la révélation de l'affaire n'a pas créé une onde de choc. Les instigateurs des campagnes de communication n'avaient pas conscience du fait que personne ne croyait à leur manipulation. Déconnectés du réel, ils ne s'étaient pas avisés des modalités de réception de la propagande. Il faut aussi souligner le rôle majeur de la presse dans cette affaire, « quatrième pouvoir ». Dans *Les Liaisons dangereuses*, les candides échappent au pronostic de leur manipulateur. Par exemple, Valmont, qui croyait la chute de la présidente assurée, se sent « joué, trahi, perdu » quand la Tourvel part du château (l. C, p. 327). La proie a échappé au prédateur, en dépit de ses pronostics, et la jolie dévote ne répond finalement pas à l'image que Valmont avait construite d'elle. Elle le déjoue : « Non, je ne conçois rien à ce départ : il faut renoncer à connaître les femmes » (*Ibid.*). Enfin, on ne peut que constater le semi-échec de Lorenzo, percé à jour par le cardinal qui alerte le duc de la duplicité de son compagnon de débauche : « Si je craignais cet homme, ce ne serait pas pour votre cour, ni pour Florence, mais pour vous, duc » (acte I, scène 4, p. 49). Cependant, la délation du cardinal ne fonctionne pas, tout comme son chantage exercé auprès de la marquise Cibo, qui le neutralise en avouant à son mari sa liaison avec le duc (acte V, scène 4).

Il faut dire que les manipulateurs ne sont pas tous convaincants et convaincus, et qu'il arrive souvent qu'ils se piègent souvent eux-mêmes. Que cherche Lorenzo derrière ces différents masques ? Il a eu, dit-il à Philippe, une illumination au Colisée : « je tendis vers le ciel mes bras trempés de rosée, et je jurai qu'un des tyrans de ma patrie mourrait de ma main » (acte III, scène 3, p. 126). Il fallait qu'il fût un Brutus. Il voulait tuer Clément VII, puis il a finalement choisi Alexandre. Il se fit alors son compagnon de débauche et son confident, pour ainsi mieux le frapper de près. Mais le masque s'est collé à son visage, le vice, comme une lèpre, a rongé sa vertu. Croyait-il lui-même à la réussite de son entreprise ? Ne se leurrait-il pas lui-même, piégé par son masque ? « Je me suis cru un Brutus, mon pauvre Philippe » dit-il à son père de cœur (acte III, scène 3, p. 129). Lorenzo est victime d'autosuggestion, comme peut-être Valmont, piégé par le masque d'amoureux transi qu'il arborait pour séduire la présidente de Tourvel. C'est en effet par orgueil, et pour ne pas faillir à son image de libertin, que Valmont sacrifie la Tourvel qu'il avait pourtant fini par aimer – autant qu'un libertin peut être amoureux. Le libertin amoureux, le séducteur séduit, le piégeur piégé, voilà le renversement ironique d'une situation qui rappelle bien le phénomène d'autosuggestion évoqué par Arendt et qu'elle illustre par l'anecdote de la sentinelle : « On peut en conclure que plus un trompeur est convaincant et réussit à convaincre, plus il a de chances de croire lui-même à ses propres mensonges » (« Du mensonge en politique », section IV, p. 51).

La manipulation n'est donc pas toujours efficace, puisque la victime peut se révéler moins disposée à croire que prévu. Elle échappe ainsi au piège que lui tend le manipulateur, qui se laisse alors piéger par ses propres mensonges.

En réalité, que le manipulateur soit efficient ou faillible, que la victime soit candide ou lucide, il est fait violence à la vérité, et l'on assiste à une crise des valeurs morales. Mais alors, comment agir pour retourner cette violence et restaurer la créance dans la vérité ?

Il est vrai que l'on assiste à une crise des valeurs morales dans les œuvres de notre corpus. Mme de Volanges conclut ainsi *Les Liaisons dangereuses* : « Je vois bien dans tout cela les méchants punis ; mais je n'y trouve nulle consolation pour leurs malheureuses victimes » (l. CLXXIII, p. 509). Certes, la Merteuil a été punie et les catastrophes se succèdent pour la châtier de sa méchanceté méthodique : ses lettres LXXXI et LXXXV sont divulguées dans Tout-Paris, elle est huée à la Comédie-Italienne, elle contracte la vérole et l'on comprend que, suite à son infamie, elle perd son procès, faute d'appuis. Seulement, les dommages sont collatéraux, et les ingénus Cécile et Danceny, qui s'étaient laissés corrompre, sont également punis, ainsi que la malheureuse Mme de Tourvel, qui succombe de chagrin d'amour. Dans *Lorenzaccio*, la mascarade continue malgré le geste de Lorenzo : un autre duc est élu, les complots républicains ont échoué, et le peuple se gâche dans un même bavardage insipide. Le ciel est ainsi tout aussi vide que chez Laclos. Nulle espérance, nulle croyance. Le diseur de vérité, Philippe, est exilé, et Lorenzo est tué par le peuple qu'il méprisait, puis son cadavre jeté à la lagune. Dans « Vérité et politique », Arendt semble de son côté postuler le fait que le mensonge est l'essence du politique : « Est-il de l'essence même de la vérité d'être impuissante [...] ? » se demande-t-elle (« Vérité et politique », section I, p. 290).

Faut-il pour autant désespérer ? Arendt rappelle l'importance du rôle des diseurs de vérité : ils sont le contre-pouvoir opposé au mensonge et au marasme. Il leur revient le rôle de démasquer les manipulateurs, et de retourner contre eux leurs techniques de manipulation afin de dévoiler la vérité. Mais ils doivent, pour cela, être armés de courage, et, contrairement à Philippe Strozzi, idéaliste et attentiste, ils doivent aller dans l'arène – même si, pour Arendt, le diseur de vérité travaille seul et se compromet en se mêlant à la sphère publique (« Vérité et politique », section V, p. 331). Arendt décrit aussi une technique de détournement du mensonge : la « mentalité élargie » (« Vérité et politique », section III, p. 307). Cette dernière consiste à envisager toutes les opinions possibles dans le but d'examiner le meilleur « choix » et de se défendre de la subjectivité de l'opinion. La dernière arme peut être l'ironie, capable de piéger les tartuffes, et prendre au piège de leur orgueil les libertins. L'ironie, maîtresse de Laclos, est d'avoir secrété au sein d'un roman réputé comme libertin, « la surprise d'un roman lyrique où l'on meurt d'amour » (Versini, *Le roman le plus intelligent*, p. 188). Mais, comme le montre Arendt, le réel prend aussi sa revanche. De fait, c'est bien le Vietnam qui l'emporta sur la première puissance du monde. Paradoxalement, et ironiquement, les communications frauduleuses qui tentaient d'imposer la vérité selon laquelle les États-Unis étaient invincibles, ont facilité le « triomphe de David sur Goliath » (« Du mensonge en politique », section IV, p. 51). Une fois la vérité révélée, elle est invincible, comme le sait d'ailleurs Lorenzo : « La main qui a soulevé une fois le voile de la vérité ne peut plus le laisser retomber ; elle reste immobile jusqu'à la mort » (acte III, scène 3, p. 133).

Face à la manipulation de la vérité, il ne faut donc pas rester « paisiblement, simples spectateurs d'images » (« Vérité et politique », section I, p. 292), tels les habitants de la caverne platonicienne, mais s'armer de lucidité afin de déjouer les manipulateurs.

Breton a certes raison quand il avance que la visée des techniques de manipulation est de circonvenir la victime en lui imposant une fausse vérité. Cependant, il est important de noter que les faux candides échappent à leur manipulateur, dont les stratégies ou les tactiques achoppent contre les parois du réel, et les piègent eux-mêmes. Mieux, les diseurs de vérité peuvent retourner les techniques de manipulation contre leur agent, et sauver ainsi la vérité. Arendt rappelle d'ailleurs que la vérité « quoique sans pouvoir et toujours défaite quand elle se heurte de front avec les pouvoirs en place » possède « une force propre » : quelque soient leur habileté, les manipulateurs sont donc « incapables d'en découvrir ou [d'] inventer un substitut viable. La persuasion et la violence peuvent détruire la vérité, mais ils ne peuvent la remplacer » (« Vérité et politique », section V, p. 330).

PARTIE 5

Les 60 citations incontournables

Les citations essentielles tirées des *Liaisons dangereuses* de Choderlos de Laclos

1. « Il me semble au moins que c'est rendre un service aux mœurs, que de dévoiler les moyens qu'emploient ceux qui en ont de mauvaises pour corrompre ceux qui en ont de bonnes, et je crois que ces lettres pourront concourir efficacement à ce but. » (Préface du rédacteur, p. 74-5).

► **Thèmes :** le mal, l'art

2. Valmont à la marquise de Merteuil : « Mais de plus grands intérêts nous appellent ; conquérir est notre destin [...]. » (l. IV, p. 85)

► **Thèmes :** le rapport de force, l'action

3. Valmont à la marquise de Merteuil : « Voilà ce que j'attaque ; voilà l'ennemi digne de moi ; voilà le but où je prétends atteindre [...]. » (l. IV, p. 85-6)

► **Thèmes :** le rapport de force, les techniques de manipulation, l'action

4. Valmont à la marquise de Merteuil, *au sujet de la Tourvel* : « Je n'ai plus qu'une idée ; j'y pense le jour, et j'y rêve la nuit. J'ai bien besoin d'avoir cette femme, pour me sauver du ridicule d'en être amoureux : car où ne mène pas un désir contrarié ? » (l. IV, p. 86)

► **Thèmes :** le rapport de force, la psychologie du menteur

5. Valmont à la marquise de Merteuil, *au sujet de la présidente de Tourvel* : « Il faut voir, surtout au moindre mot d'éloge ou de cajolerie, se peindre, sur sa figure céleste, ce touchant embarras d'une modestie qui n'est point jouée !... » (l. VI, p. 90)

► **Thèmes :** la transparence, l'échec ou l'incapacité à faire croire

6. Mme de Volanges à la présidente Tourvel, *au sujet de Valmont* : « Encore plus faux et dangereux qu'il n'est aimable et séduisant, jamais, depuis sa plus grande jeunesse, il n'a fait un pas ou dit une parole sans avoir un projet, et jamais il n'eut un projet qui ne fût malhonnête ou criminel. » (l. IX, p. 96)

► **Thèmes :** le rapport de force, les techniques de manipulation, le mal

7. Mme de Volanges à la présidente Tourvel, *au sujet de Valmont* : « [...] sa conduite est le résultat de ses principes. Il sait calculer tout ce qu'un homme peut se permettre d'horreurs sans se compromettre ; et pour être cruel et méchant sans danger, il a choisi les femmes pour victimes. Je ne m'arrête pas à compter celles qu'il a séduites : mais combien n'en a-t-il pas perdues ? » (l. IX, p. 96)

► **Thèmes :** le rapport de force, les techniques de manipulation, le mal

8. Valmont à la marquise de Merteuil, *au sujet de la Tourvel* : « Laissons le braconnier obscur tuer à l'affût le cerf qu'il a surpris ; le vrai chasseur doit le forcer. » (l. XXIII, p. 126)

► **Thèmes :** le rapport de force, l'action, les techniques de manipulation

9. La présidente de Tourvel à Valmont : « [...] je ne sais ni dissimuler ni combattre les impressions que j'éprouve. » (l. XXVI, p. 131)

► **Thème :** la transparence

10. La marquise de Merteuil à Valmont : « Me voilà comme la Divinité ; recevant les vœux opposés des aveugles mortels, et ne changeant rien à mes décrets immuables. » (l. LXIII, p. 211)

► **Thèmes :** le rapport de force, la psychologie du menteur, le mal

11. Valmont à la marquise de Merteuil : « Si vous trouvez cette histoire plaisante, je ne vous en demande pas le secret. A présent que je m'en suis amusé, il est juste que le public ait son tour. » (l. LXXII, p. 233)

► **Thèmes :** le monde est un théâtre, la psychologie du menteur, le secret, l'art

12. La marquise de Merteuil à Valmont : « Ressentais-je quelque chagrin, je m'étudiais à prendre l'air de la sérénité, même celui de la joie ; j'ai porté le zèle jusqu'à me causer des douleurs volontaires, pour chercher pendant ce temps l'expression du plaisir. » (l. LXXXI, p. 264)

► **Thèmes :** le monde est un théâtre, les techniques de manipulation, le secret

13. La marquise de Merteuil à Valmont : « Si cependant vous m'avez vue, disposant des événements et des opinions, faire de ces hommes si redoutables le jouet de mes caprices ou de mes fantaisies [...] n'avez-vous pas dû en conclure que, née pour venger mon sexe et maîtriser le vôtre, j'avais su me créer des moyens inconnus jusqu'à moi ? » (l. LXXXI, p. 262)

► **Thèmes :** le rapport de force, la psychologie du menteur

14. La marquise de Merteuil à Cécile de Volanges : « Vous voyez bien que, quand vous écrivez à quelqu'un, c'est pour lui et non pas pour vous : vous devez donc moins chercher à lui dire ce que vous pensez, que ce qui lui plaît davantage. » (l. CVI, p. 347)

► **Thèmes :** la psychologie du menteur, les techniques de manipulation, la transparence

15. Valmont à la marquise de Merteuil : « Jusque-là, ma belle amie, vous me trouverez, je crois, une pureté de méthode qui vous fera plaisir ; et vous verrez que je ne me suis écarté en rien des vrais principes de cette guerre, que nous avons remarqué souvent être si semblable à l'autre. » (l. CXXV, p. 406).

► **Thèmes :** le rapport de force, l'action, les techniques de manipulation

16. La présidente de Tourvel à Mme de Rosemonde : « Le voile est déchiré, Madame, sur lequel était peinte l'illusion de mon bonheur [...] Rien ne peut plus me convenir, que la nuit profonde où je vais ensevelir ma honte. » (l. CXLIII, p. 447-8).

► **Thèmes :** le monde est un théâtre, la transparence, le mal

17. Mme de Rosemonde à Danceny : « Vous pouvez être sûr que je garderai fidèlement et volontiers le dépôt que vous m'avez confié ; mais je vous demande de m'autoriser à ne le remettre à personne, pas même à vous, Monsieur. » (l. CLXXI, p. 503).

► **Thème :** le secret

18. Mme de Volanges à Mme de Rosemonde au sujet de Cécile : « Je vois bien dans tout cela les méchants punis ; mais je n'y trouve nulle consolation pour leurs malheureuses victimes. » (l. CLXXIII, p. 509).

► **Thèmes :** l'échec ou l'incapacité à faire croire, le mal

19. Danceny à Mme de Rosemonde : « Quelle jeune personne, sortant de même du couvent, sans expérience et presque sans idées, et ne portant dans le monde, comme il arrive presque toujours alors, qu'une égale ignorance du bien et du mal ; quelle jeune personne, dis-je, aurait pu résister davantage à de si coupables artifices ? » (l. CLXXIV, p. 510).

► **Thèmes :** le mal, la transparence

20. Mme de Volanges à Mme de Rosemonde, *à propose de la marquise de Merteuil* : « Le marquis de ***, qui ne perd pas l'occasion de dire une méchanceté, disait hier, en parlant d'elle, que la maladie l'avait retournée, et qu'à présent son âme était sur sa figure. » (l. CLXXV, p. 511)

► **Thèmes :** le monde est un théâtre, la psychologie du menteur, l'échec ou l'incapacité à faire croire, le mal, l'immoralité

Les citations essentielles tirées de *Lorenzaccio* de Musset

1. Lorenzo : « […] étudier, ensemencer, infiltrer paternellement le filon mystérieux du vice dans un conseil d'ami, dans une caresse au menton – tout dire et ne rien dire, selon le caractère des parents – […]. » (acte I, scène 1, p. 28)

▶ **Thèmes :** la psychologie du menteur, le secret, les techniques de manipulation, le mal

2. La marquise Cibo : « Ceux qui mettent les mots sur leur enclume, et qui les tordent avec un marteau et une lime, ne réfléchissent pas toujours que ces mots représentent des pensées, et ces pensées des actions. » (acte I, scène 3, p. 44)

▶ **Thèmes :** l'action politique, les techniques de manipulation

3. Le duc, *à propos de Lorenzo* : « Il est glissant comme une anguille ; il se fourre partout et me dit tout. » (acte I, scène 4, p. 49)

▶ **Thèmes :** la psychologie du menteur, le secret, le mal

4. « Le cardinal Cibo, *resté seul avec le duc* : Vous croyez à cela, monseigneur ?

Le duc : Je voudrais bien savoir comment je n'y croirais pas.

Le cardinal : Hum ! C'est bien fort.

Le duc : C'est justement pour cela que j'y crois. Vous figurez-vous qu'un Médicis se déshonore publiquement, par partie de plaisir ? » (acte I, scène 4, p. 53)

▶ **Thèmes :** le rapport de force, l'échec ou l'incapacité à faire croire.

5. Deuxième bourgeois : « On vient crier à son de trompe que César est à Bologne, et les badauds répètent : "César est à Bologne", en clignant des yeux d'un air d'importance, sans réfléchir à ce qu'on y fait. Le jour suivant, ils sont plus heureux encore d'apprendre et de répéter : "Le pape est à Bologne avec César". Que s'ensuit-il ? Une réjouissance publique. Ils n'en voient pas davantage ; et puis un beau matin ils se réveillent tout endormis des fumées du vin impérial, et ils voient une figure sinistre à la grande fenêtre du palais des Pazzi. Ils demandent quel est ce personnage, et on leur répond que c'est leur roi. » (acte I, scène 5, p. 56)

► **Thèmes :** le rapport de force, l'action, la transparence

6. Lorenzo : « Sans doute ; ce que vous dites là est parfaitement vrai et parfaitement faux, comme tout au monde. » (acte II, scène 2, p. 71)

► **Thèmes :** le monde est un théâtre, la transparence

7. Le cardinal Cibo : « […] laisse seulement tomber ton secret dans l'oreille du prêtre ; le courtisan pourra bien en profiter, mais, en conscience, il n'en dira rien. » (acte II, scène 3, p. 79)

► **Thèmes :** le rapport de force, l'action, le secret, la transparence, le mal

8. Le cardinal Cibo : « […] un secret d'importance entre des mains expérimentées peut devenir une source de biens abondante. » (acte II, scène 3, p. 84)

► **Thèmes :** le rapport de force, l'action, le secret, le mal

9. Lorenzo : « Vous ne connaissez pas la véritable éloquence. On tourne une grande période autour d'un beau petit mot, pas trop court ni trop long, et rond comme une toupie. On rejette son bras gauche en arrière de manière à faire faire à son manteau des plis pleins d'une dignité tempérée par la grâce ; on lâche sa période qui se déroule comme une corde ronflante, et la petite toupie s'échappe avec un murmure délicieux. » (acte II, scène 4, p. 91)

► **Thème :** les techniques de manipulation

10. Philippe : « Si je t'ai bien connu, si la hideuse comédie que tu joues m'a trouvé impassible et fidèle spectateur, que l'homme sorte de l'histrion ! » (acte III, scène 3, p. 121)

► **Thèmes :** le monde est un théâtre, la psychologie du menteur, le mal

11. Lorenzo : « Non, je ne rougis point ; les masques de plâtre n'ont point de rougeur au service de la honte. » (acte III, scène 3, p. 128)

► **Thèmes :** le monde est un théâtre, la psychologie du menteur

CITATIONS

12. Lorenzo : « Quand j'ai commencé à jouer mon rôle de Brutus moderne, je marchais dans mes habits neufs de la grande confrérie du vice, comme un enfant de dix ans dans l'armure d'un géant de la fable. » (acte III, scène 3, p. 131)

► **Thèmes :** le monde est un théâtre, l'action, la psychologie du menteur, le mal

13. Lorenzo : « [...] tous les masques tombaient devant mon regard ; l'Humanité souleva sa robe, et me montra, comme à un adepte digne d'elle, sa monstrueuse nudité. J'ai vu les hommes tels qu'ils sont, et je me suis dit : Pour qui est-ce donc que je travaille ? » (acte III, scène 3, p. 131-2)

► **Thèmes :** le monde est un théâtre, l'action, la psychologie du menteur, l'échec ou l'incapacité à faire croire, le mal

14. Lorenzo : « La main qui a soulevé une fois le voile de la vérité ne peut plus le laisser retomber ; elle reste immobile jusqu'à la mort, tenant toujours ce voile terrible, et l'élevant de plus en plus au-dessus de la tête de l'homme, jusqu'à ce que l'Ange du sommeil éternel lui bouche les yeux. » (acte III, scène 3, p. 133)

► **Thèmes :** l'échec ou l'incapacité à faire croire, le mal

15. Lorenzo : « J'en ai assez d'entendre brailler en plein vent le bavardage humain ; il faut que le monde sache un peu qui je suis, et qui il est. » (acte III, scène 3, p. 136)

► **Thèmes :** le rapport de force, l'action, la psychologie du menteur, le secret

16. Lorenzo : « [...] je jette la nature humaine à pile ou face sur la tombe d'Alexandre – dans deux jours, les hommes comparaîtront devant le tribunal de ma volonté. » (acte III, scène 3, p. 136)

► **Thèmes :** le rapport de force, l'action, la psychologie du menteur

17. Lorenzo : « Le Vice, comme la robe de Déjanire, s'est-il si profondément incorporé à mes fibres, que je ne puisse plus répondre de ma langue [...] ? » (acte IV, scène 5, p. 166)

► **Thèmes :** le monde est un théâtre, le Moi et les autres, l'incapacité à faire croire, le mal

18. Le marchand : « […] c'est un vacarme de paroles dans la ville, comme je n'en ai jamais entendu, même par ouï-dire. » (acte V, scène 5, p. 199)

► **Thèmes :** l'action, la transparence, le secret

19. L'orfèvre : « […] il nous est poussé un beau dévideur de paroles dans votre nuit de six Six. » (acte V, scène 5, p. 199)

► **Thèmes :** l'action, l'échec ou l'incapacité à faire croire, la transparence, le secret

20. Lorenzo : « […] je suis plus creux et plus vide qu'une statue de fer-blanc. » (acte V, scène 7, p. 204)

► **Thèmes :** le monde est un théâtre, l'action, la transparence, l'échec ou l'incapacité à faire croire

Les citations essentielles tirées de « Vérité et politique » et de « Du mensonge en politique » d'H. Arendt

1. « Vérité et politique », *La Crise de la culture*

1. « Les mensonges ont toujours été considérés comme des outils nécessaires et légitimes, non seulement du métier de politicien ou de démagogue, mais aussi de celui d'homme d'État ». (Section I, p. 289)

► **Thèmes :** le rapport de force, l'action, les techniques de manipulation, le secret

2. « Est-il de l'essence même de la vérité d'être impuissante et de l'essence même du pouvoir d'être trompeur ? » (Section I, p. 290)

► **Thèmes :** le rapport de force, l'action, la transparence, le mal, le secret

3. « Les chances qu'a la vérité de fait de survivre à l'assaut du pouvoir sont effectivement très minces ; elle est toujours en danger d'être mise hors du monde, par des manœuvres, non seulement pour un temps, mais, virtuellement, pour toujours. » (Section I, p. 294)

► **Thèmes :** l'échec ou l'incapacité à faire croire, les techniques de manipulation, la transparence

4. « Aux opinions toujours changeantes du citoyen sur les affaires humaines, qui sont elles-mêmes dans un état de flux constant, le philosophe opposa la vérité sur les choses qui sont dans leur nature même éternelles et d'où par conséquent l'on peut dériver des principes pour stabiliser les affaires humaines. » (Section II, p. 296)

► **Thèmes :** les techniques de manipulation, la transparence, le mal

5. « De là vint que le contraire de la vérité fut la simple opinion, donnée comme l'équivalent de l'illusion, et c'est cette dégradation de l'opinion qui donna au conflit son acuité politique ; car l'opinion, et non la vérité, est une des bases indispensables de tout pouvoir. » (Section II, p. 296).

▶ **Thèmes :** le monde est un théâtre, le rapport de force, les techniques de manipulation

6. « […] le soupçon naît qu'il est peut-être de la nature du domaine politique de nier ou de pervertir toute espèce de vérité, comme si les hommes étaient incapables de s'entendre avec son inflexibilité opiniâtre, criante, et dédaigneuse de convaincre. » (Section II, p. 302)

▶ **Thèmes :** le monde est un théâtre, le rapport de force, les techniques de manipulation, le mal

7. « La liberté d'opinion est une farce si l'information sur les faits n'est pas garantie et si ce ne sont pas les faits eux-mêmes qui font l'objet du débat. » (Section II, p. 303)

▶ **Thèmes :** le monde est un théâtre, les techniques de manipulation

8. « L'ennuyeux est que la vérité de fait, comme toute autre vérité, exige péremptoirement d'être reconnue et refuse la discussion alors que la discussion constitue l'essence même de la vie politique. » (Section III, p. 307)

▶ **Thèmes :** le rapport de force, la transparence, les techniques de manipulation

9. « La marque de la vérité de fait est que son contraire n'est ni l'erreur, ni l'illusion, ni l'opinion, dont aucune ne rejaillit sur la bonne foi personnelle, mais la fausseté délibérée ou le mensonge. » (Section IV, p. 317)

▶ **Thèmes :** l'action, les techniques de manipulation, la transparence, le mal

10. « [Le menteur] est acteur par nature ; il dit ce qui n'est pas parce qu'il veut que les choses soient différentes de ce qu'elles sont – c'est-à-dire qu'il veut changer le monde. » (Section IV, p. 319)

▶ **Thèmes :** le rapport de force, l'action, les techniques de manipulation

11. « Tous ces mensonges, que leurs auteurs le sachent ou non, recèlent un élément de violence ; le mensonge organisé tend toujours à détruire tout ce qu'il a décidé de nier, bien que seuls les gouvernements totalitaires aient consciemment adopté le mensonge comme premier pas vers le meurtre. » (Section IV, p. 321-2)

▶ **Thèmes :** le rapport de force, l'action, la psychologie du menteur, les techniques de manipulation, le mal

2. « Du mensonge en politique », *Du mensonge à la violence. Essais de politique contemporaine*

12. « Le secret – ce qu'on appelle diplomatiquement la "discrétion", ou encore *arcana imperii*, les mystères du pouvoir –, la tromperie, la falsification délibérée et le mensonge pur et simple employés comme moyens légitimes de parvenir à la réalisation d'objectifs politiques font partie de l'histoire aussi loin qu'on remonte dans le passé. » (Section I, p. 13)

▶ **Thèmes :** les techniques de manipulation, l'action, le secret

13. « Autrement dit, la négation délibérée de la réalité – la capacité de mentir – et la possibilité de modifier les faits – celle d'agir – sont intimement liées ; elles procèdent l'une et l'autre de la même source : l'imagination. » (Section I, p. 14)

▶ **Thèmes :** l'action, les techniques de manipulation

14. « La falsification délibérée porte sur une réalité *contingente*, c'est-à-dire sur une matière qui n'est pas porteuse d'une vérité intrinsèque et intangible, qui pourrait être autre qu'elle n'est. » (Section I, p. 15)

▶ **Thème :** les techniques de manipulation

15. « Le mensonge est souvent plus plausible, plus tentant pour la raison que la réalité, car le menteur possède le grand avantage de savoir d'avance ce que le public souhaite entendre ou s'attend à entendre. Sa version a été préparée à l'intention du public, en s'attachant tout particulièrement à la crédibilité, tandis que la réalité a cette habitude déconcertante de nous mettre en présence de l'inattendu, auquel nous n'étions nullement préparés. » (Section I, p. 16)

▶ **Thèmes :** la psychologie du menteur, les techniques de manipulation

16. « Faire de la présentation d'une certaine image la base de toute une politique – chercher, non pas la conquête du monde, mais à l'emporter dans une bataille dont l'enjeu est "l'esprit des gens" – voilà bien quelque chose de nouveau dans cet immense amas de folies humaines enregistré par l'histoire. » (Section II, p. 30)

▶ **Thème :** les techniques de manipulation

17. « On peut juger par là d'un des dangers les plus graves que comporte l'usage exagéré du secret lors de la classification des documents : non seulement on refuse ainsi au peuple et à ses représentants élus toute possibilité de savoir ce qu'il leur faudrait connaître pour pouvoir se former une opinion et pour prendre des décisions, mais les responsables, qui ont toute latitude d'accéder aux sources, demeurent eux-mêmes tranquillement plongés dans leur ignorance. » (Section III, p. 46-7)

▶ **Thèmes :** le rapport de force, le secret, les techniques de manipulation

18. « On peut en conclure que plus un trompeur est convaincant et réussit à convaincre, plus il a de chances de croire lui-même à ses propres mensonges. » (Section IV, p. 51)

▶ **Thèmes :** l'action, la psychologie du menteur, les techniques de manipulation

19. « Dans le domaine de la politique, où le secret et la tromperie délibérée ont toujours joué un rôle significatif, l'autosuggestion représente le plus grand danger : le dupeur qui se dupe lui-même perd tout contact, non seulement avec son public, mais avec le monde réel, qui ne saurait manquer de le rattraper, car son esprit peut s'en abstraire mais non pas son corps ». (Section IV, p. 54)

▶ **Thèmes :** la psychologie du menteur, les techniques de manipulation, l'échec ou l'incapacité à faire croire, le secret

20. « Un autre problème est de savoir si le premier amendement pourra suffire à garantir cette liberté politique particulièrement essentielle : le droit à une information véridique et non manipulée, sans quoi la liberté d'opinion n'est plus qu'une cruelle mystification. » (Section V, p. 66)

▶ **Thèmes :** le monde est un théâtre, la transparence, le mal

Dépôt légal : juin 2023 – N° éditeur : MAGSI20211397 - N° Imprimeur : 062375618
Achevé d'imprimer en juin 2023 en France par Présence Graphique - Monts
PEFC 10-31-2677
FABRIQUÉ EN FRANCE